O *Amicus Curiae*, as Tradições Jurídicas e o Controle de Constitucionalidade

UM ESTUDO COMPARADO À LUZ DAS EXPERIÊNCIAS AMERICANA, EUROPEIA E BRASILEIRA

0503

B621a   Bisch, Isabel da Cunha

O *amicus curiae*, as tradições jurídicas e o controle de constitucionalidade: um estudo comparado à luz das experiências americana, europeia e brasileira / Isabel da Cunha Bisch. – Porto Alegre: Livraria do Advogado Editora, 2010.

176 p.; 23 cm.

ISBN 978-85-7348-709-1

1. Direito constitucional. 2. Controle da constitucionalidade. I. Título.

CDU – 342

Índices para catálogo sistemático:

Direito constitucional   342
Controle da constitucionalidade   342.4

(Bibliotecária responsável: Marta Roberto, CRB-10/652)

Isabel da Cunha Bisch

O *Amicus Curiae*,
as Tradições Jurídicas e o Controle de Constitucionalidade

UM ESTUDO COMPARADO À LUZ DAS EXPERIÊNCIAS AMERICANA, EUROPEIA E BRASILEIRA

livraria
DO ADVOGADO
editora

Porto Alegre, 2010

© Isabel da Cunha Bisch, 2010

Projeto gráfico e diagramação
Livraria do Advogado Editora

Revisão
Rosane Marques Borba

Direitos desta edição reservados por
Livraria do Advogado Editora Ltda.
Rua Riachuelo, 1338
90010-273 Porto Alegre RS
Fone/fax: 0800-51-7522
editora@livrariadoadvogado.com.br
www.doadvogado.com.br

Impresso no Brasil / Printed in Brazil

Aos meus amados pais e aos meus carinhosos irmãos, verdadeiras fortalezas da minha vida.

Agradecimentos

Esse livro é fruto da minha dissertação de mestrado, apresentada em 2009 na Universidade Federal do Rio Grande do Sul, sob orientação do Professor Cesar Saldanha. É a ele que dedico meus primeiros agradecimentos, pelo auxílio e pelo incrível dom de saber transmitir suas grandes ideias, sempre em ensinamentos inesquecíveis. Muitas de suas profundas lições influenciaram as páginas da obra que agora se publica.

Agradeço, também, as valiosas contribuições e recomendações dos exímios Professores Klaus Cohen Koplin, Luiz Alberto Reichelt e Rodrigo Valin de Oliveira. Ainda, sou grata ao caro colega e admirável processualista Daniel Mitidiero, cujo incentivo foi indispensável à publicação da dissertação.

Não poderia, igualmente, deixar de agradecer à minha amiga Daiana Mallmann, pela cuidadosa e crítica revisão realizada, à amiga Karina Brack, pelas dicas sobre a sistematização inicial das minha ideias, à amiga Anair Schaefer, pela sólida amizade e ao meu amigo indiano Ian da Cunha, pelos diálogos intercontinentais, indispensáveis à minha melhor compreensão do Direito americano.

Por fim, minha homenagem àqueles que, com amor e dedicação, se fizeram presentes em cada minuto da minha jornada acadêmica: ao André, aos meus pais Clarice e Pedro e aos meus irmãos Rafael e Camila.

Apresentação

Agradeço a oportunidade que ISABEL BISCH me concede para alguns comentários introdutórios ao livro que agora é oferecido à comunidade jurídica brasileira. Sem favor algum, trata-se de estudo, por todos os títulos, admirável.

O tema é novo, pois novo é o instituto em nosso ordenamento jurídico. O apoio bibliográfico utilizado, mormente para a compreensão da matéria, teve de ser buscado em fontes doutrinárias estrangeiras. Os trabalhos que no País versaram o assunto são ainda pouco numerosos e, praticamente sem exceção, concentram-se nos aspectos processuais do *amicus curiae*.

Ora o instituto transcende o âmbito do direito processual. Situa-se antes de tudo no direito constitucional e nesse domínio deve ser compreendido em primeiro lugar.

O grande mérito da pesquisa foi o de situar os dados coletados e a análise dos mesmos no contexto riquíssimo do estudo comparado dos sistemas constitucionais, a saber, o anglo-saxônico, o europeu-continental e o brasileiro. Foi muito aguda a sua percepção de vincular o *amicus curiae* ao *common law*, vale dizer, compreendê-lo como instituto peculiar àquela cultura juspolítica. Mostrou como, no direito constitucional continental, o instituto não é admitido, conquanto tenha sido tentada aí a sua introdução.

No último capítulo, com grande coragem, revelando maturidade impressionante e uma rara sensibilidade para os temas sociológicos, ensaia uma verdadeira avaliação desse novo transplante, à realidade brasileira, de instituto jurídico nascido e nutrido na tradição juscultural anglo-saxônica.

Tudo o que ISABEL descobre é original, fundamentado, profundo. Mais ainda: dá o que pensar. O fato de a obra representar a abertura de uma caminhada na trilha das letras jurídicas é altamente significativo. Eis, leitor, uma vocação jurídica autêntica, que diz a que veio, tem clareza de sua missão e grande competência para levá-la à plena maturidade.

Cezar Saldanha Souza Junior
Professor Titular de Direito Constitucional da UFRGS

Sumário

Introdução 13

Capítulo 1 – Origem do *amicus curiae* e o *common law* inglês 17
   1.1. Considerações Iniciais 17
   1.2. Origem do *Amicus Curiae* 18
   1.3. *Rule of Law* 21
   1.4. *Common Law* na Inglaterra 24
   1.5. *Amicus Curiae* na Inglaterra (*Advocate to the Court*) 28

Capítulo 2 – O *common law* americano e o *judicial review* 33
   2.1. *Common law* nos Estados Unidos 33
   2.2. Surgimento do *Judicial Review* 35
   2.3. Desenvolvimento do *Judicial Review* 39
   2.4. Características do *Judicial Review* 43
   2.5. *Amicus Curiae* no *Judicial Review*: Pré-compreensão 47

Capítulo 3 – O *amicus curiae* e a experiência americana 49
   3.1. Origem e Desenvolvimento do *amicus curiae* nos Estados Unidos 49
      3.1.1. *Amicus curiae* e o *writ of certiorari* 52
      3.1.2. *Amicus curiae* e sua atuação em grandes controvérsias políticas e jurídicas ... 54
      3.1.3. *Amicus curiae*: Dados estatísticos e influência 60
   3.2. Atuações do *amicus curiae* 61
   3.3. Regulamentação do *amicus curiae* 62
   3.4. *Friends of the court*: Quem participa nos Estados Unidos 64
      3.4.1. Associações privadas e indivíduos que representam interesses de
            amplos grupos 66
      3.4.2. Organizações profissionais 68
      3.4.3. Unidades governamentais 69
   3.5. Críticas americanas ao *amicus curiae* 72

Capítulo 4 – O *amicus curiae* e a experiência europeia 79
   4.1. A tradição jurídica romano-germânica 79
   4.2. Controle de constitucionalidade na tradição romano-germânica 81
      4.2.1. Pós-guerra e cortes constitucionais 82
      4.2.2. Modos de suscitar a inconstitucionalidade das leis nos tribunais europeus 85
   4.3. Controle de constitucionalidade europeu e *amicus curiae* 87
   4.4. O tribunal de justiça europeu e o *amicus curiae* 91
   4.5. A corte europeia de direitos humanos e o *amicus curiae* 94

Capítulo 5 – O *amicus curiae* e a experiência brasileira 97
   5.1. Controle de constitucionalidade no Brasil 97
      5.1.1. Controle de constitucionalidade incidental 98

5.1.2. Controle de constitucionalidade abstrato 100
5.2. A Inserção do *amicus curiae* no controle de constitucionalidade brasileiro 103
    5.2.1. O *amicus curiae* no controle abstrato 107
    5.2.2. O *amicus curiae* no controle incidental 113
5.3. Natureza da atuação do *amicus curiae* para a jurisprudência brasileira 118
5.4. Natureza da atuação do *amicus curiae* para a doutrina brasileira 121
5.5. Participantes como *amicus curiae* no Brasil 122
    5.5.1. Organizações privadas que representam amplos segmentos, em defesa de direitos fundamentais 123
    5.5.2. Organizações profissionais 125
    5.5.3. Órgãos públicos e unidades governamentais 127

Capítulo 6 – Democracia, pluralismo e o *amicus curiae* 129
  6.1. Considerações iniciais 129
  6.2. Regime democrático 130
  6.3. Estado liberal: a representação política, a Constituição e a lei 132
  6.4. O Estado social contemporâneo: contextualização 135
    6.4.1. O estado social contemporâneo e as mudanças político-institucionais 137
    6.4.2. Representação por partidos políticos e a representação de interesses 139
    6.4.3. Grupos de interesse 141
        6.4.3.1. Atuação dos grupos de interesse 143
        6.4.3.2. Críticas aos grupos de interesse 145
  6.5. A judicialização da política 147
    6.5.1. O caso brasileiro 150
    6.5.2. O *amicus curiae* 151

Conclusões 155

Bibliografia 161

Anexos 169

Introdução

O presente estudo aborda tema novo na prática constitucional brasileira, qual seja, a inserção da figura do *amicus curiae* no controle de constitucionalidade. Instituto inédito na revisão judicial de atos normativos, o *amicus curiae* foi previsto e regulamentado no Brasil pelas Leis 9.868/99 e 9.882/99. Veio, isso é certo, para inovar o julgamento de ações diretas, possibilitando a interferência na interpretação constitucional das leis não só aos conhecidos legitimados ativos, mas também aos mais diversos interessados em auxiliar o Poder Judiciário, notadamente na esfera do Supremo Tribunal Federal. A doutrina pátria sustenta, por isso, a inegável abertura e democratização do controle abstrato, à medida que indivíduos, associações, *experts* e grupos representativos podem apresentar opiniões abalizadas, pareceres ou mesmo informações de cunho não jurídico para defender seu ponto de vista sobre a constitucionalidade ou inconstitucionalidade de determinada lei.

A presente dissertação, na tentativa de compreender a essência do *amicus curiae*, não trabalha sobre a ótica estritamente processual. Busca, antes, refletir sobre o tema à luz do Direito Constitucional brasileiro e do Direito Constitucional comparado. Tais ramos, é verdade, não dispensam conhecimento sobre muitos trâmites processuais, especialmente após a previsão, no texto constitucional de muitos países, do funcionamento das ações para reclamar a inconstitucionalidade das leis. Assim, o presente estudo não se detém de modo central na exata natureza processual do *amicus curiae* (se parte, terceiro interessado, colaborador informal, perito ou auxiliar da Justiça), mas busca compreender as razões do nascimento e desenvolvimento do instituto, bem como sua compatibilidade com o controle de constitucionalidade adotado por países que incorporaram o Direito romano-germânico. O trabalho guarda ainda outra ambição: analisar as possíveis repercussões e consequências jurídicas e sociais da institucionalização da assim chamada "comunidade aberta de intérpretes" no Estado Democrático de Direito.

Para a análise aprofundada das consequências e implicações do uso do *amicus curiae* na jurisdição constitucional brasileira, julgou-se essencial ir às raízes históricas do instituto. Já que foi nos Estados Unidos onde se desenvolveu com vigor a prática do *amicus curiae brief* (isto é, petição de *amicus curiae*), buscaram-se, à exaustão, fontes bibliográficas sobre o assunto. Impressionante foi verificar o volume de trabalhos acadêmicos e artigos escritos por estudiosos interessados em compreender a influência dos *amici curiae* sobre as decisões da Suprema Corte. Tivemos, isso é inegável, a dádiva de escrever esta dissertação em tempos modernos, em que o acesso às decisões da Suprema Corte Norte-Americana e das Cortes Europeias se obteve de modo virtual e em que a obtenção de trabalhos acadêmicos desenvolvidos nos Estados Unidos se fez possível por encomenda do *Proquest Information and Learning Company*. Assim, para escrever sobre a dinâmica do *amicus curiae* nos Estados Unidos, recorremos à leitura de nove teses de doutorado sobre o assunto,[1] além de artigos adquiridos em portais de revistas científicas americanas e britânicas.

No Primeiro Capítulo, investigam-se as origens históricas do *amicus curiae*, analisando-se as razões pelas quais o *common law* inglês conferiu destaque ao mesmo. Analisa-se, ainda, de que modo a Inglaterra concebe atualmente o instituto processual.

No Segundo Capítulo, explica-se e destaca-se a importância que o controle de constitucionalidade americano desempenhou na propagação do *amicus curiae*.

No Terceiro Capítulo, aprecia-se o desenvolvimento do *amicus curiae* nos Estados Unidos. Examinam-se as circunstâncias históricas, políticas e jurídicas que possibilitaram a consagração, em solo americano, do "amigo da Corte". Estudam-se, de igual sorte, as suas regras disciplinadoras e as principais decisões judiciais envolvendo a participação de *amici curiae*, fazendo-se levantamento daquelas entidades, indivíduos e órgãos protagonistas nessa atuação. Comentam-se, ainda, as principais críticas americanas direcionadas ao instituto.

No Quarto Capítulo, investigam-se as razões pelas quais, na Europa Continental, pouco se estuda sobre o *amicus curiae* no controle de constitucionalidade, sendo o instituto mais utilizado no âmbito supranacional. Analisam-se algumas decisões de Cortes Constitucionais, que indicam as razões da "não popularidade" da intervenção de outros indivíduos e entidades no controle de constitucionalidade.

---

[1] Julgamos pertinente citar, desde já, tais trabalhos acadêmicos: COMPARATO, Scott A. *Amici Curiae, Information and State Supreme Court Decision-Making*. Tese de Doutorado. Washington University, St. Louis, MO, 2000; HIRT, Catharina Csaky. *The Efficacy of Amicus Curiae Briefs in the School Prayer Decisions*. Tese de Doutorado. Venderbilt University, Nashville, Tennessee, 1995; HANSFORD, Thomas Geoffrey. *Organized interest Lobbying Strategies at the Decision to Participate at the U.S. Supreme Court as Amicus Curiae*. Tese de doutorado. Universisty of California, Davis, 2001; JOHNSON, Dennis William. *Friend of the Court: The United States Department of Justice as amicus curiae in civil rights cases before the Supreme Court, 1947-1971*. Tese de doutorado. Duke University, 1972; KUCINSKI, Nancy Ellis. *Interests, Institutions, and Friends of the Court: An Analysis of Organizational Factors Related to Amicus Curiae Participation*. Tese de doutorado. University of Texas at Dallas, 2004; PURO, Steven. *The role of the Amici Curiae in the United States Supreme Court: 1920-1966*. Tese de Doutorado. New York State Univeristy Buffalo, 1971; SEURKAMP, Mary Pat *Amicus Curiae Participation in Higher Education Litigation: Supreme Court and Circuit Courts, 1960-1986*. Tese de Doutorado em State University of New York, 1990; SCOURFIELD, Judithanne. *Congressional Participation As Amicus Curiae Before The U.S. Supreme Court during the Warren, Burguer and Rehnquist Courts. (October terms 1953-1997)*. Tese de Doutorado. New York, 2005. SHIPAN, Charles Richard. *Judicial Review as a political variable interest groups*, Congress and Communication policy. Tese de Doutorado. Stanford University, California, 1993.

No Quinto Capítulo, estuda-se o desenvolvimento – recente – do *amicus curiae* no controle de constitucionalidade brasileiro. Tal como foi efetuado quando da análise do instrumento nos Estados Unidos, analisam-se as regras e a jurisprudência pátria relativas ao assunto, bem como os principais participantes como amigos da Corte no país.

No Sexto Capítulo, por fim, faz-se reflexão sobre as relações entre o *amicus curiae* e o Estado Democrático de Direito.

Capítulo – 1

Origem do *amicus curiae* e o *common law* inglês

1.1. Considerações iniciais

É usual definir o termo *amicus curiae* como o terceiro que intervém em processos judiciais a fim de fornecer informações adicionais e relevantes aos juízes da causa, ou mesmo pareceres sobre matérias de seu peculiar interesse e sobre as quais tenha domínio, o que lhe atribui a denominação latina traduzida como "amigo da Cúria", ou "amigo da Corte". Com efeito, das definições extraídas dos dicionários americanos Steven H. Gifis e Black's Law, depreende-se a utilidade do instituto na hipótese de o juiz não estar convencido ou estar equivocado em uma questão de direito,[2] ou ainda na hipótese de o Tribunal considerar válida a participação de indivíduos interessados na defesa de determinada concepção jurídica, máxime quando verificado tema de vasto interesse público.[3]

John Bellhouse e Anthony Lavers direcionam crítica às conceituações do termo, dada a histórica imprecisão do papel do *amicus curiae*.[4] A crítica não é infundada, pois, tal como será examinado, o instrumento processual ganhou

---

[2] Esta a definição contida no dicionário Steven H. Gifis: "Aquele que fornece informações à Corte sobre alguma questão jurídica em que essa esteja em dúvida. A função de um *amicus curiae* é a de chamar a atenção da Corte para certa matéria que, por algum motivo, tenha escapado de sua atenção. Uma petição de *amicus curiae* é submetida por alguém que não seja parte do processo, a fim de auxiliar a Corte com informações necessárias para chegar à decisão adequada ou para perseguir um particular resultado em nome do interesse público ou em nome do interesse privado de terceiros que serão afetados pela resolução da disputa". (GIFIS, Steven H. *Law Dictionary*. 4th ed. New York: Barrons, 1996, p. 24, traduzimos). *No vernáculo original*: "One who gives information to the court on some matter of law which is in doubt. The function of an *amicus curiae* is to call the court's attention to some matter which might otherwise escape its attention. An *amicus curiae* Brief (or Amicus Brief) is submitted by one not a party to the lawsuit to aid the court in gaining the information it needs to make a proper decision or to urge a particular result on behalf of the public or a private interest of third parties who will be affected by the resolution of the dispute".

[3] Assim está posta a definição do termo no dicionário Black's Law: "Uma pessoa com forte opinião e interesse em relação ao tema de uma ação judicial poderá requerer à Corte permissão para submeter uma petição ostensivamente em benefício de uma das partes, mas, em verdade, a fim de sugerir fundamentação consistente com suas próprias opiniões. Tais petições são comumente propostas em apelações que dizem respeito a questões de amplo interesse público, e.g., casos de direitos civis".(BLACK, Henry Campbell. *Black's Law Dictionary*. 6 th ed. St. Paul, MN: West Publishing Co, 1990, p. 82, traduzimos). *No vernáculo original*: "A person with strong interest in or views on the subject matter of an action may petition the court for permission to file a brief, ostensibly on behalf of a party but actually to suggest a rationale consistent with its own views. Such amicus briefs are commonly filed in appeals concerning matters of a broad public interest, e.g, civil rights cases".

[4] BELLHOUSE, John; LAVERS, Anthony. The Modern *Amicus Curiae*: a Role in Arbitration? *Civil Law Quarterly*, v. 23, London: Sweet & Maxwell, 2004, p. 187-200.

sentidos e funções diversas na Inglaterra, nos Estados Unidos, no Direito Comunitário Europeu e, mais recentemente, também no Brasil.

1.2. Origem do *amicus curiae*

Há quem situe a origem do instituto processual no Direito Romano, afirmando terem sido *amici* os advogados responsáveis por aconselhar e auxiliar os juízes na resolução de conflitos.[5] Consultando, porém, as lições de romanistas, verifica-se a necessidade de fazer ressalva a tal constatação.

No período da República, aponta José Carlos Moreira Alves,[6] os magistrados judiciários (*in iure*) e os juízes populares (*apud iudicem*) tinham assessores, recrutados, em geral, entre os estudiosos do Direito, para emitirem sua opinião sobre o caso concreto, compondo o denominado *consilium*.[7] Tais "peritos em Direito" não desempenhavam, absolutamente, papel secundário na formação das decisões: mostravam-se dispostos a aconselhar particulares e magistrados sobre os mais variados casos práticos, até porque desempenhavam função garantidora de honra, fama e de uma carreira política de êxito.[8] Wolfgang Kunkel inclusive refere-se ao mencionado *consilium* como um "conselho de amigos de prestígio",[9] composto de verdadeiros assessores jurídicos, chamados frequentemente a emitir publicamente opiniões de considerável transcendência.

E, na época imperial, os imperadores contavam com um conselho da mesma natureza (o *consistorium*), constituído dos principais jurisconsultos do tempo. Foi, aliás, o Imperador Augusto quem conferiu aos jurisconsultos uma espécie de patente intitulada *ius publice respondendi*, pela qual suas respostas a consultas de litígios particulares obtinham maior autoridade do que as dos juristas sem o *ius*

---

[5] KRISLOV, Samuel, The *Amicus curiae* Brief: From Friendship to Advocacy, cit.; HARRIS, Michael J. *Amicus Curiae: Friend or Foe? The Limits of Friendship in American Jurisprudence*, 5 Suffolk J. Trial & App. Advoc., 2000, p. 1-18;LOWMAN, Michael K. The Litigating *Amicus curiae*: When Does the Party Begin After the Friends Leave? *American University Law Review*, Summer, 1992, p. 1243-1299. SIMARD, Linda Sandstrom. An Empirical Study of *Amicus curiae* in Federal Court: A Fine Balance of Access, Efficiency, and Adversarialism. *Suffolk University School of Law Legal Studies Research Paper Series. Research Paper 07-34*, 2007; O'CONNER, Karen; EPSTEIN, Lee. Court Rules and Wordload: a Case Study of Rules Governing Amicus Participation. *The Justice System Journal*. Vol. 8/1. Colorado: Institute for Court Management, 1983. p. 35-45.
[6] MOREIRA ALVES, José Carlos. *Direito romano*. v.1, 10. ed. rev.e acresc. Rio de Janeiro: Forense, 1997, p. 192.
[7] José Rogério Cruz e Tucci e Luiz Carlos Azevedo, tratando do período das ações da lei (*legis actiones*), prévio ao processo formular, fazem a seguinte referência ao *consilium*: "[...] o processo se iniciava *in iure*, diante do pretor (detentor da *iurisdictio*) incumbindo-lhe organizar e fixar os termos da controvérsia; e, em seqüência, *apud iudicem*, perante o *iudex unus*, que, assistido de um *consilium* integrado por membros de sua confiança (a exemplo daquele que auxiliava o magistrado), tomava conhecimento do litígio a ele submetido e julgava soberanamente, em nome do povo romano". (TUCCI, Jose Rogério Cruz; AZEVEDO, Luis Carlos de. *Lições de história do processo civil romano*. São Paulo: Revista dos Tribunais, 1996, p. 54-55).
[8] KUNKEL, Wolfgang. *Historia del derecho romano*. Barcelona: Ariel, 1964, p. 94.
[9] Ibidem.

respondendi.[10] Wolfgang Kunkel ensina que para o Imperador Augusto conferir a missão do *ius respondendi* a um jurista, esse deveria, como pressuposto, "sentir el interés público".[11] Citado autor assevera a influência direta e sistemática desses juristas sobre a administração da justiça e, em especial, sobre os juízes particulares, os quais, muitas vezes por possuírem escassos conhecimentos jurídicos, dependiam da autoridade dos primeiros.[12] Como consequência dessa imediata influência, os pareceres emitidos pelos jurisconsultos ganhavam força.[13] Explica o romanista: "así pudo surgir la idea de que el *ius respondendi* contenía precisamente una facultad de crear derecho (*iura condere*) y de que los pareceres concordantes de los juristas dotados de este privilegio tuvieran fuerza de ley (Gayo 1,7)".[14] Destarte, embora o Direito Romano não fizesse referência a tais auxiliares como *amici curiae*, não é insensato apontar que a raiz do instituto esteja nos mencionados "conselheiros", os quais, vale destacar, advogados não eram.

Em contrapartida, há consenso entre os estudiosos do tema sobre a aparição de um tipo específico de *amicus curiae* no inicial sistema de *common law* inglês: seu papel consistia em auxiliar as Cortes,[15] principalmente apontando erro manifesto em processos ou trazendo informações relevantes contidas em precedentes judiciais e em *statutes* não conhecidos ou ignorados pelos juízes. Bem por isso se diz que a função originária do *amicus curiae* inglês era a de "*oral Shepardizing*",[16] nomenclatura advinda do americano Frank Shepard, que catalogou informações relevantes de precedentes judiciais e *statutes*, fornecendo serviço considerado verdadeiro guia e fonte de consulta para advogados e juízes saberem

---

[10] MOREIRA ALVES, *Direito romano*, cit, p. 37.
[11] KUNKEL, *Historia del derecho romano*, cit., p. 101.
[12] Ibidem, p. 100.
[13] Ibidem.
[14] Ibidem, p. 101.
[15] Sobre o original papel do *amicus curiae*, leciona Elisabetta Silvestri: "Na verdade, o seu dever é o de fornecer informações que garantam um entendimento mais acurado dos fatos controversos, de modo que a corte possa formular uma decisão mais justa, não viciada pela pela falta de consideração das circunstâncias relevantes que as partes, voluntariamente, ou por simples descuido, tenham se omitido de indicar. Diante desse papel, é importante frisar que a intervenção do *amicus curiae* não é voltado especificamente a fornecer ao órgão judicante elementos de convencimento idôneos a sustentar os argumentos de uma parte para sua vitória em juízo, mas visa, sobretudo, a tutelar o prestígio da corte, auxiliando-a a evidenciar as decisões manifestamente erradas". (SILVESTRI, Elisabetta. L'*amicus curiae*: uno strumento per la tutela degli interessi non rappresentati. *Rivista Trimestrale di Diritto e Procedura Civile*. Anno LI. n. 3. Milano: Giuffré Editore, Set. 1997, p. 680, traduzimos). *No vernáculo original*: "Il suo compito, infatti, è quello di fornire informazioni che consentano un più accurato accertamento dei fatti controversi, in modo che la corte possa formulare una decisione più giusta in quanto non viziata dalla mancata considerazione di circonstanze rilevanti che le parti, voluntariamente o per semplice incuria, hanno omesso di indicare. Sotto questo profilo, è importante sottolineare che l'intervento dell'*amicus curiae* non è volto specificamente a fornire all'organo giudicante element di convincimento idonei a sostenere le fargioni di una parte in funzione della sua vittoria in giudizio, ma mira soprattuto a tutelare il prestigio della corte, aiutandola ad evidenziàre la pronuncia di decisioni manifestamente errate".
[16] "A função do *amicus curiae* no *common law* era buscar precedentes não conhecidos pelo juiz". (KRISLOV, The *Amicus curiae* Brief: From Friendship to Advocacy, cit., p. 694-695, traduzimos). *No vernáculo original*: "The function of the *amicus curiae* at common law was one of oral 'Shepardizing,' the bringing up of cases not known to the judge".

se as decisões passadas teriam sido reafirmadas, citadas ou revogadas por outros julgados. John Bellhouse e Anthony Lavers apontam outras situações que ensejavam a utilidade do instituto no *common law*, como a representação de interesses de menores ou o alerta sobre a morte de uma das partes.[17]

De acordo com Beckwith e Sobernhein, a prática de pessoas alheias às lides aconselharem as Cortes em alguma questão de Direito foi estabelecida na formação do *common law*, e referência a este fato existiria nos *Year Books*,[18] durante os Reinados de Eduardo III (1327-1377), Henrique IV (1399-1413) e Henrique VI (1422-1471).[19] Samuel Krislov, por sua vez, destaca como uma das primeiras e relevantes intervenções de *amicus curiae* o julgado *The Protector v. Geering* (1656), no qual George Treby – parlamentar inglês – argumentou perante Tribunal o significado e a importância de *statute* aprovado pelo Parlamento. A essa época, a advocacia não era requisito para atuar como amigo da Corte e, a fim de evitar erros, era até questão de honra que os juízes bem recebessem o auxílio de *bystanders*.[20] Entretanto, sempre se concebeu como discricionário o ato de deferimento da participação de pessoas alheias ao feito judicial. Nas palavras de Krislov, "permission to participate as a friend of the court has always been a matter of grace rather than right".[21]

Foi nos Estados Unidos, contudo, onde o instituto assumiu maior notoriedade, despertando interesse dos juristas, desde o século XIX. Em verdade, fator inegável para a consolidação do instituto em solo americano reside na prática pioneira do *judicial review*, que acentuou e inclusive modificou o uso do instrumento processual. Nesse contexto, é mister referir não ser a participação de terceiros (indivíduos, pessoas jurídicas de direito privado e pessoas jurídicas de direito público) em ações judiciais, nas quais se questiona a constitucionalidade de atos do Poder Público, obra do acaso ou, ainda, simples instrumento processual inerente à democracia americana. Antes disso: como será analisado ao longo

---

[17] BELLHOUSE; LAVERS, *The Modern Amicus Curiae*, cit., p. 188.

[18] Dotados de grande valor histórico, tratam-se os *Year books* de relatórios medievais subsidiados pela Coroa Inglesa e elaborados por estudiosos do Direito. Consistiam tais relatórios no registro de precedentes jurisprudenciais e de práticas jurídicas da época, por meio de notas e comentários. Os *Year Books* de que se tem notícia foram elaborados entre 1268 e 1534. (Ver mais informações históricas a respeito dos *Year Books* no *website* da Enciclopédia Britânica: http://www.britannica.com).

[19] BECKWITH, Edmund Ruffin; SOBERNHEIM Rudolf. *Amicus curiae*-Minister of Justice. *Fordham Law Review*, v. 17. 1948 *Apud* TIMBERS, Willian H. Some Practical Aspects of the Relationship Between the Securities and Exchange Commission as an Agency of the Executive Branch of the Federal Government and the Judicial Branch, *Paper* apresentado em conferência na Association of the Bar of the City of New York, 1954, p. 6. Disponível em: http://www.sec.gov/news/speech/1954/120654timbers.pdf.

[20] KRISLOV, *The Amicus Curiae Brief: From Friendship to Advocacy*, cit., p. 695; ANGELL, Ernest. The *Amicus curiae*. American Development of English Institutions. *International and Comparative Law Quarterly*, v. 16 1967, p. 1017.

[21] KRISLOV, *The Amicus Curiae Brief: From Friendship to Advocacy*, cit., p. 695. Nossa Tradução: "A permissão para participar como um amigo da corte foi sempre considerada mais uma questão de condescendência do que uma questão de direito".

do trabalho, a figura do *amicus curiae* é fruto das peculiaridades da família jurídica do *common law* e fruto, também, da natureza do *judicial review*. Verificam-se, de fato, elementos determinantes para a consolidação do *amicus curiae* no país, os quais conduzem, inevitavelmente, a uma análise sobre o funcionamento do *common law*, inclusive na Inglaterra, e a um exame mais aprofundado sobre a Constituição e o controle de constitucionalidade existentes nos Estados Unidos.

1.3. Rule of Law

Foram os constituintes da Filadélfia, quem, em 1787, com sua criatividade e racionalidade prática, elaboraram a primeira Constituição escrita da história. Não obstante, foi na Inglaterra onde se deram os primeiros passos na construção do *Rule of Law*,[22] entendida essa expressão como o conjunto de instituições e de princípios essenciais à proteção da dignidade das pessoas frente ao exercício arbitrário do poder do Estado,[23] ou, na dicção de Manoel Gonçalves Ferreira Filho, como "a sujeição de todos, inclusive e especialmente das autoridades, ao Império do Direito".[24] O constitucionalismo, portanto, tem sua raiz na tradição dos juristas e tribunais ingleses. Albert Venn Dicey, em sua clássica obra sobre o Direito Constitucional inglês, definiu o *Rule of Law* como uma soma de três princípios: a supremacia absoluta das normas de Direito comum[25] em oposição a qualquer forma de poder arbitrário, a igual sujeição de todos à lei e aos Tribunais e a consagração, pelo Direito comum, das liberdades do cidadão, a serem asseguradas pelo Judiciário.[26]

---

[22] Ver, entre tantos, MIRANDA, Jorge. *Manual de Direito Constitucional*, Tomo I, 3. ed., Coimbra: Coimbra Ed., 1985, p. 114-129; BIANCHI, Alberto B. *Control de Constitucionalidad*. v.I. 2ª ed. Buenos Aires: Editorial Ábaco, 1998; SOUZA JUNIOR, Cezar Saldanha. *A Supremacia do Direito no Estado Democrático e seus Modelos Básicos*. Tese para concurso a Professor Titular junto ao Departamento de Direito do Estado da Faculdade de Direito de São Paulo. Porto Alegre, 2002.

[23] MIRANDA, *Manual de Direito Constitucional*, Tomo I, cit., p. 121.

[24] FERREIRA FILHO, Manoel Gonçalves. *Direitos Humanos Fundamentais*. 9. ed. São Paulo: Saraiva, 2007, p. 12.

[25] Na lição de Manoel Gonçalves Ferreira Filho, o direito comum mencionado por Dicey é o próprio *common law*, que é "fundamentalmente um direito jurisprudencial, feito pelos juízes (*judge-made law*). Um direito que, em cada aplicação, o magistrado segue, pois se considera vinculado aos precedentes, mas pode adaptar a novos tempos e circunstâncias". (FERREIRA FILHO, Manoel Gonçalves. *A democracia no limiar do século XXI*. São Paulo: Saraiva, 2001, p. 98).

[26] "Significa, em primeiro lugar, a absoluta supremacia ou predominância do Direito comum em oposição à influência do poder arbitrário e exclui a existência da arbitrariedade, da prerrogativa e até mesmo de uma larga autoridade discricionária por parte do governo. Os ingleses são governados pelo Direito e apenas pelo Direito; entre nós um homem pode ser punido por desobediência ao Direito e nada mais. Novamente, significa igualdade perante o Direito ou igual sujeição de todas as classes ao direito comum da terra administrada pelas Cortes; o *rule of law*, neste sentido, exclui a ideia de qualquer isenção por parte de autoridades do dever de obediência ao Direito que governa outros cidadãos ou à jurisdição de tribunais comuns; entre nós na existe nada que corresponda ao 'direito administrativo' (*droit administratif*) ou 'tribunais administrativos' (*tribunaux administratifs*) da França.

É válido lembrar que a ideia de limitação do Poder Político por meio de respeito a pactos escritos (cujo exemplo maior é a Magna Carta de 1215) ou por meio da obediência a costumes locais era vigente já na Inglaterra medieval. Nesse sentido, Alberto Bianchi faz oportuna colocação ao denominar de "pré-história" do constitucionalismo a fase iniciada pela sanção da Carta Magna.[27] Brian Z. Tamanaha[28] exemplifica as muitas contribuições medievais para a limitação do Poder: os juramentos feitos pelos monarcas prometendo submissão ao Direito divino, natural, costumeiro ou positivo,[29] os preceitos cristãos determinando a subordinação dos reis ao Direito, os interesses de nobres em restringir o poder real, entre outras. Niccola Mateucci, igualmente, defende a ideia do já existente constitucionalismo medieval, ao lembrar que o papel dos costumes era, também,

---

A noção que se encontra no fundo do 'direito administrativo' conhecido nos países estrangeiros é que questões e disputas nas quais o governo e seus servidores estão interessados ficam além da esfera das Cortes civis e devem ser tratadas por órgãos especiais e relativamente governamentais. Esta ideia é totalmente desconhecida do direito da Inglaterra, e é, na verdade, fundamentalmente inconsistente com nossas tradições e costumes". (DICEY, Albert Venn. *Introduction to the study of the law of the constitution*. 10. ed. London : MacMillan, 1973, p. 202-203, traduzimos). *No vernáculo original*: "It means, in the first place, the absolute supremacy or predominance of regular law as opposed to the influence of arbitrary power, and excludes the existence of arbitrariness, of prerogative, or even of wide discretionary authority on the part of the government. Englishmen are ruled by the law, and by the law alone; a man may with us be punished for a breach of law, but he can be punished for nothing else. It means, again, equality before the law, or the equal subjection of all classes to the ordinary law of the land administered by the ordinary Law Courts; the *rule of law* in this sense excludes the idea of any exemption of officials or others from the duty of obedience to the law which governs other citizens or from the jurisdiction of the ordinary tribunals; there can be with us nothing really corresponding to the 'administrative law' (*droit administratif*) or the 'administrative tribunals' (*tribunaux administratifs*) of France. The notion which lies at the bottom of the 'administrative law' known to foreign countries is, that affairs or disputes in which the government or its servants are concerned are beyond the sphere of the civil Courts and must be dealt with by special and more or less official bodies. This idea is utterly unknown to the law of England, and indeed is fundamentally inconsistent with our traditions and customs. The rule of law, lastly, may be used as a formula for expressing the fact that with us the law of the constitution, the rules which in foreign countries naturally form part of a constitutional code, are not the source but the consequence of the rights of individuals, as defined and enforced by the Courts; that, in short, the principles of private law have with us been by the action of the Courts and Parliament so extended as to determine the position of the Crown and of its servants; thus the constitution is the result of the ordinary law of the land".

[27] BIANCHI, Alberto B. *Control de Constitucionalidad*, Tomo II, 2ª ed. Buenos Aires: Editorial Ábaco, 1998, p. 351.

[28] TAMANAHA Brian Z. *On the rule of law. History, Politics, Theory*. 4. ed. Cambridge: University Press, 2006, p. 15-28.

[29] Transcreve-se explicação de Charles Mcilwain sobre a distinção já efetuada na Idade Média entre o campo da Política (gubernaculum) e o campo do Direito (jurisdictio), modo pelo qual se compreende o poder real desse período: "[...] en las materias de gobierno definidas así de modo más estricto, el rey no solo es el único administrador, sino que tiene el derecho y debe tener todos los poderes necesarios para una administración efectiva [...]. En las cuestiones de gobierno y materias anejas, el rey propiamente es un autócrata; es 'absoluto', no tiene par, sus actos de gobierno estrictamente tales están fuera de cuestión Dentro de esta esfera ningún acto suyo puede ser ilegal, porque en el ámbito correspondiente su poder discrecional es legítimo, completo y no compartido con nadie. [...] en la jurisdictio, en contraposición al gubernaculum, hay límites a la discrecionalidad del rey establecidos por el derecho positivo y coactivo, de modo que un acto del rey que sobrepase dichos límites es ultra vires. Por consiguiente, es en la jurisdictio y no en el 'gobierno' donde encontramos la prueba más evidente de que en la Inglaterra medieval nunca estuvo en vigor, ni en teoría ni en la práctica la máxima romana del absolutismo. Pues en la jurisdicción el rey estaba obligado por su juramento a actuar según derecho y no de otro modo". (MCILWAIN, Charles Howard. *Constitucionalismo antiguo y moderno*. Madrid: Centro de Estudios Constitucionales, 1991, p. 101-109).

a limitação do poder real, para a não transformação desse último em um poder tirânico.[30]

Somando-se a isso outras valiosas e enriquecedoras conquistas inglesas, como a Petição de Direitos de 1628, o *Bill of Rights* de 1689 e o Ato do Estabelecimento de 1701, pode-se afirmar que a Inglaterra ingressou no século XVIII dotada de sistema político e jurídico com mecanismos próprios de um governo constitucional: um monarca sem poderes absolutos, dois partidos políticos (Whigs e Tories), um parlamento ativo e um grupo de documentos já integrantes do que é hoje a Constituição Inglesa.[31] Não é por menos que Jorge Miranda considera o triunfo das instituições inglesas o verdadeiro triunfo da fidelidade e da continuidade histórica: a consagração da sobreposição das instituições em vez da ruptura ou substituição das mesmas.[32]

Note-se a peculiaridade da experiência inglesa: não foi estabelecido um código político nacional – uma constituição formal – para impor limitações ao poder e preservar o histórico *Rule of Law*. Em verdade, as concepções sobre as liberdades e garantias do homem diante do Estado, para os ingleses, são antes construídas e mantidas por decisões judiciais, conforme explica Dicey: "[...] general principles of the constitution (as for example the right to personal liberty, or the right of public meeting) are with us the result of judicial decisions determining the rights of private persons in particular cases brought before the Courts".[33]

---

[30] Escreveu Niccola Mateuci: "Ora, pode-se agora perguntar o que é, para os ingleses, essa lei, tão freqüentemente invocada e proclamada, que o rei não pode de modo algum mudar sem se expor a converter-se em tirano. Não é certamente a lei no sentido moderno da palavra, isto é, a prescrição do legislador, exatamente porque, na Idade Média, era em grande parte desconhecida a redução do direito a mero preceito: a lei não era criada, mas declarada, não era feita, mas lembrada; finalmente, as leis que eram declarações por parte de órgãos *ad hoc* (o rei só, ou o rei no Parlamento) eram pouquíssimas. Na Idade Média, a palavra lei tem um significado bastante mais vasto. Para Fortescue, por exemplo, é lei, antes de tudo, a lei natural 'que é a mãe de todas as leis humanas'; são lei, em segundo lugar, os costumes antiqüíssimos da Inglaterra, que são ótimos, porque mais antigos que as leis de Roma; e são também, finalmente, as leis em sentido estrito, os estatutos aprovados 'com o consenso de todo o Reino', presente no Parlamento. Mas, se atentarmos bem, a verdadeira lei é a segunda, ou seja, o costume, que, na medida em que resistiu por longo tempo, obtendo o consenso de contínuas gerações, demonstrou ser justa; a ela se hão de adequar, portanto, as diversas leis do Parlamento, meramente declarativas do direito. Em suma, o valor das leis consuetudinárias reside no fato de que, como escreveu Glanvill, Regista do século XII, elas são *mores a populo conservai*, costumes conservados pelo povo, ou, como repetiria mais tarde Bracton, são *approbatae consensu utentium*, são aprovadas pelo consenso dos que as usam. É dentro desta cultura político-jurídica que vai amadurecendo o princípio do *rule of law*, do Governo limitado ou da supremacia do direito, daquele direito que não é expressão da exata vontade do legislador, mas é sobretudo costume, o costume dos direitos legais dos cidadãos ingleses". (BOBBIO, Norberto. MATTEUCCI, Nicola e PASQUINO, Gianfranco. *Dicionário de Política*, v.1, 11ª ed. Brasília: Editora Universidade de Brasília, 1998, p. 254-255).

[31] BIANCHI, 1 *Control de Constitucionalidad, Tomo I* ,cit., p. 43.

[32] MIRANDA, *Manual de Direito Constitucional, Tomo I*, cit., p. 115-119.

[33] DICEY, *Introduction to the study of the law of the constitution*, cit., p. 195. Nossa tradução: "[...] princípios gerais da Constituição (como por exemplo o direito de liberdade pessoal ou de reunião pública) são para nós o resultado de decisões judiciais determinando os direitos de particulares em processos trazidos perante as Cortes". O autor segue sua explicação sobre a Constituição inglesa, deixando claro que essa é o conjunto das históricas instituições, ao lado dos precedentes declarados pelas Cortes de Justiça: "Há na constituição inglesa uma ausência de tais declarações ou definições, tão caras aos constitucionalistas estrangeiros. Tais princípios, além do mais, como podemos descobrir na constituição inglesa são, como todas as máximas estabelecidas por legislação judicial,meras generalizações tiradas ou das decisões e sentenças dos juízes, ou de *statutes*, os quais, tendo sido

1.4. *Common Law* na Inglaterra

A peculiaridade inglesa em tudo diz respeito à própria dinâmica do *common law*, família jurídica cuja principal fonte de Direito são os precedentes judiciais. A ligação entre *rule of law* e *common law*, em verdade, não poderia ser mais íntima, e esse elo indissociável advém da realidade histórica e político-social da formação do Direito inglês.[34] Com efeito, na tradição inglesa, o Direito nasce exatamente do conflito, sendo as regras elaboradas para solucionar um processo, e não para estabelecer regra geral de conduta para o futuro.[35] Nascida da aplicação da justiça pelos Tribunais Reais ingleses (denominados Tribunais de Westminster), o *common law* unificou o Direito inglês, substituindo os particularismos jurídicos advindos dos julgamentos efetivados pelas jurisdições senhoriais (*Courts Baron, Court Leet* e *Manorial Courts*) da Idade Média e ganhando independência frente ao Direito Canônico aplicado pelas jurisdições eclesiásticas.[36] De acordo com Manoel Gonçalves Ferreira Filho, "os Tribunais Reais, criados por Henrique II, desenvolveram a *common law*, procedendo a uma triagem do direito costumeiro [...] e, a partir disso, desenvolvendo ações princípios e regras que redundam na *rule of law*".[37]

Afirma René David ter sempre prevalecido, nos tribunais de Westminster, a máxima *remedies precede rights*, isto é, o rito processual[38] e as questões de pro-

---

aprovados para atender certas reivindicações, possuem alguma semelhança com as decisões judiciais e são de fato julgamentos pronunciados pela Suprema Corte do Parlamento. Para dizer, na verdade, a mesma coisa de uma forma um tanto diferente, a relação dos direitos individuais com os princípios da constituição não é bem a mesma coisa em países como a Bélgica, onde a constituição é o resultado de um ato legislativo. Na Inglaterra, a constituição em si é baseada em decisões jurídicas. [...] na Inglaterra os chamados princípios da constituição são induções ou generalizações baseadas em decisões particulares pronunciadas pelas Cortes como direitos de certos cidadãos " (Ibidem, p.197-198, traduzimos). *No vernáculo original*: "There is in the English constitution an absence of those declarations or definitions of rights so dear to foreign constitutionalists. Such principles, moreover, as you can discover in the English constitution are, like all maxims established by judicial legislation, mere generalisations drawn either from the decisions or dicta of judges, or from statutes which, being passed to meet special grievances, bear a dose resemblance to judicial decisions, and are in effect judgments pronounced by the High Court of Parliament. To put what is really the same thing in a somewhat different shape, the relation of the rights of individuals to the principles of the constitution is not quite the same in countries like Belgium, where the constitution is the result of a legislative act, as it is in England, where the constitution itself is based upon legal decisions. [...] in England the so-called principles of the constitution are inductions or generalisations based upon particular decisions pronounced by the Courts as to the rights of given individuals".

[34] SOUZA JUNIOR, *A Supremacia do Direito*, cit., p. 99.

[35] DAVID, *Os grandes sistemas*, cit.,. p. 32. Ensina,, nesse sentido, Paul Vinogradoff: "Una norma jurídica puede ser hecha de antemano, con la finalidad expresa de regular los acontecimientos futuros, o declarada por los tribunales de justicia en ejercicio de su jurisdicción. He aquí la distinción fundamental entre legislación y Derecho creado por los jueces" (VINOGRADOFF, Paul. *Introducción al Derecho*. 3. ed. Fondo de Cultura Económica: México, 1967, p. 85).

[36] DAVID, *Os grandes sistemas*, cit., p. 346.

[37] FERREIRA FILHO, *Direitos Humanos Fundamentais*, cit., p. 86.

[38] "A cada writ corresponde, de fato, um dado processo que determina a seqüência dos atos a realizar, a maneira de regular certos incidentes, as possibilidades de representação das partes, as condições de admissão das provas e as modalidades da sua administração, e os meios de fazer executar a decisão" (DAVID, *Os grandes sistemas*, cit., p. 288).

cesso são de total importância na elaboração das soluções jurídicas e preexistem à concepção de direitos substantivos.³⁹ Por tal razão, seguindo o autor, a recepção do Direito Romano foi impedida, diante das rígidas formalidades impostas pelos quadros processuais ingleses. Deve-se visualizar, na referida processualidade, um traço marcante do *common law*, e, em termos práticos, tal processualidade indica a enunciação e desenvolvimento de princípios de Direito "por meio e pela forma de um julgamento jurídico".⁴⁰ Isto é: a técnica utilizada pelos juízes ingleses para chegar à solução final em um caso concreto, ao menos no período da consolidação do *common law*, não consistia em compreender o "espírito" de atos legislativos de caráter geral e abstrato, mas em verificar a adequação do julgamento jurídico a um conjunto de requisitos de ordem formal – como a ampla defesa, a isenção do júri, a livre produção de provas. Tais requisitos, antes de tudo garantias, não deixavam de representar significativas restrições ao poder soberano, pois fixavam procedimentos a serem seguidos para obter um *fair trial*.⁴¹

Blackstone já definira o sistema do *common law* como Direito não escrito, o que significaria serem os costumes gerais, refletidos nas decisões dos magistrados, a mais alta fonte de Direito e, não, um decreto ou uma lei, a orientar o agir dos indivíduos e juristas.⁴² Para Blackstone, as sentenças judiciais não fariam exatamente criação do Direito, mas, sim, representariam declarações de Direito preexistente, fruto de costumes prolongados e imemoriais, os quais deveriam ser conhecidos por profissionais sábios e experientes – os juízes.⁴³ Essas decisões, salvo no caso de manifesta irrazoabilidade ou injustiça, determinariam sua aplicação obrigatória em casos similares, pois seriam a tradução do Direito.⁴⁴ Pertinente, assim, a observação de que o *common law* se desenvolveu recluso em ambiente composto por advogados e membros do judiciário, ambiente que seria, segundo Friedman, "staccato dal pubblico".⁴⁵

---

³⁹ Alerta René David: "É necessário não esquecer nunca, se se quiser compreender o direito inglês, esta anterioridade do processo em relação ao direito substantivo". (Ibidem, p. 351) Curioso observar que o Direito Romano igualmente continha essa característica, conforme os ensinamentos de José Carlos Moreira Alves: "No direito romano, a vinculação entre o direito subjetivo e a ação é ainda mais evidente do que no direito moderno. [...] os romanos, ao contrário do que sucede com os modernos, encaravam os direitos antes pelo aspecto processual do que pelo lado material. Em virtude disso, é comum dizer-se que o direito romano era antes um sistema de ações do que um sistema de direitos subjetivos. E isso se verifica sobremodo no direito clássico, quando a evolução dos institutos jurídicos romanos se faz principalmente pela atuação do pretor no processo". (ALVES, *Direito romano*. v.1, cit., p. 182).

⁴⁰ SOUZA JUNIOR, *A Supremacia do Direito*, cit., p. 103.

⁴¹ ORTH, John V. *Due Process of Law. A Brief History*. Lawrence: University Press of Kansas, 2003.

⁴² FRIEDMAN, Lawrence M. *Storia del diritto americano*. Milano: Giuffrè, 1995, p. 15-16.

⁴³ CUETO RUA, Julio. *El common law*. Buenos Aires: Editorial La ley, 1957, p. 35-41.

⁴⁴ Oliver Wendell Holmes, de modo contrário, recusava a visão do Direito como obra exclusiva da racionalidade lógica e de valores históricos passados, à medida que defendia não ser o Direito senão espécie de conhecimento altamente técnico acerca da conduta provável dos tribunais O objeto do conhecimento, para Holmes, é a conduta judicial, e sua fonte é obtida de uma heterogênea mescla entre História, Economia, Política e Lógica. (Ibidem, p. 55-64).

⁴⁵ FRIEDMAN, *Storia del diritto americano*, cit., p. 19. Refere o autor (ibidem, p. 20, traduzimos): "O common law era um direito aristocrático, feito pela grande e pela pequena nobreza. As massas ficavam privadas desse

Nesse compasso, na tradição jurídica inglesa, as regras não jurisprudenciais fogem da normalidade; os códigos são concebidos como simples obra de consolidação, e não, como nos países de família romano-germânica, um ponto de partida para a elaboração e o desenvolvimento de um novo Direito.[46] Presume-se, consoante René David, ser objetivo do legislador do *common law,* ao elaborar um código, a reprodução de regra anterior, proposta pela jurisprudência. A lei (*statute*[47]), dessa maneira, não teria sentido enquanto não interpretada pelos Tribunais.[48] Reproduza-se, nesse particular, o seguinte ensinamento do autor:

> O direito inglês, proveniente dos processos da *common law*, é essencialmente um direito jurisprudencial (*case law*); suas regras são, fundamentalmente, as regras que se encontram na *ratio decidendi* das decisões tomadas pelos tribunais superiores na Inglaterra. [...]. A *legal rule* inglesa coloca-se ao nível do caso concreto em razão do qual, e para cuja resolução, ela foi emitida. Não se pode colocá-la a um nível superior sem deformar profundamente o direito inglês, fazendo dele um direito doutrinal; os ingleses são bastante avessos a uma tal transformação e apenas adotam, verdadeiramente, em particular as regras formuladas pelo legislador, por menor que seja a interpretação que elas exijam, quando forem efetivamente interpretadas pela jurisprudência; as aplicações jurisprudenciais tomam então o lugar, no sistema do direito inglês, das disposições que o legislador editou.[49]

A *legal rule* estabelecida pelos juízes ingleses, nesse compasso, é fruto da experiência do caso concreto e está também relacionada à regra dos precedentes judiciais (*rule of precedent*), tão característica do *common law*. Essa regra enuncia o dever de os juízes seguirem a racionalidade de decisões proferidas em casos semelhantes por órgãos judiciais de maior grau ou mesmo de igual hierarquia.[50] E, para garantir às sentenças dos casos anteriores (os precedentes) um caráter de normatividade geral, determinados elementos individuais devem ser eliminados,

---

sistema, e só indiretamente caíam sob o seu domínio". *No vernáculo original*: "Il common law era um diritto aristrocratico fatto dalla grande e piccola nobilitá. Le masse venivano appena sfiorate da questo sistema e solo indiretamente cadevano sottto il suo domínio". Não é diferente a abordagem de Max Weber: "A razão do fracasso de todas as tentativas racionais de codificação e também da adoção do direito romano encontrava-se, na Inglaterra, na resistência eficaz das grandes corporações de advogados, uniformemente organizadas, uma camada de honoratiores monopolizadora, de cujo meio se recrutavam os juízes dos grandes tribunais. Mantinham em suas mãos a educação jurídica – à maneira de uma arte empírica de alto nível técnico – e lutavam, com êxito, contra os esforços por estabelecer um direito racional, que ameaçavam sua posição social e material e partiam, sobretudo, dos tribunais eclesiásticos e também, temporariamente, das universidades. A luta dos advogados da *common law* contra o direito romano e eclesiástico e contra a posição poderosa da igreja em geral tinha neste processo, em grande parte, causas econômicas: seu interesse em emolumentos, o que revela claramente a forma das intervenções do rei nesta luta".(WEBER, Max. *Economia e Sociedade. Fundamentos da Sociologia Compreensiva*. v.2, Editora Universidade de Brasília: São Paulo: Imprensa Oficial do Estado de São Paulo, 1999, p. 214).

[46] Sobre o tema, conferir SOUZA JUNIOR, *A Supremacia do Direito*, cit.

[47] No dicionário Black's Law consta a seguinte definição para o termo *statute*: "um ato do Legislativo, declarando, ordenando, ou proibindo alguma coisa; (...). Esta palavra é usada para designar as leis criadas legislativamente em contraste com a lei decidida ou não escrita". (BLACK, *Black's Law Dictionary,* cit., p. 1264-1265, traduzimos). *No vernáculo original*: "an act of the legislature declaring, commanding, or prohibiting something; [...]. This word is used to designate the legislatively created laws in contradistinction to court decided or unwritten law".

[48] DAVID, *Os grandes sistemas*, cit., p. 403.

[49] Ibidem, p. 403-404.

[50] CUETO RUA, *El common law*, cit., p. 121.

a fim de generalizar e categorizar apenas os fatos relevantes.⁵¹ Destaca-se a observação de Julio Cueto Rua, ao afirmar que, no *common law*, a sentença judicial tem uma força ainda maior do que a só qualidade de *res judicata*; o chamado *stare decisis et quieta non movere* ou, simplesmente, *stare decisis* dá à decisão valor de fonte normativa geral.⁵² Vê-se, logo, que a edificação do *common law* pressupõe a racionalidade das situações concretas, sendo a busca de fundamentação normativa uma busca, *pari passu*, de analogias jurisprudenciais.

A continuidade histórica e a força do *common law* foram bem identificadas por Roscoe Pound, que lembra as diversas resistências enfrentadas pelo sistema jurídico inglês. Conforme o autor, o *common law* superou mais de uma crise: durante o século XII, disputou a primazia de jurisdição com a Igreja, força política mais poderosa da época. No século XVI, quando o Direito Romano se estendia por toda a Europa, o *common law* permaneceu indestrutível na Inglaterra. Assim, segundo Pound, nem o Renascimento, nem a Reforma, nem a Recepção do Direito Romano abalaram o sistema inglês.⁵³

Anote-se que, conquanto a não recepção do Direito Romano seja característica flagrante do *common law*, encontram-se, sim, semelhanças entre a técnica inglesa de formular o Direito e a técnica usada pela clássica jurisprudência romana. Luis Fernando Barzotto, analisando essa última, mostra que o direito provinha de um saber direcionado à resolução do caso concreto e repudiava atividades de mera especulação e abstração.⁵⁴ No mesmo sentido, ensina Wolfgang Kunkel: "[...] el fuerte del espíritu romano no era la síntesis teórica, sino la resolución justa del caso práctico".⁵⁵ De fato, na época da Roma clássica, a principal fonte do Direito era a *iurisprudentia*, obra dos jurisconsultos e do pretor, alcançada de modo casuístico pela discussão dos conflitos brotados da realidade.⁵⁶ Tal método

---

⁵¹ "Que el precedente sea aplicable o no al caso en consideración dependerá de lo que decida el juez que deba sentenciar sobre cuáles son los hechos operativos o relevantes de la sentencia precedente y cuales los del caso en consideración" (Ibidem, p. 148).

⁵² Ibidem, p. 122. A regra do *stare decisis*, conforme o autor, seria mais rígida na Inglaterra do que nos Estados Unidos: "[...] en la formación expresa del principio, en Inglaterra, se desconocen la mayor parte de las excepciones y salvedades que lo caracterizan en Estados Unidos, y que han hecho del 'common law' norteamericano un ordenamiento jurídico más fluido y variable de lo que lo es el inglés" (Ibidem, p.129).

⁵³ POUND, Roscoe. *El espiritu del "Common Law"*. Barcelona: Bosch, 1954, p. 21.

⁵⁴ BARZOTTO, Luis Fernando. Prudência e jurisprudência – uma reflexão epistemológica sobre a *jurisprudentia* romana a partir de Aristóteles. In: Universidade do Vale do Rio dos Sinos – UNISINOS. *Anuário do programa de Pós-graduação em Direito: Mestrado e Doutorado 1998/99; Centro de Ciências Jurídicas UNISINOS*. São Leopoldo: UNISINOS, 1999, p. 163-192.

⁵⁵ KUNKEL, *Historia del Derecho Romano*, cit., p. 104.

⁵⁶ José Carlos Moreira Alves mostra a mudança que o direito romano teve com a maior interferência do Estado, no período pós-clássico: "O que caracterizou, principalmente, esse período é a circunstância do direito – como ocorre no mundo moderno – passar a ser elaborado quase exclusivamente pelo Estado, mediante constituições imperiais. [...] nos dois períodos anteriores – o pré-clássico e o clássico – a atuação do Estado, na criação do direito era, a princípio, diminuta, e só gradativamente vai crescendo. Assim, na época pré-clássica, o Estado apenas tem ingerência nela por poucas leis, e a maioria das normas jurídicas decorre do costume ou da *interpretatio* dos juristas; no período clássico, durante o final da república e início do principiado, destaca-se o *ius honorarium*, e apenas quando os imperadores, por meio de constituições imperiais, começam a ditar normas jurídicas é que

casuístico seria guiado pelos seguintes procedimentos: a) a busca da solução mais razoável do ponto de vista prático e a mais próxima às circunstâncias da causa; b) invocação de casos semelhantes (analogia); c) invocação de casos opostos (argumento *a contrario*); d) utilização do argumento *ab absurdo*, mostrando que uma outra solução não seria razoável.[57] Tal como o Direito inglês, também a *iurisprudentia* romana via nos precedentes – massa sedimentada de pareceres – forma de encontrar a solução para os litígios. Mauro Cappelletti reconhece a semelhança apontada, referindo que, apesar de parecer paradoxal, "pode-se até dizer que as afinidades com o processo romano clássico encontram-se mais no ordenamento dos países de *common law* do que nos países da Europa Continental".[58]

Portanto, a prevalência do Direito judiciário definitivamente marca o *common law*. Mas deve ser frisada a igual predominância na Inglaterra do princípio da supremacia do Parlamento; o que, à primeira vista, pode parecer contraditório. Compreende-se suposta colisão de princípios, se for levado em conta que as Cortes inglesas aceitam formalmente o poder parlamentar de editar *statutes* e se reservam o papel de intérpretes dos mesmos, sem, contudo, invalidá-los.[59] Não restou estabelecida, com efeito, a prerrogativa de anulação de atos do Parlamento pelo Poder Judiciário, ainda que Edward Coke tenha traçado o embrião da sistemática do *judicial review*, no famoso *Dr. Bonham's case*.[60]

1.5. *Amicus curiae* na Inglaterra (*Advocate to the Court*)

Compreensível é a intervenção de interessados e colaboradores em feitos judiciais alheios, por meio do *amicus curiae*, dado que o Direito inglês se desen-

---

o Estado passa a atuar decisivamente na elaboração do direito, entrando as demais fontes em decadência. No período pós-clássico, conclui-se essa evolução, passando o Estado, quase exclusivamente, a elaborar o direito [...]". (MOREIRA ALVES, *Direito Romano*, v.1, cit., p. 71).

[57] BARZOTTO, Prudência e jurisprudência, cit., p. 184.

[58] CAPPELLETTI, Mauro. O Processo Civil italiano no quadro da contraposição "Civil Law" – "Common Law". *Revista da Ajuris*, v. 32, n. 100, Porto Alegre: Ajuris, dez. 2005, p. 410.

[59] SOUZA JUNIOR, *A Supremacia do Direito*, cit., p. 115. Sobre a questão, refere Kay Goodall: "Os *statutes* legalmente emanados pelo legislativo estão abertos à interpretação judicial, mas gozam de uma imunidade constitucional geral em relação à alegação de sua invalidade". (GOODALL, Kay. The Legitimacy of the Judge in the United Kingdom. *Studies in UK Law*, 2002, London : UKNCCL, p. 40, traduzimos). *No vernáculo original*: "Statutes lawfully enacted by the legislature are open to judicial interpretation but enjoy a general constitutional immunity from challenge on the basis of invalidity, [...]".

[60] Nesse precedente judicial, julgado em 1610, Bonham, médico inglês, foi acusado de desempenhar a profissão médica sem a correspondente autorização do órgão competente, sendo-lhe aplicada administrativamente pena pecuniária e pena de proibição ao desempenho da profissão. Não tendo obedecido à determinação, Bonham foi encarcerado. Chegando o conflito ao Poder Judiciário inglês, Edward Coke, um dos juízes da causa, referiu que contrariava os princípios do *common law* o *statute* em questão, o qual não só autorizava a punição por parte do Colégio de Médicos como garantia à Coroa o recebimento de metade das multas. A maior inconformidade de Coke era o fato de o Poder Público e o Conselho de Médicos haverem agido como "a judge in his own case". Mais detalhes do caso encontram-se em BIANCHI, *Control de Constitucionalidad*. Tomo I. cit., p. 63-70 e ORTH, *Due Process of Law*, cit., p. 18-32.

volve principalmente na arena do Poder Judiciário. Afora tal constatação, colabora o fato de que a decisão final poderá criar precedente sobre a matéria e, a partir daí, obter alcance em outros casos similares. Mas, para bem refletir sobre a figura do *amicus curiae,* é também necessário apontar outro fator: o *adversarial system,* sistema processual nascido na Inglaterra e estruturado na ideia de um confronto entre dois adversários, diante de um julgador relativamente passivo. Nesse sistema, são os advogados – e não os juízes – os protagonistas da produção probatória.[61] Diferentemente do *inquisitorial system* existente nos países de tradição romano-germânica, a tradição inglesa vê no juiz o árbitro do conflito e nas partes os atores responsáveis pela condução do feito.[62] Elisabetta Silvestre ensina, nesse sentido, que o *amicus curiae* ganhou espaço na Inglaterra por questionar essa visão excessivamente bipolar do processo – sem, contudo, deixar de estar à margem da discussão entre as partes. Não é só: o instituto teria se mantido no Direito Inglês por auxiliar os Juízes ingleses a aprimorar seu convencimento, aperfeiçoando ou corrigindo o conjunto probatório elaborado.[63]

O *amicus curiae brief* antes de tudo consagrou-se como prática jurídica em que questões de direito e informações passaram a ser apresentadas por terceiros perante os Tribunais, mediante permissão ou mediante convite desses. E, por depender de autorização do Poder Judiciário, não se pode dizer que recebimento do *amicus curiae brief* seja direito subjetivo do requerente. Consoante John Bellhouse e Anthony Lavers, o *amicus curiae* foi e tem sido usado para preencher as lacunas deixadas por um sistema litigioso centrado na resolução de conflito entre duas partes (*bi-partisan conflicts*), constituindo verdadeira alternativa para a intervenção de terceiros. Nesse sentido, o instituto possibilitou a representação de indivíduos potencialmente afetados pela lides ou pelos resultados destas.[64] De fato, verificam-se inúmeras situações nas quais argumentos diferentes do trazidos pelas visões comuns dos litigantes foram recebidos pelas Cortes, ensejando visualização mais completa dos efeitos da decisão. E, historicamente, primou-se

---

[61] CHASE, Oscar G. A "Excepcionalidade "Americana" e o Direito Processual Comparado. *Revista de Processo.* n. 110. Ano 28. São Paulo: Editora Revista dos Tribunais, Abril-junho de 2003, p. 135-138.

[62] Sobre o papel do juiz inglês, ensina René David: "O juiz inglês também fala pouco. Seu papel é concebido essencialmente como o de um árbitro, que ouve uns e outros e assim se convence. O papel que lhes cabe é, antes de mais nada, o de dirigir os trabalhos da audiência. Ele deve impedir que estes se dispersem e garantir sua perfeita lealdade, fazendo notadamente respeitadas as regras relativas à admissibilidade da prova e impedindo que sejam introduzidos nos debates elementos que gerem confusão. O juiz pode fazer perguntas para esclarecer o debate, mas não deve substituir os advogados e interrogar, no lugar destes, as testemunhas". (DAVID, René. *O Direito Inglês.* São Paulo: Martins Fontes, 1997, p. 44).

[63] SILVESTRI, L'*amicus curiae,* cit., p. 684-686 e ARSHI, Mona; O'CINNEIDE, Colm. Third-party intervention: the public interest reaffirmed. *Public Law.*London: Sweet & Maxwell, 2004, p. 69-77. Mencione-se, por outro lado, que desde 1999, com a edição das *Rules of Civil Procedures* inglesas, foram confiadas aos juízes inúmeros e incisivos poderes de direção do procedimento, como marcação de audiência e coleta de provas, relativizando a tradicional estrutura do *adversarial system.* (TARUFFO, Michele. Observações sobre os Modelos Processuais de *Civil Law* e de *Common Law. Revista de Processo.* n. 110. Ano 28. São Paulo: Revista dos Tribunais, Abril-junho de 2003, p. 147).

[64] BELLHOUSE; LAVERS, The Modern *Amicus Curiae,* cit., p. 190.

pelo recebimento de informações, inclusive de índole fática, benéficas ao interesse público, atribuição que tradicionalmente esteve a cargo do *Attorney-General*.

Recentemente, a proeminência do instituto revelou-se em situações polêmicas (tanto do ponto de vista moral, quanto jurídico), fazendo-se notar o caráter consultivo do *amicus curiae*. Assim, no conhecido caso inglês das gêmeas unidas ou gêmeas isquiópagas (*conjoined twins*), para julgar a juridicidade da operação que separaria fisicamente as irmãs e ocasionaria necessariamente a morte de uma delas, a *Court of Appeal* convocou pareceres de criminalistas, do Arcebispo de Westminster e da *Pro-Life Alliance*.[65] Intervenção similar também foi verificada no processo de extradição do ex-Presidente do Chile, Augusto Pinochet, quando a Câmara dos Lordes (última instância judiciária) recebeu informações da Anistia Internacional, da República do Chile e de um jurista.[66]

O crescente uso do *amicus curiae* no país foi positivamente avaliado por Mona Arshi e Colm O'Cinneide, para quem o instituto veio a introduzir no âmbito judicial perspectivas antes marginalizadas, além de relevantes informações técnicas no processo de formação do Direito.[67] Sarah Hannet, por sua vez, faz ponderações críticas sobre a referida intervenção processual. Segundo a autora, a abertura do Poder Judiciário em lides individuais para mediar conflito de interesses e de opiniões, a fim de perseguir suposto interesse público, resulta em palco de disputas típicas do ambiente parlamentar. E isso, para além de descaracterizar o papel neutro atribuído tradicionalmente ao Poder Judiciário, invade importan-

---

[65] BELLHOUSE; LAVERS, The Modern *Amicus Curiae*, cit., p. 189-190.

[66] Este o trecho da decisão da Câmara dos Lordes que fez menção aos *amici curiae*: "A solicitação de licença para intervir foi primeiramente feita pela Anistia Internacional e outras vítimas das atividades alegadas. Licença condicional foi concedida a tais interventores, sujeitando às partes explicar porque eles não deveriam ser ouvidos. Foi ordenado que tais submissões fossem, tanto quanto possível, feitas por escrito, porém, em vista do curto espaço de tempo disponível antes da audiência, a licença foi excepcionalmente concedida a submissões orais para suplementar as escritas, sujeitas, no entanto, ao limite de tempo estabelecido. Na audiência, nenhuma objeção foi feita contra o Prof. Brownlie, Q.C. Licença foi também concedida a outros interventores para apresentarem submissões por escrito, embora a solicitação para submissões orais tenha sido negada. As submissões escritas foram recebidas em nome destas partes. Devido à urgência, importância e dificuldade de questões de direito internacional, o Procurador Geral, a pedido dos Lordes, indicou o Sr. David Lloyd Jones como *amicus curiae* e os Lordes ficam muito gratos a ele pela ajuda prestada por sustentação oral e por escrito e em um prazo tão exíguo. Muitos casos foram citados pelo conselho, mas refiro apenas um pequeno número deles (...)". Decisão disponível em: http://www.parliament.the-stationery-office.co.uk/pa/ld199899/ldjudgmt/jd981125/pino01.htm. *No vernáculo original*: "Application for leave to intervene was made first by Amnesty International and others representing victims of the alleged activities. Conditional leave was given to these intervenors, subject to the parties showing cause why they should not be heard. It was ordered that submissions should so far as possible be in writing, but that, in view of the very short time available before the hearing, exceptionally leave was given to supplement those by oral submissions, subject to time limits to be fixed. At the hearing no objection was raised to Professor Brownlie, Q.C. on behalf of these intervenors being heard. Leave was also given to other intervenors to apply to put in written submissions, although an application to make oral submissions was refused. Written submissions were received on behalf of these parties. Because of the urgency and the important and difficult questions of international law which appeared to be raised, the Attorney General, at your Lordships request, instructed Mr. David Lloyd Jones as *amicus curiae* and their Lordships are greatly indebted to him for the assistance he provided in writing and orally at such very short notice. Many cases have been cited by counsel, but I only refer to a small number of them[...]".

[67] ARSHI, O'CINNEIDE, Third-party intervention, cit., p. 69-77.

tes funções do Legislativo.⁶⁸ São suas palavras: "O resultado é que o processo de tomada de decisões judiciais se torna. mais semelhante ao processo legislativo. Consequentemente, o tradicional processo bipolar (adversarial system), com o aumento da intervenção e com a ampliação das partes e das questões debatidas, mudará de judicatório para legislativo".⁶⁹ E conclui a autora, em tom de alerta: "Entretanto, a intervenção não pode substituir ou imitar o processo de consulta atribuída ao Parlamento.⁷⁰

Em 2001, o *Attorney-General* inglês, Lord William, e o *Chief Justice,* Lord Woolf, organizaram grupo de trabalho a fim de reavaliar e normatizar o *amicus curiae,* resultando num memorial para uso dos juízes ingleses.⁷¹ A primeira mudança trazida reside no próprio nome do instrumento processual, agora denominado *Advocate to the Court*. Entre outras previsões, o memorial enumera as seguintes diretrizes: a) na maioria dos casos, um *Advocate to the Court* deve ser requerido pela Corte e nomeado pelo *Attorney-General*; b) o Tribunal pode buscar assistência do *Advocate to the Court*, quando verificado perigo de que importante e difícil questão de direito seja decidida sem que a Corte tenha ciência de outras argumentações relevantes; c) o *Advocate to the Court* não representa ninguém; d) advogados, representando entidades governamentais, ou mesmo o *Attorney-General*, representando o interesse público, não são considerados *Advocates to the Court*.

---

⁶⁸ HANNET, Sarah. Third Party Interventions: In the Public Interest? *Public Law*. London: Sweet & Maxwell, 2003, p. 128-150.

⁶⁹ Ibidem, p. 139, traduzimos. *No vernáculo original*: "The result is that judicial adjudication becomes more akin to the legislative process. Thus rather than the traditional bipolar, adversarial lawsuit, increasing intervention, with the attendant broadening of parties and issues, shifts from adjudicative to legislative"..

⁷⁰ Ibidem, p. 147, traduzimos. *No vernáculo original*: "Yet intervention cannot replace or mimic the process of consultation that Parliament undertakes".

⁷¹ O memorial resultante do *"Amicus Curiae* Protocol Working Group" encontra-se na seguinte página virtual: http://www.attorneygeneral.gov.uk/attachments/Advocate%20to%20the%20Court%20Memorandum%20for%20Judges.pdf e está anexada no presente trabalho como ANEXO 01.

Capítulo – 2

Common law americano e o *judicial review*

2.1. *Common law* nos Estados Unidos

A expansão da família jurídica do *common law* foi triunfante nos Estados Unidos,[72] embora com alguns obstáculos iniciais, decorrentes da inconformidade de alguns colonos e imigrantes europeus em adotar sistema similar ao existente na Inglaterra.[73] Fato é que tanto na Inglaterra quanto nos Estados Unidos existe a mesma concepção geral do Direito. Assim leciona René David:

> O direito, quer para um jurista americano, quer para um jurista inglês, é concebido essencialmente sob a forma dum direito jurisprudencial; as regras formuladas pelo legislador, por mais numerosas que sejam, são consideradas com uma certa dificuldade pelo jurista que não vê nelas o tipo normal de regra do direito; estas regras só são verdadeiramente assimiladas ao sistema de direito americano quando tiverem sido interpretadas e aplicadas pelos tribunais e quando se tornar possível, em lugar de se referirem a elas, referirem-se às decisões judiciárias que as aplicaram. Quando não existe o precedente, o jurista americano dirá: "There is no law on that point".[74]

Na mesma linha, a doutrina de Cueto Rua:

> El juez del common law tiene mucha dificultad en manejar leyes, es decir, conceptos jurídicos de significación abstracta y general. El no está acostumbrado a encarar su tarea trabajando con proposiciones generales cuyo significado lógico es tan a menudo equívoco, sino al revés, está acostumbrado a manejar empíricamente casos concretos. [...] El juez del *common law* no tiene que dedicar mucho tiempo a penetrar esa entidad misteriosa a

---

[72] "Naturalmente o '*common law*' tinha muitos defensores. Nem todos o consideravam velho e despótico. Era também o direito originário dos cidadãos, uma herança preciosa, corrompida sob Jorge III, mas ainda uma realidade vital. Um argumento retórico dos homens de 1776 era que o '*common law*' incorporava normas fundamentais de direito natural". (FRIEDMAN, *Storia del diritto americano*, cit., p. 105, traduzimos). *No vernáculo original*: "Naturalmente il 'common law' aveva molti difensori. Non tutti lo consideravano vecchio e dispotico. Era anche il diritto originario dei cittadini, una preziosa eredità, corrotta dagli inglesi sotto Giorgio III, ma tuttora una realtà vitale. Un argomento retorico degli uomini del 1776 era che il 'common law' incorporava norme fondamentali di diritto naturale" Julio Cueto Rua lembra que tal família jurídica é a base do direito americano, canadense, australiano, neozelandês, irlandês, além de ter influenciado consideravelmente o ordenamento jurídico vigente na Escócia, Malta, Chipre, Ilhas Maurício, Índia, Paquistão e Malásia. (CUETO RUA, *El common law*, cit.,p. 27).

[73] DAVID, *Os grandes sistemas*, cit., p. 438-445; FRIEDMAN, *Storia del diritto americano*, cit., p. 29-111; HALL, Kermit L. *The Oxford Companion to American Law*. New York: Oxford University Press, 2002., 364-374.

[74] DAVID, *Os grandes sistemas*, cit., p. 448.

que se ha dado en llamar 'la voluntad del Legislador'. Nada hay más enigmático para el juez del common law que una ley que aún carece de interpretación judicial. [...] cuando la jurisprudencia comienza a dar sentido concreto a los términos abstractos de la ley, el juez del common law va relegando la ley a plano secundario y presta mayor atención a los casos que la han interpretado.[75]

À parte o fato de em ambos os países ter prevalecido o *judge-made law*, determinadas práticas processuais surgiram ou assumiram novos perfis. Destacam-se algumas delas: a) nos Estados Unidos, a regra do júri foi incorporada, com muito maior importância e destaque do que na Inglaterra atual; b) embora também tenha prevalecido o *adversarial system*, nos Estados Unidos, as partes detêm mais controle do processo, na fase anterior ao julgamento (*pre-trial*) do que na Inglaterra.[76] Nessa fase prévia, de colheita de provas, desenvolve-se o *discovery process*, em ambientes privados e a cargo dos litigantes. A tomada de prova testemunhal, por exemplo, é admitida fora de juízo. E, não obstante o *discovery process* tenha raízes inglesas, nos Estados Unidos a largueza das exigências que podem ser feitas ao litigante adverso supera – em muito – o verificado em solo britânico.[77] c) nos Estados Unidos foi introduzida e muito difundida nova modalidade de ação, a *class action* (ação coletiva), que teve origem na Inglaterra, porém com contida e modesta utilização.[78]

Agora, é inegável, as diferenças processuais apontadas não impedem que se continue a equiparar Estados Unidos e Inglaterra como pertencentes à mesma tradição do *common law*. Na verdade, o grande o marco diferenciador dos sistemas jurídicos de cada país está em outros dois fenômenos: a codificação do Direito Constitucional[79] e o desenvolvimento do controle de constitucionalida-

---

[75] CUETO RUA, *El common law*, cit., p. 226-227. No mesmo sentido, SOUZA JUNIOR, *A Supremacia do Direito*, cit., p. 79: "Quando, no *common law*, o Parlamento ou o Congresso aprovam *statutes*, sabem que estão editando nada mais que instrumentos para ajudar os juízes a resolver conflitos. Ambos os 'legislativos' sabem que o conteúdo dos *statutes* será trabalhado pelos juízes, com métodos e princípios próprios do common law. Somente depois de devidamente 'biodigeridos' pelo sistema vivo do *common law*, os *statutes* tornar-se-ão verdadeiro direito".

[76] CHASE, A "Excepcionalidade "Americana", p. 122-123.

[77] Ibidem, p. 131-135.

[78] ZAVASCKI, Teori Albino. *Processo Coletivo. Tutela de Direitos Coletivos e Tutela Coletiva de Direitos*. 2. ed. rev.atual. São Paulo: Editora Revista dos Tribunais, 2007, p. 28-33.

[79] Vale transcrever a ponderação que Jellinek faz sobre a Constituição material inglesa: "[...] el sistema inglés de las Constituciones flexibles tiene también sus ventajas, ya que en todo tiempo y sin dificultad puede adaptarse la legislación a las necesidades y relaciones existentes, y sobre todo, porque este sistema puede abrir el camino para que se reconozcan los obstáculos que oponen las leyes y se puedan llevar a cabo las modificaciones necesarias, en vista de las relaciones reales de poder entre los órganos superiores del Estado. Desde el año 1688 Inglaterra ha modificado profundamente su constitución material, y sin embargo, estas modificaciones no se han expresado en ninguna ley. El gobierno parlamentario del gabinete no sólo no ha sido fijado en una ley, sino que las leyes que prohíben un gabinete junto al *Privy Council* del rey non han sido hasta ahora anuladas, sino que han caído en desuso, a causa de la fuerza creadora del Derecho consuetudinario constitucional, fuerza que ha sido reconocida en Inglaterra. Por esto consideran con razón los ingleses que su relaciones políticas y sociales es un derecho realmente vivido, en tanto que en las Constituciones escritas, mientras más rígidas son ellas, mayor es el abismo que se establece entre el derecho vivo y la letra muerta de la ley. Una cosa es indudable: que las Constituciones escritas rígidas no pueden evitar que se desenvuelva junto a ellas y contra ellas un Derecho Constitucional no escrito; de suerte, que aun en estos Estados, junto a los principios constitucionales puramente formales nacen

de instituídos pelos americanos. A partir daí, compreende-se a disseminação do *amicus curiae* nos Estados Unidos.[80]

2.2. Surgimento do *judicial review*

Como forma de concretizar a união das treze colônias e garantir a recém--conquistada independência da Inglaterra, selou-se, em 1776, o tratado denominado "Artigos de Confederação". Foi, porém, em 1787, na Convenção de Filadélfia, que os representantes dos recentes estados buscaram aprimorar a união dos territórios, ainda frágil enquanto organização política. Elaborou-se, nesse encontro, aquele documento fundador dos Estados Unidos enquanto país, ao menos do ponto de vista jurídico: a Constituição americana. Exatamente por ser um recurso solene do constituinte para limitar os poderes e, principalmente, por ser um documento escrito, essa Carta precisaria de uma autoridade dotada de força para interpretá-la, controlando os atos dos poderes por ela mesma instituídos. Disso resultou o fortalecimento do Poder Judiciário, notadamente na figura da Suprema Corte. Dentre outras ideias políticas para o novo país que surgia, constou na obra "O Federalista", em seu artigo n° 78, a raiz da doutrina do controle de constitucionalidade.

Alexander Hamilton, antes mesmo do julgamento *Marbury v. Madison*, já defendia a superioridade do Judiciário, atribuindo a esse poder (denominado por Hamilton como *the least dangerous branch*) a guarda da Constituição, com a consequente invalidação dos atos a ela contrários. É o que se depreende da seguinte passagem:

> A completa independência dos tribunais de justiça é particularmente essencial em uma Constituição limitada. Por Constituição limitada entendo aquela que contém certas exceções específicas à autoridade legislativa; como, por exemplo, ela não poder aprovar nenhum projeto de perda de direitos civis, nenhuma lei ex-post-facto. Limitações deste tipo podem ser preservadas na prática somente através dos tribunais de justiça, cuja obrigação é de declarar nulos todos os atos contrários ao manifesto teor da Constituição. Sem isto, todas as reservas de direitos ou privilégios nada significariam. [...]

---

otros de índole material". (JELLINEK, Georg. *Teoria General del Estado*. Buenos Aires: Ed. Maipu, 1970, p. 404-405). Na mesma linha, Paulo BROSSARD, ao afirmar que na Inglaterra "não existe Constituição no sentido do Direito continental e americano, como lei hierarquicamente superior, a limitar o Poder Legislativo, ainda que a Constituição histórica da Grã-Bretanha tenha mais rigidez e solidez que muita Constituição rígida e formal de outros países" (BROSSARD, Paulo. Constituição e Leis a Ela Anteriores. *Revista Trimestral de Direito Público*, 4/1993, São Paulo: Malheiros, 1993, p. 23-24).

[80] Refira-se que o uso do *amicus curiae* nos Estados Unidos é muito superior em relação à Austrália, país também de tradição do *common law*. Nesse país, conforme Loretta Re, não é freqüente o engajamento de organizações e grupos de interesse em causas judiciais. (RE, Loreta. The *amicus curiae* brief: Access to the Courts for Public Interests Associations, *Melbourne University Law Review*, v. 14, Jun. 1984, p. 530).

Portanto, nenhum ato legislativo, contrário a Constituição pode ser válido. Negá-lo seria afirmar que o substituto é maior que seu chefe; que o servidor está acima de seu mestre; que os representantes do povo são superiores ao próprio povo; que os homens, em virtude de poderes, podem fazer não apenas o que seus poderes autorizam, mas também o que eles proíbem.[81]

A Constituição americana, apesar de não ter explicitamente previsto o controle cogitado por Hamilton, dispôs, em seu art. VI, cláusula 2ª, sobre a supremacia da Constituição, a vincular todos os juízes e legisladores.[82] Tal dispositivo, interpretado pelo *Chief Justice* John Marshall no julgamento do *case Marbury v. Madison*, em 1803, teve profundo caráter inovador, pois determinou o "poder e o dever dos juízes de negar aplicação aos atos normativos contrários à Lei Fundamental".[83] Nesse precedente, Marbury levou à Suprema Corte a seguinte questão: em 1801, finalizava o mandato do Presidente John Adams, federalista, cujo partido tinha perdido as eleições para Thomas Jefferson. Antes de transferir o poder, Adams criou novos cargos judiciais, para nomear pessoas pertencentes ao seu partido, entre as quais estava incluído Willian Marbury. Todavia, quando Jefferson assumiu a Presidência da República, seu Secretário de Estado James Madison não oficializou a nomeação de Marbury, que acabou impetrando ação judicial (*writ of mandamus*) diretamente perante a Suprema Corte, requerendo sua posse no cargo. John Marshall, o qual presidia essa última, não adentrou no mérito da questão, referindo que o meio processual utilizado por Marbury fora criado por uma lei federal (Seção 13 do Judiciary Act de 1789) e teria ultrapassado a competência estabelecida pela Constituição. Conferiu-se a esse dispositivo legal o *status* de inconstitucional, desenvolvendo-se, nesse compasso, o

---

[81] HAMILTON, Alexander, MADISON, James, JAY, John. *The Federalist: or the new constitution*. Oxford: Basil Blackwell, 1948, p. 397-402, traduzimos. *No vernáculo original*: "The complete independence of the courts of justice is peculiarly essential in a limited Constitution. By a limited Constitution, I understand one which contains certain specified exceptions to the legislative authority; such, for instance, as that it shall pass no bills of attainder, no ex-post-facto laws, and the like. Limitations of this kind can be preserved in practice no other way than through the medium of courts of justice, whose duty it must be to declare all acts contrary to the manifest tenor of the Constitution void. Without this, all the reservations of particular rights or privileges would amount to nothing. […]No legislative act, therefore, contrary to the Constitution, can be valid. To deny this, would be to affirm, that the deputy is greater than his principal; that the servant is above his master; that the representatives of the people are superior to the people themselves; that men acting by virtue of powers, may do not only what their powers do not authorize, but what they forbid".

[82] Esse parágrafo é considerado o ponto nodal da Constituição (*the linch pin of the Constitution:*) "This Constitution, and the Laws of the United States which shall be made in Pursuance thereof; and all Treaties made, or which shall be made, under the Authority of the United States, shall be the supreme Law of the Land; and the Judges in every State shall be bound thereby, any Thing in the Constitution or Laws of any State to the Contrary notwithstanding" (Esta Constituição, as leis dos Estados Unidos ditadas em virtude dela e todos os tratados celebrados ou que se celebrarem sob a autoridade dos Estados Unidos constituirão a lei suprema do país; e os juízes em cada Estado serão sujeitos a ela, ficando sem efeito qualquer disposição em contrário na Constituição e nas leis de qualquer dos Estados).

[83] CAPPELLETTI, Mauro. *O Controle Judicial de Constitucionalidade das Leis no Direito Comparado*. Tradução de Aroldo Plínio Gonçalves. 2.ed. Porto Alegre: Fabris, 1984, p. 47.

precedente que mudaria a história do Poder Judiciário americano.[84] A propósito, Marshall estabeleceu em linhas claras: "Se então as cortes devem considerar a constituição, e a constiuição é superior a qualquer ato ordinário do legsislativo, então a constituição, e não tal ato ordinário, deve governar o caso".[85]

Atente-se: na doutrina desenvolvida por Marshall, o controle judiciário de constitucionalidade seria decorrência primordial do conceito de constituição escrita.[86] Não é, contudo, só pelo fato de o texto constitucional americano ser escrito e, por isso mesmo, necessitar de interpretação, que a competência do controle de constitucionalidade foi remetida ao Poder Judiciário, sem maiores divergências. Tal atribuição vai muito além disso: diz respeito, sobretudo, à própria família jurídica em que esse país está inserido, a saber, o *common law*.[87] Com efeito, os Estados Unidos espelharam-se, na construção de seu Direito, nessa tradição jurídica, caracterizada, como visto, pela grande força conferida aos precedentes judiciais e, consequentemente, pelo grande poder conferido aos juízes.

Por outro lado, vale destacar, os Estados Unidos adotaram também a técnica do Direito legislado, seja por meio de atos do Parlamento, seja pela codificação de ramos do direito tais como Direito Civil, Direito Penal e Direito Processual. Nesse aspecto, Cueto Rua faz a seguinte ressalva: ao lado do *case law*, cresce no país o número de leis e regulamentações, fornecendo forma legislativa ao *common law*. Refere o autor que a coleção oficial de leis (*statutes at large*) sancionadas pelo Congresso nos últimos trinta anos (antes de 1957, data de sua obra) compreenderia 44 grandes volumes; ao mesmo tempo que decretos, resoluções e regramentos em vigor, compilados no "*Code of Federal Regulation*",

---

[84] Uma análise aprofundada da decisão pode ser obtida em BIANCHI, *Control de Constitucionalidad*. Tomo I, cit, p. 72-92.

[85] 1 Cranch 137 (5 U.S) 13(1803), traduzimos *No vernáculo original:* "If then the courts are to regard the constitution; and the constitution is superior to any ordinary act of the legislature; the constitution, and not such ordinary act, must govern the case to which they both apply".

[86] Referiu Marshall: "Certamente todos aqueles que projetaram as constituições escritas as têm como lei fundamental e primordial da nação e, conseqüentemente, a teoria de cada governo deverá basear-se no princípio de que um ato de legislatura contrário à Constituição seja nulo. Enfaticamente é da alçada e dever do departamento judicial dizer o que é o direito. Aqueles que aplicam a regra a casos específicos tem a obrigação de expor e interpretar tal regra. Caso duas leis entrem em conflito, as cortes devem decidir qual o poder de cada uma [...]". *No vernáculo original:* "Certainly all those who have framed written constitutions contemplate them as forming the fundamental and paramount law of the nation, and consequently the theory of every such government must be, that an act of the legislature, repugnant to the constitution, is void. It is emphatically the province and duty of the judicial department to say what the law is. Those who apply the rule to particular cases, must of necessity expound and interpret that rule. If two laws conflict with each other, the courts must decide on the operation of each". (1 Cranch 137, 5 U.S. 137, 1803 WL 893 -U.S.Dist.Col- 2 L.Ed. 60).

[87] É firme a sustentação de Cezar Saldanha Souza Junior no sentido de que a principal diferença entre a tradição jurídica do *common law* e a família romano-germânica não se cinge a especificidades jurídicos formais, mas, encontra-se, sobretudo, nas forças sociológicas e nas relações entre sociedade e Estado existentes em cada família de Direito. (SOUZA JUNIOR, *A Supremacia do Direito*, cit.). Roger Stiefelmann Leal afirma, ao seu turno: "É certo, contudo, que a legitimidade político-democrática dos juízes e o sistema jurídico do *Common Law* acabam por produzir, nos Estados Unidos, condições favoráveis à aceitação dessa superioridade, bem como à redução dos riscos decorrentes da concentração dessas atividades". (LEAL, Roger Stiefelmann. *O efeito vinculante na jurisdição constitucional*. São Paulo: Saraiva, 2006, p. 41)

abarcariam 55 volumes.⁸⁸ Friedman faz relato histórico da adoção de códigos pelos americanos e afirma que, devido à concepção do *common law* em perceber a evolução natural do Direito, muitos juristas viam a inserção dos *statutes* como engessamento do sistema jurídico do país.⁸⁹ Fato é que, ao lado dos precedentes, os *statutes* ocupam importante parcela do Direito americano, embora haja diferença em relação à legislação e aos códigos continentais, em especial no tocante à interpretação dos mesmos.⁹⁰ John Merryman bem aponta essa diferença, ensinando que, não obstante os códigos romano-germânicos e americanos possam aparentemente ser similares, eles não possuem a mesma ideologia nem a mesma realidade cultural. Nos Estados Unidos, o juiz não está compelido a encontrar a base de sua decisão nos códigos; e esses não pretendem exaurir o Direito; em regra, os códigos não nascem para abolir todo Direito a ele anterior, mas para aperfeiçoá-lo.⁹¹

Vale, aqui, reproduzir pensamento de Cezar Saldanha Souza Junior sobre o *judicial review* americano,⁹² segundo o qual não existiria exatamente controle de constitucionalidade nos Estados Unidos, e, sim, controle de juridicidade, na medida em que, no país, são bem nítidos e diferentes os campos de atuação do Parlamento e do Judiciário. É seu apontamento:

> Ora, quando os americanos falam em separação de funções, eles têm em mente as categorias inglesas, e não as francesas. Função do Judiciário é, antes de tudo, a função de revelar, garantir e aperfeiçoar o direito do país, o *common law*. Função legislativa é tomar decisões políticas, usando como instrumento o *statute*, que pouco tem a ver com a lei romano-germânica. [...] É o Judiciário que dá a última palavra sobre o *direito-princípios* potencialmente atingido pelas *leis-política* do Congresso, podendo não só interpretar, ao seu modo, o *statute law*, mas, além do juiz inglês e neozelandês, recusar-lhe aplicação.⁹³

Segundo o autor, nos Estados Unidos, quem faz política são estritamente os parlamentares, enquanto os responsáveis por elaborar regras jurídicas e construir o Direito são os juízes, pois a essência do *common law* reside exatamente na primazia dos precedentes judiciais. Assim, para se tornar Direito, um *statute* necessariamente deve obter chancela do Poder Judiciário, de tal modo que um ato normativo, antes de ser aplicado a casos concretos, não tem valor jurídico. E, se o ato é considerado nulo, por violar a Constituição, o Judiciário estaria dando a palavra final sobre a própria juridicidade do ato, frustrando os efeitos dele

---

⁸⁸ CUETO RUA, *El common law*, cit.,, p. 340-341. No mesmo sentido, afirma Roscoe Pound: "El common law subsiste en lo Estados Unidos a pesar de la gran cantidad de legislación que aparece cada año en nuestras colecciones legislativas, y le proporciona forma e consistencia". (POUND, Roscoe. *El espiritu del "Comnon Law"*. Barcelona: Bosch, 1954, p. 17).

⁸⁹ FRIEDMAN, *Storia del diritto americano*, cit., p. 403-412.

⁹⁰ DAVID, *Os grandes sistemas*, cit., p. 466-498.

⁹¹ MERRYMAN, John Henry. *The Civil Law Tradition: an introduction to legal systems of western Europe and Latin American*. Stanford, California: Stanford University Press, 1972, p. 33-34.

⁹² Ensinamentos proferidos nas aulas de mestrado lecionadas na Universidade Federal do Rio Grande do Sul.

⁹³ SOUZA JUNIOR, *A Supremacia do Direito*, cit., p. 120-121.

emanados. Embora ousado o raciocínio, podem-se identificar semelhanças com os ensinamentos de René David, para quem as regras escritas americanas "só são verdadeiramente assimiladas ao sistema de Direito americano quando tiverem sido interpretadas e aplicadas pelos tribunais e quando se tornar possível, em lugar de se referirem a elas, referirem-se às decisões judiciárias que as aplicaram".[94] Não obstante seja ponderável a linha de pensamento descrita, no presente trabalho, utiliza-se a expressão controle de constitucionalidade para referir o poder dos juízes de invalidar atos do Parlamento.

2.3. Desenvolvimento do *judicial review*

Em relação ao desenvolvimento do *judicial review*, Jorge Miranda aponta três fases bem distintas:[95]

a) Até cerca de 1880, a preocupação maior era com a defesa da unidade dos Estados Unidos, e a fiscalização constitucional servia de arbitragem entre o Estado federal e os Estados federados.

b) De 1880 a 1935, a Suprema Corte interpretou a Constituição num sentido conservador da ordem liberal capitalista e afirmou seu poder frente ao poder legislativo.

c) Desde 1954 (caso *Brown v. Board of Education*), há cuidado em salvaguardar a liberdade política e a igualdade racial, preservando um grupo de direitos sem necessário conteúdo econômico.[96]

É, de fato, marcante a mudança sofrida pelo controle de constitucionalidade americano no século XX. Se sua atribuição inicial, no século XIX, se limitava a resolver controvérsias federativas, passou, em um segundo momento, a ser usado como instrumento em favor da ordem liberal, protegendo a autonomia privada contra medidas intervencionistas.[97] Exemplos bem representativos dessa

---

[94] DAVID, *Os grandes sistemas*, cit., p. 448.

[95] MIRANDA, *Manual de Direito Constitucional, Tomo I*, cit., p. 137-138.

[96] No século XX, o contraste das novas posições adotadas pela Suprema Corte mostrou-se evidente, conforme John Orth: "No século XX, uma vez que a ênfase no Direito passou do direito contratual para os direitos civis, também os casos mudaram da preocupação em interferir na liberdade do contrato de A para a preocupação em interferir na liberdade de A em outros aspectos". (ORTH, *Due Process of Law*, cit., p. 13, traduzimos). *No vernáculo original*: "In the twentieth century, as the emphasis in the law shifted from contract to civil rights, the cases shifted from concern with interfering with A's freedom of contract to concern with interfering with A's freedom in other regards".

[97] Michael Lês Benedict assim trata da relação entre as Cortes e os instrumentos legislativos dessa época: "*Statutes* desempenhavam um papel secundário, remediando imperfeições nas regras do *common law* desenvolvidas pelas Cortes ou solucionando injustiças resultantes de sua aplicação. O resultado foi que, durante um período de grande mudança, juízes estabeleceram o Direito predominante e os críticos das decisões passaram a ter o ônus de tentar desafiá-las". (HALL, Kermit L. *The Oxford Guide to Supreme Court Decisions*. New York: Oxford University Press, 1999, p. 381, traduzimos). *No vernáculo original*: "Statutes played a secondary role, remedying inadequacies in the common-law rules that courts developed or curing perceived injustices that resulted from their application. The result was that during a time of immense change, judges established the prevailing law and critics of their decisions had the handicap of trying to challenge it".

época são os julgados *Lochner v. New York* (1905),[98] *Adkins v. Children Hospital* (1923)[99] e *Coppage v. Kansas* (1915).[100] No primeiro julgado, a Suprema Corte considerou inconstitucional lei que limitava a jornada do trabalhador de padarias a sessenta horas semanais e, no segundo, decidiu pela inconstitucionalidade de lei federal do Distrito de Colúmbia que impunha a adoção de salário mínimo para mulheres. No último julgado mencionado, a Suprema Corte declarou inconstitucional lei estadual que proibia os chamados contratos *"yellow dog"* – ou seja, aqueles que impunham como condição para o contrato de trabalho a comprovação da não sindicalização dos funcionários.[101]

É que na segunda fase do *judicial review* descrita por Jorge Miranda prevaleceu na Suprema Corte a doutrina do devido processo legal substantivo (*substantive due process of law*), cuja máxima residia no controle do conteúdo da legislação, e não somente no controle das regras de cunho processual. Destarte, tanto a Quinta quanto a Décima Quarta Emendas à Constituição americana[102] (as quais prevêem que ninguém será privado de sua vida, propriedade ou liberdade sem o *"due process of law"*) vieram a ser interpretadas de modo a permitir a invalidação de atos normativos contrários à liberdade contratual e à liberdade de

---

[98] 198 U.S 45 (1905). Foram tantos os *statutes* invalidados após esse precedente, que essa época da história constitucional americana é chamada de "the Lochner era". (Ibidem, p. 163).

[99] 261 U.S 525 (1923). "A decisão contida em Adkins foi uma expressão marcante do constitucionalismo do laissez-faire. Demonstrou a convicção da Corte de que as definições de salários e de preços estavam no âmago da economia de livre mercado e deveriam ser preservadas contra interferências legislativas sem garantias". (Ibidem, p. 7, traduzimos). *No vernáculo original*: "The Adkins decision was a striking expression of laissez-faire constitutionalism. It demonstrated the Court's conviction that wage and price determinations were at the heart of the free market economy and must be secured against unwarranted legislative interference".

[100] 236 U.S. 1 (1915).

[101] TRIBE, Laurence H. *American constitutional law*. 3. ed. New York: Foundation Press, 2000, p. 1350.

[102] *"Emenda 5- Julgamento e Punição, Indenização por Expropriações. Ratificada em 15/12/1791*: Ninguém será detido para responder por crime capital, ou outro crime infamante, salvo por denúncia ou acusação perante um Grande Júri, exceto em se tratando de casos que, em tempo de guerra ou de perigo público, ocorram nas forças de terra ou mar, ou na milícia, durante serviço ativo; ninguém poderá pelo mesmo crime ser duas vezes ameaçado em sua vida ou saúde; nem ser obrigado em qualquer processo criminal a servir de testemunha contra si mesmo; nem ser privado da vida, liberdade, ou bens, sem o devido processo jurídico processo legal; nem a propriedade privada poderá ser expropriada para uso público, sem justa indenização". *No vernáculo original*: "*Amendment 5- Trial and Punishment, Compensation for Takings. Ratified 12/15/1791*: No person shall be held to answer for a capital, or otherwise infamous crime, unless on a presentment or indictment of a Grand Jury, except in cases arising in the land or naval forces, or in the Militia, when in actual service in time of War or public danger; nor shall any person be subject for the same offense to be twice put in jeopardy of life or limb; nor shall be compelled in any criminal case to be a witness against himself, nor be deprived of life, liberty, or property, without due process of law; nor shall private property be taken for public use, without just compensation". *"Emenda 14 – Direitos de Cidadania. Ratificada em 9/7/1868*. Todas as pessoas nascidas ou naturalizadas nos Estados Unidos e sujeitas a sua jurisdição são cidadãos dos Estados Unidos e do Estado onde tiver residência, Nenhum Estado poderá fazer ou executar leis restringindo os privilégios ou as imunidades dos cidadãos dos Estados Unidos; nem poderá privar qualquer pessoa de sua vida, liberdade, ou bens sem o devido processo jurídico, ou negar a qualquer pessoa sob sua jurisdição a igual proteção das leis". *No vernáculo original*: "*Amendment 14 – Citizenship Rights. Ratified 7/9/1868*. 1. All persons born or naturalized in the United States, and subject to the jurisdiction thereof, are citizens of the United States and of the State wherein they reside. No State shall make or enforce any law which shall abridge the privileges or immunities of citizens of the United States; nor shall any State deprive any person of life, liberty, or property, without due process of law; nor deny to any person within its jurisdiction the equal protection of the laws".

mercado. Conforme Laurence Tribe,[103] em linhas gerais, a filosofia implícita da Corte refletia a visão de que o único objetivo legítimo do governo e da política era proteger direitos individuais. Corolário dessa perspectiva era a declaração de inconstitucionalidade de todo *statute* que impusesse a indivíduos ou corporações medidas restritivas com a finalidade de redistribuir recursos e beneficiar outras pessoas.[104] Refere Tribe: "Tal lei iria, portanto, violar os direitos naturais de propriedade e de contrato, direitos que residem no próprio âmago do domínio privado".[105] A propósito, na decisão *Lochner v. New York*, o juiz Peckham, relator do voto vencedor, deduziu não merecerem os funcionários de padarias atenção especial do legislador, já que poderiam estabelecer seus direitos sem a proteção estatal. Vale transcrever o trecho completo da decisão, já que paradigmático:

> Não existe qualquer base razoável para interferir na liberdade de uma pessoa ou no direito de esta livre contratar, por meio de determinação da jornada de trabalho de um padeiro. Há consenso de que padeiros, como uma classe, são iguais, em inteligência e em capacidade, a homens de outras áreas ou de outras ocupações manuais, e de que são capazes de assegurar seus direitos e de proteger a si mesmos sem o braço protetor do Estado, a interferir na sua independência, julgamento e ação. Eles não são de nenhum modo curatelados do Estado. Visto à luz de um direito puramente trabalhista, sem qualquer referência à questão de saúde, consideramos que uma lei como esta não envolve nem a segurança, nem a moral, nem o bem-estar do público.[106]

Contudo, após a crise econômica de 1929 e a instalação do *New Deal* de Franklin D. Roosevelt, a Suprema Corte alterou sua atuação, posicionando-se como órgão autorizador de políticas públicas, em consagrados julgados – *Home Building and Loan Association v. Blaisdell* (1934)[107] e *West Coast Hotel v. Parrish* (1937)[108] – nos quais se assegurou a intervenção estatal na ordem econômica,

---

[103] TRIBE, *American constitutional law*, cit.., p. 1332-1381.

[104] Laurence Tribe destaca que, se por um lado, a doutrina do *"substantive due process of law"* em favor da liberdade contratual sofreu duro golpe após 1929, por outro, ela passou a ser usada, futuramente, para proteger direitos diante dos estados, garantir proteção constitucional contra atos de discriminação pelo governo federal e para proteger as pessoas contra atos arbitrários de qualquer esfera do governo. (TRIBE, *American constitutional law*, cit., p. 1333).

[105] "Such a law would thus violate natural rights of property and contract, rights lying at the very core of the private domain". (Ibidem, p. 1348, traduzimos).

[106] TRIBE, *American constitutional law*, p. 1350, traduzimos. *No vernáculo original:* "There is no reasonable ground for interfering with the liberty of a person or the right of free contract, by determining the hours of labor, in the occupation of a baker. There is no contention that bakers as a class are not equal in intelligence and capacity to men in other trades or manual occupations, or that they are not able to assert their rights and care for themselves without the protecting arm of the State, interfering with their independence of judgment and action. They are in no sense wards of the State. Viewed in the light of a purely labor law, with no reference whatever to the question of health, we think that a law like the one before us involves neither the safety, the morals nor the welfare of the public".

[107] 290 U.S 398 (1934) Nesse julgado, estava em questão lei do Estado de Minessota que autorizava as Cortes a protegerem a propriedade de devedores com dívidas hipotecárias Ao final, por 5 votos a 4, a Suprema Corte julgou a lei constitucional.

[108] 300 U.S 379 (1937) Esse julgado reverteu (*overturned*) a decisão pronunciada em *Adkins v. Children Hospital*.

atenuando, por exemplo, os efeitos de regras contratuais e garantindo direitos de índole social, como salário mínimo e regulação da jornada de trabalho.

Firmaram-se, desde o início do século XX, movimentos como o "*Legal Realism*" e "*Sociological Jurisprudence*" (representados por pensadores como Oliver Wendell Holmes, Roscoe Pound e Louis Brandeis), os quais viam na ação das Cortes uma obstrução para reformas econômicas e sociais, alegando que o Direito por elas aplicado teria se tornado demasiadamente racionalizado e abstrato. Para tais movimentos, as Cortes estariam se utilizando de precedentes judiciais, dissociadas do contexto do "mundo real" e, por tal razão, seria necessário modificar a mentalidade jurídica, para reconhecer no Direito não um produto de deduções lógicas, mas obra da experiência, de necessidades da sociedade e de interesses daqueles com poder para ditar regras.[109] Argumentava-se, assim, estarem as raízes do Direito na realidade social e política, e, muitas vezes, serem resultado de escolhas humanas partidárias. Mais precisamente, na lição de Brian Z. Tamanaha, as principais linhas condutoras do *Legal Realism* residiram na crença do papel instrumental do Direito – meio para servir a fins sociais – , na busca de percepções social-científicas para emitir decisões e na tentativa de inserir visões progressistas, transformando a arena judiciária.[110]

A par das emergentes visões sobre o *common law*, soou imponente o discurso do então Presidente Franklin Roosevelt, transmitido em rede nacional, por meio do qual fez forte crítica ao ativismo judicial, que vinha barrando as tentativas de regulamentações por parte do Poder Legislativo. Cumpre trazer à baila emblemático trecho do discurso de Roosevelt:

> Chegamos, portanto, a ponto de a nação ter que agir para salvar a Constituição da Suprema Corte, e a Suprema Corte de si própria. Precisamos encontrar uma forma de que a Suprema Corte apele à própria Constituição. Queremos uma Suprema Corte que faça justiça sob a Constituição e não sobre ela. Em nossos tribunais, queremos um governo de leis, e não de homens. Eu quero – como todos americanos – um judiciário independente como foi proposto pelos criadores da Constituição. Isto significa uma Suprema Corte que aplicará a Constituição escrita, que refutará emendas à Constituição por exercício arbitrário do poder judiciário – em outras palavras, por ordem judicial. Isto não significa um judiciário tão independente que possa negar a existência de fatos que são universalmente reconhecidos.[111]

---

[109] HALL, The Oxford Guide, cit., p. 385-386.

[110] TAMANAHA, Brian. Z. Understanding Legal Realism. *Legal Studies Research Paper Series Paper n. 08-0133, St. John University School of Law*, 2008, p. 9.

[111] ORTH, *Due Process of Law*, cit., 67-68, traduzimos. *No vernáculo original*: "We have, therefore, reached the point as a nation where we must take action to save the Constitution from the Court and the Court from itself. We must find a way to take an appeal from the Supreme Court to the Constitution itself. We want a Supreme Court which will do justice under the Constitution and not over it. In our courts we want a government of laws and not of men. I want – as all Americans want – an independent judiciary as proposed by the framers of the Constitution. That means a Supreme Court that will enforce the Constitution as written, that will refuse to amend the Constitution by the arbitrary exercise of judicial power – in other words by judicial say-so. It does not mean a judiciary so independent that it can deny the existence of facts which are universally recognized".

E, especialmente após a Segunda Guerra Mundial, com a expansão dos direitos civis, muito do que antes era considerado domínio do Direito Privado veio a ser objeto de decisões e regras de Direito Público. Os direitos às liberdades civis e à igualdade passaram a ser mais eficazmente garantidos, mediante proibição de discriminação com base em cor, credo religioso, etnia, sexo, idade ou capacidade física. Exemplo célebre dessa nova atuação da Suprema Corte é o julgado *Brown v. Board of Education* (1954),[112] que eliminou a segregação racial em escolas públicas, substituindo a doutrina "*separated, but equal*" constante do precedente *Plessy v. Ferguson* (1896).[113] Deve-se reconhecer, assim, que a sociedade americana se tornou uma sociedade litigiosa, que vê no Poder Judiciário a instância política para solucionar as grandes controvérsias sociais (*hot botton issues*). Cezar Saldanha Souza Junior vê na culminação do Poder Judiciário americano como escoadouro de necessidades mais prementes de reformas[114] o resultado da própria paralisia dos poderes (decorrentes da tripartição de Montesquieu) aliada à falta de articulação de maiorias parlamentares. Karl Loewenstein, a propósito, considera o controle judicial o traço mais significativo do sistema governamental americano, lembrando as referências feitas no país sobre a assim chamada judocracia, ou governo dos juízes.[115]

2.4. Características do *judicial review*

Não faltam razões para o exame de validade das leis ter recaído naturalmente no campo de ação dos juízes. Destarte, para determinar o Direito a aplicar, cumpre ao juiz examinar, como questão preliminar, a constitucionalidade da lei e repeli-la no caso de violação à Constituição.[116] Assim sendo, vigora no Direito norte-americano a doutrina segundo a qual qualquer juiz, encontrando-se no

---

[112] 347 U.S 483 (1954).

[113] 163 U.S. 537 (1896) Nesse precedente, julgado em 1896, declarou-se a constitucionalidade de *statute* da Louisiana que separava assentos de trens conforme a origem racial dos passageiros.

[114] SOUZA JUNIOR, *A Supremacia do Direito*, cit., p. 124-125.

[115] LOEWENSTEIN, Karl. *Teoría de la Constitución*. Barcelona: Ariel, 1970, p. 310.

[116] Disserta Lúcio Bittencourt sobre certas objeções direcionadas ao *judical review*: "Argui-se [...] que a doutrina americana, acarretando a supremacia do Judiciário, opõe-se aos princípios democráticos, pois enquanto em relação ao Congresso, o povo pode escolher os seus representantes de acôrdo com a filosofia política dominante, no caso do Judiciário a estabilidade dos juízes impede que se reflita nos julgados a variação da vontade popular. A essa objeção, responde, com muita propriedade, NEUMANN, lembrando que o que caracteriza a democracia americana não é, própriamente, a intervenção do povo na feitura das leis, mas, sim, o respeito a certos direitos fundamentais e imutáveis da pessoa humana, cuja guarda e defesa incumbe ao Poder Judiciário, justificando-se, por essa forma, a supremacia dêste". (BITTENCOURT, Carlos Alberto Lúcio. *O Contrôle Jurisdicional da Constitucionalidade das Leis*, 2. ed., Rio de Janeiro: Forense, 1968, p. 21-22). Também Karl Loewentein dirige críticas à atribuição do controle de constitucionalidade ao Judiciário: "Este lado de la función judicial sobrepasa ampliamente el campo legítimo de la actividad de los tribunales, que no debería ser nada más que la ejecución de la decisión política tomada. [..] Dado que una sentencia negativa anula la ley, el control judicial puede, de hecho, ocupar el lugar de la decisión del detentador político del poder". (LOEWENSTEIN, *Teoría de la Constitución*, cit., p. 308-312).

dever de decidir um caso em que se sobressaia a incompatibilidade de norma legislativa ordinária com a norma constitucional,[117] deve não aplicar a primeira e aplicar, em seu lugar, a segunda.[118]

Por isso, os Estados Unidos são vistos hoje como o país exemplo de controle descentralizado de constitucionalidade, onde todas as Cortes ganham força para invalidar leis, se essas contrariarem a Constituição.[119] Foi o que o espanhol Victor Ferrreres Comella[120] denominou de sistema monista, ou sistema de controle de constitucionalidade com jurisdição cumulada, em que um mesmo ramo do Judiciário exerce duas funções. O Poder Judiciário, dessa forma, participa, concomitantemente, do domínio fundamental (nível constitucional) e do domínio concreto (nível infraconstitucional) das questões controvertidas surgidas.[121]

Alexis de Tocqueville já antevira o caráter subjetivo do controle de constitucionalidade americano, ao afirmar que a decisão do juiz americano objetivaria unicamente atingir um interesse individual, a ponto de o juiz só julgar a lei por ter de julgar um processo.[122] Sobre os efeitos das declarações de inconstitucionalidade pelos magistrados, referiu o pensador francês: "[...] a lei censurada não é destruída: a sua força moral é diminuída, mas o seu efeito material de modo algum fica suspenso. Somente pouco a pouco, e por força de golpes repetidos da jurisprudência, é que afinal vem a sucumbir".[123] E Rui Barbosa, também inspirado no Direito Constitucional norte-americano, explicou a dinâmica da declaração de inconstitucionalidade das leis:

> O que elles (juízes) fazem aos actos inconstitucionaes de outros poderes é coisa technicamente diversa. Não os revogam: desconhecem-n'nos. Deixam-n'os subsistir no corpo das leis, ou dos actos do executivo; mas a cada individuo, por elles aggravado, que vem

---

[117] CAPPELLETTI, *O Controle Judicial de Constitucionalidade*, cit., p. 76.

[118] Ou, no dicção de Bernard Schwartz: "Quando um ato do Congresso é devidamente desafiado nos tribunais por não estar conforme ao mandato constitucional, o poder judiciário tem apenas um dever – colocar o artigo invocado da Constituição ao lado do *statute* desafiado e decidir se o segundo se enquadra no primeiro". (SCHWARTZ, Bernard. *American Constitutional Law*. Cambridge: University Press, 1955, p. 3, traduzimos). *No vernáculo original:* "When an act of Congress is appropriately challenged in the courts as not conforming to the Constitutional mandate the judicial branch of the Government has only one duty,-to lay the article of the Constitution which is invoked beside the statute which is challenged and to decide whether the latter squares with the former".

[119] Ressalve-se, entretanto, haver firmada jurisprudência norte-americana no sentido de se efetuar, sempre que possível, a análise da constitucionalidade de um ato pela maioria do quórum mínimo de Juízes de um Tribunal (regra do *full bench*) e evitar, ao máximo, a declaração de inconstitucionalidades pelas Cortes, considerada a delicadeza e importância da questão. (AMARAL JÚNIOR, José Levi Mello do. *Incidente de argüição de inconstitucionalidade: comentários ao art. 97 da Constituição e aos arts. 480 a 482 do Código de Processo Civil*. São Paulo: RT, 2002).

[120] COMELLA, Victor Ferreres. The Consequences of Centralizing Constitutional Review in a Special Court. Some Thoughts on Judicial Activism. *In:* Avenues in Comparative Constitutional Law, 2004, Austin, Estados Unidos. *Paper* apresentado em 27 de fevereiro de 2004 na UT Austin School of Law.

[121] SOUZA JUNIOR, *O Tribunal Constitucional como Poder. Uma nova teoria da divisão dos poderes*. São Paulo: Memória Jurídica Editora, 2002, p. 125.

[122] TOCQEVILLE, Alexis de. *A Democracia na América*. São Paulo: Martins Fontes, 2001, p. 116.

[123] Ibidem, p. 85.

requerer contra elles proteção, ou reparação, que demanda a manutenção de um direito ameaçado, ou a restituição de um direito extorquido, a cada litigante, que usa, com esse fim, do meio judicial, os magistrados, em homenagem à lei, violada pelo governo, ou à Constituição, violada pelo Congresso, têm obrigação de ouvir, e deferir.[124]

Contudo, não se pode ignorar outro traço central do *common law*, consubstanciado na regra do *stare decisis*.[125] No momento em que uma Corte Superior, em especial a Suprema Corte, afasta a aplicação de um *statute* por ser inválido, essa decisão adquire poder vinculante e, inevitavelmente, seus efeitos são irradiados para outras controvérsias judiciais análogas. É a lição de Laurence Tribe: "embora a decisão vincule imediatamente apenas as partes do processo, ela poderá estabelecer uma norma de ampla aplicação que não pode ser ignorada por futuros litigantes".[126] Nesse compasso, sendo o caso concreto julgado pela instância jurisdicional máxima e sendo declarada a inconstitucionalidade de determinada lei, a decisão deixa de ter efeitos apenas entre as partes litigantes da causa apreciada, para assumir verdadeira eficácia *erga omnes*. Assim, uma vez sendo julgada inválida pela Suprema Corte, "uma lei americana, embora permanecendo '*on the books*', é tornada 'a *dead law*', uma lei morta".[127]

Registre-se, entretanto, ser a tônica do controle de constitucionalidade americano o fato de a decisão que afastou o ato inconstitucional não beneficiar terceiros, devendo, para a configuração de tal efeito, chegar a controvérsia à jurisdição de instância superior.[128] Por isso mesmo, a fiscalização constitucional americana é subjetiva, já que se prende a um interesse direto e pessoal de alguém, em um caso em que a ofensa à Lei Fundamental repercute em lesão de direitos e interesses privados.[129] No esquema americano, as Cortes não se pronunciarão sobre a constitucionalidade de uma lei, salvo em litígio regularmente submetido a seu conhecimento por pessoa que tenha entendido ofensa a seu direito em virtude da existência de uma norma inconstitucional.[130] Da mesma maneira, no Direito americano, o exame sobre eventual inconstitucionalidade de uma lei representa

---

[124] BARBOSA, Rui. *Commentarios à Constituição Federal Brasileira, IV volume, Arts. 55 a 62, Do Poder Judiciário*. São Paulo: Saraiva, 1933.

[125] Conforme ensina Laurence Tribe: "No sistema jurídico americano, dado seu perfil de *common law*, o princípio de *stare decisis* se encontra no âmago do *rule of law*". (TRIBE, *American constitutional law*, cit.., p. 82, traduzimos). *No vernáculo original*: "In the American legal system, given its common law character, the principle of *stare decisis* has been at the very heart of the rule of law".

[126] LOEWENSTEIN, *Teoría de la Constitución*, cit., p. 312., traduzimos. *No original:* "Although the decision immediately binds only the parties to the lawsuit [...], it eventually establishes a norm of broad applicability that cannot be ignored by future litigants" (Ibidem, p. 214, traduzimos). No mesmo sentido, Karl Loewenstein: "Carece de importancia que a *Supreme Court* prescinda de declarar la ley formalmente nula; su inaplicabilidad en el caso en litigio significa su suspensión definitiva según la regla del *stare decisis*"

[127] CAPPELLETTI, *O Controle Judicial de Constitucionalidade*, cit., p. 81.

[128] FERREIRA FILHO, Manoel Gonçalves. *Estado de Direito e Constituição*. 2. ed. São Paulo: Saraiva, 1999, p. 38

[129] MIRANDA, Jorge. *Teoria do estado e da constituição*. Rio de Janeiro: Forense, 2002, p. 498.

[130] BUZAID, Alfredo. *Da Ação Direta de Declaração de Inconstitucionalidade no Direito Brasileiro*. São Paulo: Saraiva. 1958.

questão prejudicial ao exame da causa, nunca a questão principal, já que ela não figura como objeto do processo.[131]

Atentando-se para a dinâmica do *judicial review*, resulta fácil compreender a interpretação do art. 3º da Constituição Americana realizada pela Suprema Corte, que limita a atuação do Poder Judiciário a casos e controvérsias,[132] por meio da doutrina do *ripeness*, (maturidade do caso) e do *mootness* (perda do objeto).[133] A primeira doutrina exige, para a realização do controle de constitucionalidade, a comprovação, no processo judicial, da ocorrência de dano real e, não, meramente especulativo ou fruto de simples contingências.[134] Analisa-se, assim, se o caso não é prematuro para a Corte efetivar o *judicial review*. A segunda doutrina exige que a passagem do tempo não tenha alterado os interesses motores da ação, a ponto de esses terem desaparecido. Isso, mais uma vez, comprova não existir no sistema americano modelo de controle de constitucionalidade alheio a um caso concreto, isto é, distante de um conflito de interesse entre as partes litigantes.

---

[131] De acordo com Gilmar Ferreira Mendes, Kelsen teria observado que a deficiência desse sistema seria reconhecida pela própria doutrina americana, afigurando-se evidente que o interesse quanto à constitucionalidade das leis configura interesse público, que não coincide, necessariamente, com os interesses privados. (MENDES, Gilmar Ferreira; MARTINS, Ives Gandra da Silva. *Controle Concentrado de Constitucionalidade. Comentários à Lei n. 9.868, de 10-11-1999*. São Paulo: Saraiva, 2007, p. 10).

[132] "*Art.3º, Seção 2*- A competência do Poder Judiciário se estenderá a todos os casos de aplicação da Lei e da Equidade ocorridos sob a presente Constituição, as leis dos Estados Unidos, e os tratados concluídos ou que se concluírem sob sua autoridade; a todos os casos que afetem os embaixadores, outros ministros e cônsules; a todas as questões do almirantado e de jurisdição marítima; às controvérsias em que os Estados Unidos sejam parte; às controvérsias entre dois ou mais Estados, entre um Estado e cidadãos de outro Estado, entre cidadãos de diferentes Estados, entre cidadãos do mesmo Estado reivindicando terras em virtude de concessões feitas por outros Estados, enfim, entre um Estado, ou os seus cidadãos, e potências, cidadãos, ou súditos estrangeiros. Em todas as questões relativas a embaixadores, outros ministros e cônsules, e naquelas em que se achar envolvido um Estado, a Suprema Corte exercerá jurisdição originária. Nos demais casos supracitados, a Suprema Corte terá jurisdição em grau de recurso, pronunciando-se tanto sobre os fatos como sobre o direito, observando as exceções e normas que o Congresso estabelecer. O julgamento de todos os crimes, exceto em casos de impeachment, será feito por júri, tendo lugar o julgamento no mesmo Estado em que houverem ocorrido os crimes; e, se não houverem ocorrido em nenhum dos Estados, o julgamento terá lugar na localidade que o Congresso designar por lei". *No vernáculo original: Art. 3, Section 2:* The judicial Power shall extend to all Cases, in Law and Equity, arising under this Constitution, the Laws of the United States, and Treaties made, or which shall be made, under their Authority; to all Cases affecting Ambassadors, other public Ministers and Consuls; to all Cases of admiralty and maritime *Jurisdiction*; to Controversies to which the United States shall be a Party; to Controversies between two or more States; between a State and Citizens of another State; between Citizens of different States; between Citizens of the same State claiming Lands under Grants of different States, and between a State, or the Citizens thereof, and foreign States, Citizens or Subjects.) In all Cases affecting Ambassadors, other public Ministers and Consuls, and those in which a State shall be Party, the Supreme Court shall have original Jurisdiction. In all the other Cases before mentioned, the Supreme Court shall have appellate Jurisdiction, both as to Law and Fact, with such Exceptions, and under such Regulations as the Congress shall make".

[133] Tribe sintetiza os conceitos: "*Mootness* é, em um sentido, o inverso da *ripeness*; enquanto na *ripeness* se questiona quando uma questão jurídica é prematura para ser abordada, na *mootness* se questiona quando é tarde demais". (TRIBE, *American constitutional law*, cit., p. 344, traduzimos). *No vernáculo original*: "Mootness is in a sense the converse of ripeness; while ripeness asks whether a legal challenge is premature, mootness asks whether it is too late".

[134] TRIBE, *American constitutional law*, cit.., p. .334-344 e BIANCHI, Alberto B. *Control de Constitucionalidad*. Tomo II, cit., p. 296-303.

2.5. *Amicus curiae* no *judicial review*: pré-compreensão

Perceba-se que, independentemente da corrente de pensamento preponderante entre os juízes americanos (se mais liberal ou mais conservadora), os efeitos das decisões referentes à constitucionalidade das leis se destacam pelo caráter *inter partes*, exceto, como visto, quando atuar a regra do *stare decisis*. Destarte, não tendo o modelo concentrado sido incorporado nos Estados Unidos – com a análise da lei em abstrato – ressaltou-se ainda mais o valor da lide individual e concreta que, quando analisada por Tribunal Superior, em especial pela Suprema Corte, pode irradiar efeito *erga omnes*.

Aparece aí elemento essencial à compreensão da figura do *amicus curiae* no processo judicial americano, já que a participação de terceiros nos feitos judiciais individuais indica a necessidade sentida pela sociedade americana de criar instrumento jurídico para informar e convencer o Poder Judiciário das possíveis consequências de suas decisões, especialmente no âmbito do *judicial review*. É bem verdade que, ao lado do caráter *inter partes* do controle de constitucionalidade, foram decisivas para a consagração do *amicus curiae* a emergência e maturação do Direito Público nos Estados Unidos, criando ambiente propício para "não partes" auxiliarem na construção de decisões, máxime quando brotam de temas polêmicos, tais como ações afirmativas, aborto, relação entre o Estado e Igreja, eutanásia, entre outros. Gilmar Ferreira Mendes expõe com clareza a razão de ser do *amicus curiae* nos Estados Unidos:

> [...] a prática americana do *amicus curiae* brief permite à Corte Suprema converter o processo aparentemente subjetivo em controle de constitucionalidade em um processo verdadeiramente objetivo (no sentido de um processo que interessa a todos), no qual se assegura a participação das mais diversas pessoas e entidades.[135]

A participação de terceiros, aqui estudados na figura do *amicus curiae*, veio modificar a tradicional visão que se tinha sobre o *judicial review*, uma vez que a Suprema Corte hoje é incontestável espaço para os mais diversos setores da sociedade se manifestarem sobre lides individuais. É o que John Howard e Samuel Krislov, respectivamente, constatam:

> As lides na Suprema Corte não podem mais ser caracterizadas por uma estrutura triangular, tendo as partes em sua base e o Tribunal no ápice. A estrutura tornou-se múltipla, à medida que bem mais pessoas, do que apenas os adversários imediatos, entram na arena judicial através da técnica do *amicus curiae*.[136]

---

[135] MENDES, Gilmar Ferreira. *Argüição de Descumprimento de Preceito Fundamental. Comentários à Lei n.9.882, de 03.12.1999.* São Paulo: Saraiva, 2007, p. 34.

[136] HOWARD, John. Retaliation Reinstatement and Friends of the Court: Amicus Participation in Brock v. Roadway Express Inc. vol. 31, 1988, *Howard Law Journal*, p. 269, traduzimos. *No vernáculo original:* "Supreme Court litigation can no longer be characterized as a triangular-like structure with the parties at their base and the Court at the apex. The structure has become multi-sided as many more than just the immediate adversaries enter the judicial arena through the amicus technique". (HOWARD, John. Retaliation Reinstatement

A petição de *amicus curiae* representa um exemplo peculiar da evolução e desenvolvimento de uma instituição jurídica, enquanto ainda mantém aparente identidade com o passado. [...]. A Suprema Corte dos Estados Unidos ajudou a apoiar seu desenvolvimento como um veículo de ampla representação de interesses, especialmente em disputas em que as ramificações políticas são mais amplas do que a limitada visão do litígio no *common law* possa indicar.[137]

Para melhor compreensão de como efetivamente atua o *amicus curiae* nos Estados Unidos, impende analisar, no próximo capítulo o desenvolvimento de tal instituto. Frise-se que a trajetória histórica do instituto do *amicus curiae* – se forem levadas em conta suas características e inovações – anda, *pari passu*, conectada com o desenvolvimento do controle de constitucionalidade. Afinal, o *judicial review*, a despeito de manter o atributo de ser difuso e *inter partes*, sofreu modificações decorrentes, sobretudo, das mudanças econômicas e políticas que atingiram os Estados Unidos no século XX.

---

and Friends of the Court: Amicus Participation in Brock v. Roadway Express Inc. vol. 31, 1988, *Howard Law Journal*, p. 269, traduzimos).

[137] "The *amicus curiae* brief represents a prime example of a legal institution evolving and developing while maintaining superficial identity with the past. [...]The United States Supreme Court has helped foster its development as a vehicle for broad representation of interests, particularly in disputes where political ramifications are wider than a narrow view of common law litigation might indicate. (KRISLOV, The *Amicus curiae* Brief: From Friendship to Advocacy, cit., p. 720.

Capítulo – 3

O *amicus curiae* e a experiência americana

3.1. Origem e desenvolvimento do *amicus curiae* nos Estados Unidos

Enquanto os antecedentes da participação do *amicus curiae* datam do primitivo *common law* inglês (e, quiçá, do próprio Direito Romano), o seu uso em território americano deu-se no início do século XIX. Foi em 1821 quando se verificou formalmente a primeira aparição do *amicus curiae* no país. Em *Green v. Biddle,*[138] a Suprema Corte decidiu lide individual, declarando inconstitucional *statute* do Estado de Kentucky (que previa a indenização a possuidores de terras, caso proprietários não residentes no Estado recuperassem as mesmas), sem ouvir qualquer representante daquele ente federativo. Agindo sob instruções do Estado de Kentucky, o senador Henry Clay interveio no feito como *friend of the Court* e requereu nova audiência, o que lhe foi deferido,[139] embora a lei defendida tenha sido julgada inválida. A já aposentada Juíza da Suprema Corte, Sandra Day O'Conner, um século e meio mais tarde, frisou a importância de Henry Clay, em discurso proferido nos idos de 1996:

> Clay foi a primeira pessoa a aparecer como *amicus curiae* diante da Suprema Corte. Tais "amigos da Corte" fazem-se presentes na maioria dos casos ouvidos hoje pelo nosso Tribunal, embora não mais solicitem ao mesmo novos julgamentos. Os "amigos" que hoje aparecem geralmente apresentam petições, alertando para pontos do direito, considerações políticas ou outros pontos de vista que as partes não tenham abordado. Estas petições ajudam imensamente no processo de tomada de decisão e freqüentemente influenciam tanto o resultado quanto o raciocínio de nossas opiniões. Como resultado de sua aparição em Green, Clay foi fortemente responsável pela inauguração de uma instituição que desde então tem moldado grande parte da jurisprudência desta Corte.[140]

---

[138] 21 U.S. 1 (1821).
[139] HALL, *The Oxford Guide*, cit., p. 111.
[140] Disponível em: http://www.henryclay.org/sc.htm, traduzimos. *No vernáculo original*: "Clay was the very first person to appear as *amicus curiae* before the Supreme Court. Such 'friends of the Court' appear in most of the cases our Court hears today, although they no longer ask the Court to rehear cases. The 'friends' who appear today usually file briefs calling our attention to points of law, policy considerations, or other points of view that the parties themselves have not discussed. These *amicus* briefs invaluably aid our decision-making process and often influence either the result or the reasoning of our opinions. As a result of his appearance in *Green*, Clay was largely responsible for inaugurating an institution that has since shaped much of this Court's jurisprudence".

Essa primeira participação, porém, não representou o perfil de atuação adotado e aceito nos anos seguintes, já que se passou a exigir da figura do *amicus curiae* uma exata imparcialidade: seu agir processual não deveria ser em defesa de uma das partes, mas guardar, isso sim, o mero papel de informante e auxiliar dos julgadores. Todavia, não demorou para se descobrir na atuação do *friend of the Court* outros fins oportunos. Partes em feitos judiciais semelhantes, com decisões pendentes nas jurisdições inferiores, eram então aceitas pela Suprema Corte para apresentar suas visões por petição, como *amici curiae*.[141] Não é sem sentido, assim, a observação de Samuel Krislov, ao concluir que, de um inicial posicionamento neutro, o *amicus curiae* assumiu papel de parte interessada. Por volta de 1930, já se verificava identificação da petição de *amicus curiae* com uma organização apoiadora, o que, consoante Krislov, refletiria na utilização do instituto por grupos de interesse: "the amicus is no longer a neutral, amorphous embodiment of justice, but an active participant in the interest group struggle".[142]

Nesse norte, enquanto as cortes estaduais rejeitavam, ocasionalmente, petições de *amicus curiae,* quando demasiadamente parciais, não era esse o posicionamento adotado pela Suprema Corte. Krislov escreveu: "the amicus is treated as a potential litigant in future cases, as an ally of one of the parties, or as the representative of an interest not otherwise represented. [...]. Thus the institution of the *amicus curiae* brief has moved from neutrality to partisanship, from friendship to advocacy.[143]

Com efeito, já em 1912, a Suprema Corte contava com exemplos de *amici* nitidamente parciais e ativos protagonistas no jogo de influências sobre juízes. Foi levado ao Tribunal o caso *Pacific St. Tel. & Tel. Co. v. Oregon,*[144] cuja discussão central residia na inconstitucionalidade de lei de Oregon, elaborada e aprovada mediante plebiscito popular, que instituía imposto de 2% sobre a renda de companhias de telefone e de telégrafo. Alguns grupos, vendo-se desprovidos de força diante do parlamento local, defenderam, na condição de *amici curiae*, a invalidade da cobrança. Alegou-se ser indevida a criação de impostos por ato de iniciativa popular, sob pena de ferir o princípio republicano.[145] Em 1919, também houve a presença de terceiros – empresas privadas – como *amici curiae* no julgado *Hamilton v. Kentucky Distil. Co.*,[146] relativo à constitucionalidade de medida

---

[141] KRISLOV, The *Amicus curiae* Brief: From Friendship to Advocacy, cit., p. 703.

[142] Ibidem. Nossa tradução: "o *amicus* não é mais um instrumento judicial neutro e amorfo, mas um ativo participante na luta de grupos de interesse".

[143] Ibidem, p. 704. Nossa tradução: "o *amicus* é tratado como um potencial litigante em casos futuros, como um aliado de uma das partes, ou como um representante de interesses ainda não defendidos. [...] Assim a instituição do *amicus curiae* transformou-se da neutralidade para a parcialidade, da amizade para a advocacia". No mesmo sentido, SEURKAMP, *Amicus Curiae Participation*, cit.

[144] 223 U.S. 118 (1912).

[145] KRISLOV, The *Amicus curiae* Brief: From Friendship to Advocacy, cit., p. 708 e HALL, *The Oxford Guide*, cit., p. 229-230.

[146] 251 U.S. 146 (1919).

governamental que proibiu venda de bebidas destiladas em tempos de guerra.[147] Situações assim indicavam a utilidade do *amicus curiae* na reivindicação de direitos econômicos e políticos, notadamente após a Primeira Guerra Mundial, período em que nasceram grandes organizações aptas a se aproximar de corpos governamentais (Executivo, Legislativo, Judiciário).[148]

O julgado *Muller v. Oregon* (1908)[149] tornou-se exemplo paradigmático do cenário descrito, mas agora com a nítida reivindicação de direitos sociais, mediante o uso do *amicus brief* (petição de *amicus curiae*). Nesse caso, Louis D. Brandeis destacou-se pelo trabalho realizado, em inovadora petição de *amicus curiae* dotada de dados fáticos e científicos para defender lei de Oregon que estabelecera o limite da jornada em 10 horas diárias de trabalho para mulheres empregadas em lavanderias e fábricas. Brandeis demonstrou que, caso colocadas em risco a saúde e a segurança dos trabalhadores, a liberdade contratual poderia, sim, ser limitada. E o fez em texto de 95 páginas, com pareceres de relatórios médicos europeus e americanos sobre o tema. Estava atacando, em verdade, o pensamento judicial típico da "Era *Lochner*",[150] na perspectiva de conscientizar as Cortes sobre a importância de mudanças econômico-sociais, a serem chanceladas, ao fim e ao cabo, pela Suprema Corte. E tal se fez com a inovadora técnica de apresentar, judicialmente, fatos sociais.[151] A petição foi bem-sucedida, e a legislação mantida. Lembre-se, aliás, ter sido a incorporação de informações de cunho sociológico para a formação de decisões judiciais o resultado do movimento chamado *Legal Realism* que culminou com o *Brandeis-Brief* – considerada aquela petição baseada substancialmente em argumentos não jurídicos para apresentar sua posição, desviando-se do típico arrazoamento legal.[152]

Sabe-se, todavia, que a partir de 1920 o precedente contido em *Lochner* foi ressuscitado e, por via direta, a doutrina da ampla liberdade contratual. Inicialmente, relata Laurence Tribe, decisões como a obtida no julgado *Muller v. Oregon* eram exceção, e julgados típicos desse período expressavam profundo ceticismo quanto a opiniões de acadêmicos, *experts*, ou, ainda, de legisladores na condição de *factfinders*.[153]

---

[147] KRISLOV, The *Amicus curiae* Brief: From Friendship to Advocacy, cit., p. 708.

[148] PURO, *The role of the Amici Curiae*, cit., p. 53. O autor cita exemplos de organizações criadas entre 1912 e 1920, como *American Legion, United States Chamber of Commerce, ACLU, American Farm Bureau, National Coal Association, Federal Bar Association, Automobiile Manufacturers'Association*, entre outras.

[149] 208 U.S 412 (1908).

[150] John Orth considera que o período de 1890 a 1930, durante o qual as cortes invalidavam rigidamente leis interventivas, está compreendido na Era *Lochner*. (ORTH, *Due Process of Law*, cit., p. 60).

[151] HALL, *The Oxford Guide*, cit., p. 203.

[152] RUSTAD, Michael, KOENING, Thomas. The Supreme Court and Junk Social Science: Selective Distortion in Amicus Briefs. *North Carolina Law Review*, v. 73, nov. 1993, p. 100.

[153] TRIBE, *American constitutional law*, cit.., p. 1346. Ressalte-se que Louis Brandeis atuou, tempos depois, como juiz da Suprema Corte (1916-1939), mas foi após 1937 que o papel do *amicus curiae* ganhou maior destaque, e a Corte veio a ser mais receptiva com argumentos de caráter não legalista.

3.1.1. *"Amicus curiae" e o "writ of certiorari"*

Em contrapartida, outro fator viria a dar força ao uso do *amicus curiae* e incentivar seu vertiginoso aumento, verificado principalmente nos últimos cinquenta anos. Em 1925, foi aprovado o *Judiciary Act*, prevendo o conhecido *writ of certiorari*, recurso que se interpõe perante a Suprema Corte, para reformulação de decisão proveniente de jurisdição inferior. Pelo *certiorari*, confere-se à Suprema Corte o poder discricionário de rejeitar apelos e selecionar apenas os casos considerados relevantes, ou seja, aqueles que de fato ensejem a presença do maior Tribunal do país como centro das grandes decisões constitucionais.[154] É elucidativa, nesse aspecto, a Regra 10 da Suprema Corte, enunciadora dos casos passíveis de serem revisados pelo Tribunal:

> A revisão em um *writ of certiorari* não é uma questão de direito, mas de discrição judicial. Uma petição por *writ of certiorari* será concedida apenas por razões relevantes. Os seguintes pontos indicam o perfil dos argumentos que a Corte considera, embora sem controlar nem mensurar por completo a discrição da Corte:
>
> a) Quando um tribunal de apelação dos Estados Unidos toma uma decisão que entra em conflito com a decisão de outro tribunal de apelação dos Estados Unidos, sobre a mesma relevante matéria; decide uma importante questão federal de forma a entrar em conflito com decisão de tribunal estadual de última instância; atua de tal forma em desconformidade aos procedimentos judiciais usuais e aceitáveis, que acarrete o poder de supervisão próprio da Suprema Corte.
>
> b) Quando um tribunal estadual de última instância decide uma questão federal importante de forma a entrar em conflito com outro tribunal de último intância ou tribunal de apelação dos Estados Unidos;
>
> c) Quando um tribunal estadual ou tribunal de apelação dos Estados Unidos decide uma questão importante de direito federal que não foi –mas deveria ter sido – resolvida por esta Corte, ou decide uma questão federal importante de forma a entrar em conflito com decisões relevantes da mesma.[155]

Depreende-se da regra, primeiramente, o caráter discricionário da decisão que admite ou não o recebimento do recurso. Há hipóteses, por outro lado, que indicam maior probabilidade de acolhimento do pedido, dentre as quais se des-

---

[154] HALL, *The Oxford Companion*, cit.

[155] Traduzimos. *No vernáculo original*: "Review on a writ of certiorari is not a matter of right, but of judicial discretion. A petition for a writ of certiorari will be granted only for compelling reasons. The following, although neither controlling nor fully measuring the Court's discretion, indicate the character of the reasons the Court considers: (a) a United States court of appeals has entered a decision in conflict with the decision of another United States court of appeals on the same important matter; has decided an important federal question in a way that conflicts with a decision by a state court of last resort; or has so far departed from the accepted and usual course of judicial proceedings, or sanctioned such a departure by a lower court, as to call for an exercise of this Court's supervisory power; (b) a state court of last resort has decided an important federal question in a way that conflicts with the decision of another state court of last resort or of a United States court of appeals; (c) a state court or a United States court of appeals has decided an important question of federal law that has not been, but should be, settled by this Court, or has decided an important federal question in a way that conflicts with relevant decisions of this Court".

tacam: a) quando há conflitos de decisões, sobre a mesma questão, advindas de diferentes Cortes de Apelação; b) quando há divergência sobre a aplicação de lei federal entre Cortes Estaduais de última instância ou entre essas e Cortes de Apelação; c) Quando Cortes Estaduais de última instância e Cortes de Apelação decidem importante questão de Direito federal em conflito com precedentes da Suprema Corte.

O *writ of certiorari*, nesse contexto, é verdadeiro filtro a diminuir o número de conflitos levados à Suprema Corte. Já que a maioria dos litigantes não conta com a Suprema Corte como instância modificadora das decisões, assumiu maior importância o instrumento do *amicus curiae*, pois sua presença alerta os juízes sobre a relevância das questões em litígio.[156] Dá-se voz, com o *amicus brief*, àqueles indivíduos, associações e partes litigantes que serão atingidos por futura decisão do Tribunal; afinal, como já firmou a Suprema Corte, as decisões não pertencem apenas às partes mas são concernentes à comunidade como um todo.[157] É nesse aspecto que os admiradores do instituto enfatizam o seu caráter democrático e pluralista.

Destaque-se, ademais, que o *amicus curiae* atua, também, na fase prévia à concessão do *writ of certiorari*. E tal participação pode ser crucial para que a Suprema Corte acate reexame da decisão proferida na instância inferior (*to grant certiorari*). É o que retrata Scott A. Comparato: "amicus participation in the certiorari stage increases the likelihood that the Court will accept a case for review".[158] Nessa hipótese, além das partes, terceiros esforçam-se para demonstrar à Corte que o caso concreto é de relevância pública (*imperative public importance*) e merece, portanto, a graça de ser apreciado pela instância suprema. O *amicus curiae*, nesse norte, pode atuar tanto em um momento prévio – convencendo o Tribunal a revisar a decisão da instância inferior–, quanto em momento posterior – apresentando os argumentos mais veementes sobre o mérito da questão.

Acerca de tal particularidade, constata Gilmar Ferreira Mendes:

> O sistema americano perde em parte a característica de um modelo voltado para a defesa de posições exclusivamente subjetivas e adota uma modelagem processual que valora o interesse público em sentido amplo. A abertura processual largamente adotada pela via do *amicus curiae* amplia e democratiza a discussão em torno da questão constitucional. A adoção de um procedimento especial para avaliar a relevância da questão, o *writ of certiorari*, como mecanismo básico de acesso à Corte Suprema e o reconhecimento do efeito vinculante das decisões por força do *stare decisis* conferem ao processo natureza fortemente objetiva.[159]

---

[156] KUCINSKI, *Interests, Institutions, and Friends of the Court*, cit., p. 35.

[157] MUNFORD, Luther T. When does the Curiae need an amicus? *Journal of Appellate Practice and Process*, 1999, p. 279.

[158] COMPARATO, *Amici Curiae*, cit., p. 59. Nossa tradução: "A participação do *amicus* na fase de *certiorari* aumenta a probabilidade de que a Corte aceite o caso para revisão da decisão anterior".

[159] MENDES, Gilmar Ferreira; COELHO, Inocêncio Mártires; BRANCO, Paulo Gustavo Gonet. *Curso de direito constitucional*. 2. ed.rev.atual. São Paulo: Saraiva, 2008, p. 958.

Quiçá esteja aí forte razão de o *amicus curiae* ter deixado de ser mero informante e conselheiro, para assumir declarado posicionamento em favor de uma das partes litigantes no processo.[160] E isso leva muitos estudiosos americanos a verem, no instituto, verdadeiro instrumento a serviço do *lobby* judiciário,[161] devido à vinculação dos interesses particulares de grupos e associações aos interesses contidos em litígios alheios. Afirma-se que, quando não atendidos seus objetivos na arena legislativa, grupos de interesse atuam na esfera judicial, por meio do *amicus curiae brief*.[162] As grandes organizações encontrariam, então, em lides judiciais de terceiros uma válida forma de influenciar as Cortes na consecução de seus objetivos.

3.1.2. "Amicus curiae" e sua atuação em grandes controvérsias políticas e jurídicas

Examinando a trajetória do instituto na Suprema Corte, entre 1920 e 1966, Steven Puro ressalta que casos de índole econômica e política foram os que mais tiveram adeptos de *amici curiae*.[163] Na primeira categoria, terceiros – especialmente a União, os Estados, agências reguladoras, sindicatos, companhias privadas e partes em casos semelhantes – atuaram significativamente em processos judiciais concernentes a relações tributárias, relações comerciais (patentes, falências e legislação *antitrust*), relações de trabalho, relações contratuais e questões econômicas advindas da Segunda Guerra Mundial. Na segunda – talvez a categoria na qual mais se faça ver a presença do *amicus curiae* – destacaram-se os litígios relativos a direitos civis (*civil liberties* e *civil rights*), em que as grandes presenças foram o governo federal e organizações de defesa social.

É justo aqui dar o devido espaço para a última categoria citada. De fato, antes de estarem consolidados os direitos civis nos Estados Unidos, por meio do *Civil Rights Act* de 1964, minorias, reivindicando direitos não garantidos pelo Congresso Nacional ou pelas Assembleias Estaduais, confiavam no *amicus curiae* como instrumento viável para obter representação no processo político, via Poder Judiciário. Nessa esteira, organizações representativas de segmentos sociais, como as conhecidas *American Civil Liberties Union* (ACLU) e a *National Association for the Advancement of Colored People* (NAACP) vieram a

---

[160] HARPER V. Fowler, ETHERINGTON Edwing D. Lobbyists before the Court. *University of Pennsylvania Law Review*, Jun. 1953, p. 1177.

[161] Muitas são as referências ao uso do *amicus curiae* como estratégia política para grupos de interesse. Ver, por exemplo: REDLICH, Norman. Private Attorneys-General: Group Action in the Fight for Civil Liberties. *Yale Law Journal*, 1949, p. 574-598; HANSFORD, *Organized interest Lobbying*, cit.; COMPARATO, *Amici Curiae*, cit.; HARPER;, ETHERINGTON, Lobbyists before the Court, cit., p. 1172-1176; SEURKAMP, *Amicus Curiae Participation*, cit.; RUSTAD; KOENING, The Supreme Court and Junk Social Science, cit.

[162] SEURKAMP, *Amicus Curiae Participation*, cit., p. 8-9.

[163] PURO, *The role of the Amici Curiae*, cit., p. 70.

ter maciça atuação na condição de *friend of the Court,* reclamando decisões que garantissem igualdades e liberdades civis.[164]

Mais e mais, o uso do *amicus curiae* atrelava-se a duas inovações no *judicial review,* quais sejam: a utilização de dados sociológicos, empíricos e científicos como técnica para informar ou mesmo convencer os tribunais sobre o acerto ou não de atos normativos ou precedentes judiciais (cujo marco inicial foi a atuação de Louis Brandeis, em 1908); e a permissão de que diversos setores, do ramo público e privado interviessem em feitos de grande repercussão, seja por envolverem assuntos extremamente polêmicos do ponto de vista ético (aborto, eutanásia, pena de morte, quotas raciais, separação entre Igreja e Estado, liberdade de expressão), seja por envolverem temas de acentuado interesse econômico e social (discriminação de minorias, papel do Estado na economia, *punitive damages,* etc.).

Foi na chamada *Warren Court* (1953-1969),[165] conhecida pelo perfil liberal da maioria de seus integrantes, que a Suprema Corte passou a aceitar extensivamente informações não jurídicas (*social science data*), quando, com o julgamento do caso *Brown v. Board of Education* (1954), se fez referência ao trabalho empírico de cientistas, indicando que a segregação racial em escolas causaria danos psicológicos às crianças.[166] Tal evidência sociológica e científica repudiava o formalismo legal do século XIX, utilizado para validar a segregação racial na decisão *Plessy v. Ferguson* (1896). Outros julgados destacaram-se, na mesma linha, pela extensão de direitos civis a grupos tradicionalmente prejudicados. Em *Baker v. Carr* (1961),[167] a Suprema Corte – embora criticada por ter invadido questões de cunho político – e, consequentemente, violado a *Political Question Doctrine,*[168] consagrou o princípio do *"one man, one vote"*, ao declarar inconstitucional o sistema eleitoral do Estado de Tennessee, que implicitamente atribuía peso desigual aos votos de cidadãos das áreas urbanas e das áreas rurais, pois esses últimos, em muito menor número, tinham poder de eleger mais representantes no parlamento es-

---

[164] KRISLOV, The *Amicus curiae* Brief: From Friendship to Advocacy, cit., p. 710.

[165] É comum referir-se à Suprema Corte conforme for o *Chief Justice* do período respectivo. No caso citado, presidia o Tribunal, à época, *Earl Warren,* considerado peça essencial na garantia e proteção dos direitos civis via Poder Judiciário.

[166] Muito citada por estudiosos do *amicus curiae* é a nota de rodapé nº 11 da decisão proferida, por elencar fontes bibliográficas de cunho sociológico. Assim, cabe transcrever o material utilizado pelos juízes da Suprema Corte ao declarar a inconstitucionalidade da segregação racial em escolas públicas: "K. B. Clark, Effect of Prejudice and Discrimination on Personality Development (Midcentury White House Conference on Children and Youth, 1950); Witmer and Kotinsky, Personality in the Making (1952), c. VI; Deutscher and Chein, The Psychological Effects of Enforced Segregation: A Survey of Social Science Opinion, 26 J. Psychol. 259 (1948); Chein, What are the Psychological Effects of [347 U.S. 483, 495] Segregation Under Conditions of Equal Facilities?, 3 Int. J. Opinion and Attitude Res. 229 (1949); Brameld, Educational Costs, in Discrimination and National Welfare (MacIver, ed., (1949), 44-48; Frazier, The Negro in the United States (1949), 674-681. And see generally Myrdal, An American Dilemma (1944)".

[167] 369 U.S 186 (1962).

[168] Ensina Karl Loewenstein que a doutrina americana das questões políticas equipara-se aos *actes de gouvernement* franceses e aos *acts of states* ingleses, sendo questões políticas não judiciáveis aquelas ligadas à política exterior, à forma republicana de governo, às reformas constitucionais, às leis eleitorais dos estados. (LOEWENSTEIN, *Teoría de la Constitución,* cit., p. 314).

tadual. Nessa ocasião, importantes petições de *amici curiae* apresentadas em favor da tese vencedora foram expressamente citadas na decisão.[169]

Dentre as lides envolvendo *civil rights*, imperativo é ressaltar o caso *Miranda v. Arizona* (1966),[170] que consagrou a prática do assim denominado *Miranda Warning*, mediante a importante participação de *amici*; alguns deles, inclusive, tiveram trechos de suas petições transcritas no corpo da decisão.[171] Concluiu-se, nesse precedente, usufruírem os suspeitos criminais de garantias da Quinta Emenda (não autoincriminação), não só na fase judicial, mas, também, na fase do interrogatório policial. Nesses termos, antes da inquirição, estabeleceu-se a necessidade de os suspeitos serem avisados de seu direito ao silêncio, do seu direito a um advogado ou defensor público e da possibilidade de suas palavras serem usadas de modo prejudicial às suas defesas. Ademais, reforçando o papel do *amicus curiae*, a Suprema Corte pronunciou a decisão em *Mapp v. Ohio* (1961) e firmou a obrigatoriedade de aplicação integral da Quarta Emenda[172] às auto-

---

[169] Destaquem-se os seguintes amici: Governador do Estado de Oklahoma, a cidade de São Matthews, em Kentucky e o *National Institute of Municipal Law Officers*. Esse último participante inclusive teve trecho de sua argumentação transcrito, como se pode ver da seguinte passagem do julgado: "Fomos informados pelo *National Institute of Municipal Law Officers,* em uma petição de *amicus curiae*. 'Apesar do fato de que nas últimas duas décadas os Estados Unidos tenham se tornado um país predominantemente urbano, onde mais de dois terços da população agora vive nas cidades ou subúrbios, a representação política na maioria das legislaturas estatais está 50 anos ou mais atrasada no tempo. Divisões distritais feitas quando a grande maioria estava localizada em comunidades rurais ainda estão determinando e arruinando nossas eleições. Como consequência, o município de 1960 é forçado a funcionar em um ambiente de cavalo e carroça, onde existe pouco reconhecimento político das grandes demandas de uma população urbana. Estas demandas se tornarão ainda maiores por volta de 1970 quando uns 150 milhões estarão vivendo em áreas urbanas. O National Institute of Municipal Law Officers vem, por muitos anos, reconhecendo a reclamação generalizada de que, sem dúvida, a grande maioria dos representantes estaduais e senadores é das áreas rurais, as quais deixam de mostrar interesse vital em relação às crescentes dificuldades que os administradores urbanos encontram. Desde a Segunda Guerra Mundial, a explosão da população na cidade e subúrbios criou imensos problemas locais para a educação, transporte e moradia. Tratamento adequado destes problemas não tem sido possível, devido, em grande parte, principalmente à fraqueza política dos municípios. Esta situação está diretamente ligada à baixa representatividade considerável das cidades nas legislaturas de muitos estados'". *No vernáculo original:* "We are told by the National Institute of Municipal Law Officers in an amicus brief: 'Regardless of the fact that in the last two decades the United States has become a predominantly urban country where well over two-thirds of the population now lives in cities or suburbs, political representation in the majority of state legislatures is 50 or more years behind the times. Apportionments made when the greater part of the population was located in rural communities are still determining and undermining our elections. As a consequence, the municipality of 1960 is forced to function in a horse and buggy environment where there is little political recognition of the heavy demands of an urban population. These demands will become even greater by 1970 when some 150 million people will be living in urban areas. 'The National Institute of Municipal Law Officers has for many years recognized the wide-spread complaint that by far the greatest [369 U.S. 186, 249] preponderance of state representatives and senators are from rural areas which, in the main, fail to become vitally interested in the increasing difficulties now facing urban administrators. Since World War II, the explosion in city and suburban population has created intense local problems in education, transportation, and housing. Adequate handling of these problems has not been possible to a large extent, due chiefly to the political weakness of municipalities. This situation is directly attributable to considerable under-representation of cities in the legislatures of most states.' Amicus brief, p. 2-3".

[170] 384 U.S 436 (1966).

[171] Como, por exemplo, o *amicus National District Attorneys Association* e os diversos Estados que participaram no feito.

[172] "*Emenda 4 – Busca e Apreensão. Ratificada em 15/12/1791.* O direito do povo à inviolabilidade de suas pessoas, casas, papéis e haveres contra busca e apreensão arbitrárias não poderá ser infringido; e nenhum mandado será expedido a não ser mediante indícios de culpabilidade confirmados por juramento ou declaração, e

ridades policiais estaduais, por pedido exclusivo da ACLU – então participante como *amicus* – revertendo, assim, a linha seguida em precedente anterior *(Wolf v. Colorado)*. Assim constou, no seio do *decisum*: "[...] Although appellant chose to urge what may have appeared to be the surer ground for favorable disposition and did not insist that Wolf be overruled, the *amicus curiae*, who was also permitted to participate in the oral argument, did urge the Court to overrule Wolf".[173]

Em períodos posteriores à *Warren Court,* muitos outros julgados, dignos de menção, contaram com importantes atuações de *amici curiae.* Assim, em *Webster v. Reproductive Health Services* (1989),[174] houve a impressionante interposição de não menos do que setenta e oito petições[175] de terceiros na condição de *friends of the court* (com o total de 6.489 coassinantes).[176] Compreensível é a

---

particularmente com a descrição do local da busca e a indicação das pessoas ou coisas a serem apreendidas". *No vernáculo original*: "Amendment 4 – Search and Seizure. Ratified 12/15/1791.The right of the people to be secure in their persons, houses, papers, and effects, against unreasonable searches and seizures, shall not be violated, and no Warrants shall issue, but upon probable cause, supported by Oath or affirmation, and particularly describing the place to be searched, and the persons or things to be seized".

[173] MAPP v. OHIO, 367 U.S. 643 (1961). Nossa tradução: "[...] Embora o apelante tenha argumentado a favor da procedência do pedido, mas não tenha requerido a reversão do entendimento judicial proferido em Wolf v. Colorado, o *amicus curiae*, que também teve permissão para realizar sustentação oral, requereu diretamente a reversão do julgado Wolf v. Colorado".

[174] 492 U.S. 490 (1989).

[175] Atuando ao lado da parte litigante e requerendo diretamente a proibição da prática do aborto, participaram como *amici*: *Alabama Lawyers for Unborn Children, Inc; American Association of Prolife Obstetricians and Gynecologists, American Family Association, Inc, American Life League, Inc., Catholic Health Association of the United States, Catholic Lawyers Guild of the Archdiocese of Boston, Inc., Center for Judicial Studies, Covenant House, Focus On The Family Holy Orthodox Church , Knights of Columbus, Lutheran Church-Missouri Synod, Missouri Catholic Conference, National Legal Foundation, Right to Life Advocates, Inc., Rutherford Institute, Southern Center for Law and Ethics, Southwest Life and Law Center, Inc., United States Catholic ConferenceMembers of the Missouri General Assembly, James Joseph Lynch, Jr.* Atuando ao lado da parte litigante e requerendo diretamente a liberdade de escolha da mulher, participaram como amici: *American Civil Liberties Union, American Jewish Congress, American Library Association, American Medical Association, American Psychological Association, American Public Health Association, Americans for Democratic Action, Americans United for Separation of Church and State, Association of Reproductive Health Professionals Bioethicists for Privacy, Catholics for a Free Choice, Center for Population Options, Committee on Civil Rights of the Bar of the City of New York, International Women's Health Organizations, American Nurses' Association National Coalition Against Domestic Violence; National Family Planning and Reproductive Health Association National Association of Public Hospitals, Population-Environment Balance, 281 American Historians, Women Who Have Had Abortions.* Órgãos públicos e participantes com autorização da Suprema Corte também atuaram como *amici*: *Attorney General of New York, Solicitor General, Attorney General of Massachusetts, Attorney General of California, Attorney General of Colorado, Attorney General of Texas, Attorney General of Vermont, Attorney General of Louisiana, Attorney General of Arizona, Attorney General of Idaho, Attorney General of Pennsylvania; Agudath Israel of America, American Academy of Medical Ethics California National Organization for Women, American Collegians for Life, Inc, Canadian Abortion Rights Action League, Association for Public Justice, Birthright, Inc., Catholics United for Life Christian Advocates Serving Evangelism, Doctors for Life, Feminists For Life of America, Free Speech Advocates, Human Life International, International Right to Life Federation, National Association of Women Lawyers National Organization for Women, National Right to Life Committee, Inc., New England Christian Action Council, Inc., Right to Life League of Southern California, Inc., Organizations Committed to Women's Equality, Members of the Congress of the United, Congressman Christopher H. Smith et al., 608 State Legislators, Members of the General Assembly of the Commonwealth of Pennsylvania, American, Group of American Law Professors; for 167 Scientists and Physicians, Edward Allen, Larry Joyce, Paul Marx, Bernard N. Nathanson, Austin Vaughn et al.*

[176] SCOURFIELD, *Congressional Participation as Amicus Curiae*, cit.; KEARNEY, Joseph D, MERRIL. The influence of *amicus curiae* briefs on the Supreme Court. *University of Pennsylvania Law Review.* Jan. 2000, p. 744-851.

maciça participação de *amici*, tendo em vista que no feito se discutia a constitucionalidade ou não da controversa prática do aborto. Já que no célebre precedente *Roe v. Wade* (1973) a Corte garantira o direito de escolha da mulher, quando o *writ of certiorari* foi concedido nesse novo caso, houve verdadeira mobilização da sociedade para influenciar a decisão dos Juízes, quer para reverter o julgado, quer para manter seu *rationale*. Ao fim, a Suprema Corte declarou constitucional lei estadual do Missouri que impunha limites à prática de aborto.[177] Ainda sobre o mesmo tema, foram expressivas as participações de *amici* nos julgados *Harris v. McRae* (1980), *Rust v. Sullivan* (1991) e *Planned Parenthood of Southeatern Pennsylvania v. Casey* (1992),[178] com respectivamente oito (55 coassinantes), vinte e cinco (358 coassinantes) e trinta e seis (1.851 coassinantes) *amicus briefs*. No primeiro processo, firmou-se a constitucionalidade da lei estadual que proibia o subsídio governamental para a prática de aborto – exceto nas hipóteses em que houvesse risco de vida para a mulher –; no segundo feito, julgou-se constitucional lei federal que dirigia parte do orçamento a clínicas com programas de planejamento familiar, desde que estes não previssem abortos; e a última decisão firmou a inconstitucionalidade de lei da Pensilvânia que exigia da mulher a notificação do marido para a prática do aborto, sob pena de condenação a um ano de prisão.[179]

Outro assunto que divide a sociedade americana e induz à participação de terceiros em processos individuais é a eutanásia. Em *Cruzan v. Director, Missouri Department of Health* (1990), a Suprema Corte recebeu trinta e nove petições de *amici*,[180] ao pronunciar sua primeira decisão sobre o direito à morte de

---

[177] "A opinião da maioria não rejeitou Roe v. Wade explicitamente, embora o quadro analítico que ela estabeleceu pareça autorizar os estados a adotar qualquer regulamentação que desejarem para promover o interesse em proteger a vida em potencial, inclusive sanções penais para a prática e obtenção de abortos". (HALL, *The Oxford Guide*, cit., p. 327, traduzimos). *No vernáculo original*: "The plurality opinion did not explicitly overrule *Roe v. Wade*, although the analytic framework it established appears to authorize states to adopt any regulations they desire to promote the interest in protecting potential life, including criminal bans on performing or obtaining abortions".

[178] 448 U.S. 297 (1980); 500 U.S. 173 (1991); 505 U.S. 833 (1992).

[179] SCOURFIELD, *Congressional Participation as Amicus Curiae*, cit; HALL, *The Oxford Guide*, cit.

[180] 497 U.S. 261 (1990). Atuando ao lado da parte litigante, e posicionando-se favoravelmente ao desligamento dos aparelhos, os seguintes amici participaram no feito: AIDS Civil Rights Project, American Academy of Neurology; American College of Physicians; American Geriatrics Society, American Hospital Association; American Medical Association,Colorado Medical Society, Concern for Dying, Evangelical Lutheran Church in America, General Board of Church and Society of the United Methodist Church; Missouri Hospitals, National Hospice Organization, National Academy of Elder Law Attorneys, Society of Critical Care Medicine, Society for the Right to Die, Inc, Wisconsin Bioethicists. Atuando ao lado da parte litigante e posicionando-se contrariamente ao desligamento dos aparelhos, os seguintes *amici* participaram do feito: *Agudath Israel of America, American Academy of Medical Ethics, Association of American Physicians Association for Retarded Citizens of the United States, Catholic Lawyers Guild of the Archdiocese of Boston, Inc., District Attorney of Milwaukee County, Wisconsin, Doctors for Life et al., for Families for Life, Focus on the Family, Free Speech Advocates, International Anti-Euthanasia Task Force, Knights of Columbus, National Right to Life Committee, Inc., New Jersey Right to Life Committee, Inc., Rutherford Institute, United States Catholic Conference; Value of Life Committee, Inc*, Elizabeth Sadowski *et al*. Por autorização da Suprema Corte, atuaram também como *amici: American Nurses Association* e *SSM Health Care*.

pacientes em estado terminal. Restou assentado pelo Tribunal a possibilidade de o paciente escolher, até em manifestações prévias à internação, se deseja ou não ser mantido por aparelhos hospitalares, quando à beira da morte. Como no caso em apreço a paciente Nancy Cruzan havia expressado em declaração oral e informal, anteriormente ao acidente sofrido, sua escolha pela rejeição de tratamento médico, a Suprema Corte considerou a prova testemunhal inadequada, rejeitando o pedido de seus familiares. Frise-se que o ponto crucial do *decisum* restou na liberdade garantida aos Estados de permitir decisões médicas de interrupção de tratamento, quando verificada, em cada caso, a devida proteção aos interesses do paciente. Levando em consideração o conteúdo não tão preciso do precedente, pode-se deduzir que o uso dos *amicus briefs* acaba sendo relevante estratégia para terceiros, especialmente na esfera estadual, auxiliarem na defesa ou no combate da eutanásia.

Questão ensejadora de numerosos *amicus briefs*, até porque, sobre o assunto, a posição da Suprema Corte é um tanto ambígua,[181] diz respeito às ações afirmativas. Cite-se, por exemplo, o julgado *Reggents of the University of California v. Bakke* (1978),[182] em que mais de cinquenta e seis petições de terceiros foram interpostas a fim de dar suporte ou condenar o programa de quotas étnicas e raciais para negros, latinos, asiáticos e índios ingressantes no curso de medicina da Universidade da Califórnia. Mencione-se, de igual forma, a decisão contida em *Metro Broadcasting, Inc. v. Federal Communications Commission* (1990),[183] que, após receber o total de vinte *amicus briefs,* autorizou agência federal a efetivar política de quotas para garantir a licença de canais de rádio e televisão para certos grupos étnicos.[184]

Noutro norte, assuntos de índole econômica também continuam contando com a presença de *friends of the court*.[185] Assim foi no julgamento de *Pacific Mutual Life Insurance Company v. Haslip* (1991),[186] em que companhias de seguro, grandes corporações e associações de advogados[187] apareceram na condição de terceiros para reclamar a inconstitucionalidade da discricionariedade do júri popular para fixar *"punitive damages"* em ações indenizatórias, ao passo que associações vinculadas a consumidores, também como terceiros, defenderam tese oposta, resultando num total de trinta e duas petições. Concluem, apropriadamente, Kearney e Merril: "[...] although amicus briefs make their most dramatic

---

[181] HALL, *The Oxford Guide*, cit., p. 185-186.

[182] 438 U.S. 265 (1978).

[183] 497 U.S. 547 (1990).

[184] SCOURFIELD, *Congressional Participation as Amicus Curiae*, cit, p. 347.

[185] .KEARNEY; MERRIL. The influence of *amicus curiae* briefs, cit., p. 756.

[186] 499 U.S. 1 (1991).

[187] Atuaram, por exemplo, como *amici*: Liability Insurance Underwriters, City of New York Alliance of American Insurers, Aetna Life Insurance Co., Alabama Defense Lawyers Association, Pharmaceutical Manufacturers Association .

appearance in highly visible controversies, amicus participation is now well-established in all areas of Supreme Court litigation".[188]

Constata-se, pois, que a Suprema Corte tem recebido "*amicus briefs*", ou, simplesmente, "*brandeis briefs*", em gama variada de assuntos, como discriminação racial, étnica e sexual, liberdade religiosa, obscenidade, aborto, morte assistida, pena de morte, delinquência juvenil, além de temas de índole econômica.[189]

3.1.3. "Amicus curiae": dados estatísticos e influência

É marcante o aumento do uso do *amicus curiae briefs* perante a Suprema Corte. Em estudo sobre o tema, verificou-se que, enquanto entre 1946 e 1955, a Suprema Corte recebeu 531 intervenções, entre 1986 e 1995 o número cresceu para 4.907 – o que representa impressionante crescimento de 800%. Em relação aos mesmos períodos, enquanto em 23% dos casos decididos houve a presença de *amici* (1946-1955), na etapa mais recente o percentual aumentou para 85%.

Vale dizer que o instituto é utilizado não só perante o Tribunal Supremo, mas, também, perante Cortes Estaduais e Federais. Pesquisa realizada por Scott Comparato em sete estados da Federação Americana[190] selecionou 644 casos analisados no mérito, entre 1986 e 1995, e registrou a interposição de 995 *amicus briefs*.[191] O autor faz lúcida observação ao lembrar que, enquanto os Juízes Federais são vitalícios (*they serve for life*), os Juízes Estaduais são eleitos, dependendo de constante aprovação social de suas decisões. Consequência desse fato seria a perceptível receptividade dos Juízes Estaduais em relação aos *amicus briefs*, também utilizados para atingir fins políticos, muitas vezes ligados à reeleição dos magistrados.[192]

Ernest Angell, na tentativa de compreender as razões da multiplicação de *amicus briefs*, enumera algumas causas: a) o interminável volume de fontes jurídicas – decisões de mais de cem cortes federais e centenas de cortes estaduais, além das cinquenta constituições estaduais e dos numerosos *statutes* federais e estaduais e "códigos-modelo" do *American Law Institute*; b) a proliferação na

---

[188] KEARNEY; MERRIL. The influence of *amicus curiae* briefs, cit., p. 756. Nossa tradução: "Embora as petições de *amicus curiae* tenham suas mais dramáticas aparições em controvérsias altamente visíveis, a participação do *amicus* está hoje bem estabelecida em todas as áreas da Suprema Corte".

[189] RUSTAD; KOENING, The Supreme Court and Junk Social Science, cit., p. 111-112.

[190] Alabama, Colorado, Kansas, Michigan, Wiscousin, New Jersey e South Carolina.

[191] COMPARATO, *Amici Curiae*, cit., p. 176-178.

[192] Ibidem, p. 241. Comparato demonstra haver significativas mudanças tanto nas estratégias utilizadas pelos "friends of the Court", como no próprio comportamento dos Juízes das Supremas Cortes Estaduais, quando está em jogo quem elegeu os últimos para o cargo. Assim, por exemplo, no caso do Estado da Carolina do Norte, no qual a eleição dos Juízes é atrelada ao parlamento estadual, os *amici* são mais valorizados quando expõem o próprio modo de pensar político dos representantes legislativos. Já no caso de estados em que as eleições judiciais são feitas por voto direto do público, os magistrados estão inclinados a obter o maior número possível de informação nos *cases* decididos. Portanto, para o autor, o atuar do *amicus curiae* é diretamente afetado pela dinâmica eleitoral das instituições judiciárias estaduais.

sociedade americana de instituições privadas sem fim lucrativo, vinculadas a alguma classe ou grupo, dotados de fortes convicções sobre valores de interesse social e conduzidos por intensa atividade perante os Poderes políticos e perante a sempre influente opinião pública.[193] A tais causas Elisabetta Silvestri agrega outra: a ampla margem de discricionariedade reservada às Cortes na valoração da admissibilidade de *amici* teria garantido forte impulso à difusão do instituto.[194]

Estudiosos do tema não aferiram, com exatidão, a medida da influência das petições de *amicus curiae* sobre a Suprema Corte. No entanto, alguns estudos indicam que os juízes e seus assessores (*law clerks*) se baseiam nos argumentos dos *amici curiae* para fundamentar suas decisões. O'Connor e Epstein[195] pesquisaram todas as decisões da Suprema Corte em que houve a participação de *amicus curiae* e constararam que, de 1969 a 1981, 18% das decisões citaram diretamente sua argumentação. Lynch entrevistou setenta assessores de juízes que atuaram na Suprema Corte, de 1966 a 2001, e, das respostas obtidas e colacionadas em seu artigo jurídico, apenas uma foi no sentido de que as petições de *amicus curiae* nunca seriam úteis.[196]

3.2. Atuações do *amicus curiae*

Alguns autores americanos buscam demonstrar que participantes na condição de *amicus curiae* atuam de variadas formas, de acordo com o interesse que tenham no resultado do litígio.[197] Agem na condição de informantes – verdadeiros participantes desinteressados no feito – quando não guardam conexão com qualquer das partes. Nessa linha, aconselham as cortes ou fornecem perspectiva diferente daquela posta pelos litigantes, sem reclamar que a decisão seja num ou noutro sentido. Podem, assim, auxiliar com dados sobre fatos científicos, econômicos e sociais, dirigindo a atenção dos julgadores para a existência de mais vastas implicações.[198] Steven Puro sustenta que, nessa situação,[199] a participação do *amicus* ganha o caráter de neutralidade, aproximando-se da função originária

---

[193] ANGELL, The *Amicus curiae*, cit., p. 1022-1023.
[194] SILVESTRI, L'*amicus curiae*, cit., p. 683.
[195] O'CONNER; EPSTEIN, Court Rules and Wordload, cit.
[196] LYNCH J. Kelly. Best Friends? Supreme Court Law Clerks on Effective *Amicus curiae* Briefs. *Journal of Law and Politics*, v.33, Feb. 2004, p. 33-73.
[197] PURO, *The role of the Amici Curiae*, cit.
[198] "Devemos observer que o *amicus* como informante não tendo relação com as partes do processo, é o único papel desempenhado pelo *amicus curiae* moderno que se aproxima do modelo de 'observador desinteressado' existente no *common law* ingles. Nos seus demais papeis, o amicus adota um perfil advocatício, requerendo que a Corte decida a favor ou contra um dos litigantes". (Ibidem, p. 34, traduzimos). *No vernáculo original:* "We might note that the *amicus* as informant, having no relation to the parties in the case, is the only role played by the modern amicus which approximates the 'disinterested observer' pattern that existed under the English common law. In the remaining roles, the *amicus* adopts an advocative stance, urging the Court to decide in favor of one of the litigants".
[199] Na pesquisa de Steven Puro, em apenas 3,7% dos casos examinados, o *amicus curiae* apresentou tal perfil.

do instituto. Desempenho diferente tem o *amicus*, quando atua aliado a umas das partes, com quem está diretamente relacionado fora da arena judiciária. Nessa hipótese, há a tendência de repetirem os argumentos contidos no *brief* e seu uso visar ao reforço do papel político da instituição. Conforme Thomas Hansford,[200] participações assim equivalem a estratégias do grupo de interesse para mostrar e convencer, de modo simbólico, que o grupo é ativo, até por serem táticas sem qualquer risco institucional.[201] Verifica-se, igualmente, o uso do *amicus curiae* não para proteger tese de uma das partes, e, sim, para representar interesses não defendidos na lide, os quais certamente seriam atingidos pela futura decisão.

Em análoga análise, Mary Seurkamp afirma que, teoricamente, o *amicus curiae* opera como "conselheiro" da Corte, providenciando informações ou perspectivas auxiliares na resolução de um caso particular. Contudo, muito frequentemente o *amicus curiae* não é alguém desinteressado, mas verdadeiro apoiador de um dos lados processuais. Outras vezes, o *amicus curiae* também participa para informar a corte sobre relevante interesse público envolvido na causa e demonstrar as significativas consequências da atuação da Corte.[202]

3.3. Regulamentação do *amicus curiae*

Anteriormente a 1937, nenhuma regra havia sido estabelecida para normatizar o uso do *amicus curiae brief*. Consolidou-se, tão só pela prática e costumes judiciais, a necessidade de candidatos a *amicus curiae* requererem a intervenção às partes e, se a solicitação não fosse atendida, dirigirem o pedido diretamente às Cortes. No ano de 1937, a Suprema Corte dos Estados Unidos editou a Regra 37, prevendo formalmente aquilo já firmado na prática, isto é, a condição para atuar como *friend of the Court* residiria no consentimento das partes e, subsidiariamente, no consentimento dos Tribunais.[203] Mas importante exceção foi prevista: se o governo dos Estados Unidos, pelo *Solicitor General*, ou qualquer Estado-membro, território, cidade ou condado, por seu representante público, manifestassem intenção de participar em lides alheias, dispensava-se a autorização (*"no motion for leave to file an amicus curiae brief is necessary"*). No período que seguiu a edição do regramento, era prática rotineira da Suprema Corte acatar quase todos os pedidos de intervenção formulados por *amici curiae*.[204]

---

[200] HANSFORD, Thomas Geoffrey. *Organized interest Lobbying*, cit., p. 25.
[201] KUCINSKI, *Interests, Institutions, and Friends of the Court*, cit., p. 4. No mesmo sentido, COMPARATO, *Amici Curiae*, cit.
[202] SEURKAMP, *Amicus Curiae Participation*, cit., p. 15.
[203] É o que se infere da leitura das regulamentações contidas na *Rule 37*, atualizadas em 1º de outubro de 2007 e juntadas no ANEXO 02 da presente dissertação, a qual trata especificamente do *"Brief of Amicus Curiae"*:
[204] Conforme concluiu Steven Puro: "Portanto, a regra de 1937 não alterou significativamente o modo que a Corte já lidava com as petições de *amicus curiae*". (PURO, *The role of the Amici Curiae*, cit., p. 39, traduzimos).

Percebeu-se, contudo que, entre 1947 e 1948, a maior parte dos *amicus briefs* era utilizada como mera propaganda para organizações particulares, sequer guardando relação com o mérito das ações judiciais em trânsito.[205] Em 1949, novas restrições foram impostas, incrementando a Regra 37. Adicionou-se, pois, a exigência de os candidatos a *amici*, antes de desenvolverem sua argumentação, elencarem as razões pelas quais sua participação no feito auxiliaria os Juízes. Steven Puro afirma que, nos cinco exercícios seguintes a essas novas exigências, 76% dos pedidos foram negados pela Suprema Corte.[206]

Em 1954, pela primeira vez, a Suprema Corte permitiu a sustentação oral do *amicus curiae*, desde que a parte concedesse parte de seu tempo de sustentação.[207] De acordo com Steven Puro, o governo americano e suas agências ou o representante de algum governo estadual foram os únicos a participar consistentemente nas participações orais.[208] Em 1967, a Suprema Corte especificou que o *amicus curiae* deveria requerer a participação em até 30 dias após o recurso interposto pela parte ou, no caso de ação originária perante a Suprema Corte, 60 dias após a interposição da ação.[209] Quanto ao convite feito pela Suprema Corte para que terceiros participem, não existem regras formais prevendo tal situação, imperando a discricionariedade do Tribunal.[210]

Outras atualizações foram feitas na Regra 37, merecendo destaque a mais contundente das limitações impostas, estabelecida em 1989. Em linhas claras,

---

No vernáculo original: "Therefore, the 1937 rule did not significantly alter the way in which the Court proceeded concerning amicus briefs". No mesmo sentido, COLLINS JUNIOR, Paul M. Friends of the court: Examining the influence of *amicus curiae* participation in U.S. Supreme Court litigation. *Law and Society Review*, v. 48, Dec. 2004, p. 807-832; KEARNEY; MERRIL. The influence of *amicus curiae* briefs, cit., p. 744-851.

[205] "Durante esse período, muitas petições de *amicus curiae* enfatizavam o tamanho, a filiação e a importância das organizações que as interpunham, e negligenciavam os principais pontos a serem decididos pela corte". (PURO, *The role of the Amici Curiae*, cit., p. 39, traduzimos). *No vernáculo original*: During this period many amicus briefs emphasized the size, membership, and the importance of the organization which was filing, and neglected the main points on which the case would have to be decided".

[206] PURO, *The role of the Amici Curiae*, cit., p. 41.

[207] Rule 22 (7) of the United States Supreme Court: "By leave of the Court, and subject to paragraph 4 of this Rule, counsel for an *amicus curiae* whose brief has been filed as provided in Rule 37 may argue orally on the side of a party, with the consent of that party. In the absence of consent, counsel for an *amicus curiae* may seek leave of the Court to argue orally by a motion setting out specifically and concisely why oral argument would provide assistance to the Court not otherwise available. Such a motion will be granted only in the most extraordinary circumstances".

[208] PURO, *The role of the Amici Curiae*, cit., p. 44.

[209] Ver Rule 37 (2), constante no ANEXO 02 da presente dissertação.

[210] PURO, *The role of the Amici Curiae*, cit., p. 46. No mesmo sentido, KRISLOV, The *Amicus curiae* Brief: From Friendship to Advocacy, cit., p. 717 (traduzimos): "A participação dos *amici* não precisa ser de sua própria iniciativa. A corte mesma pode requerer. O *Solicitor General* dos Estados Unicos e representantes de outras unidades governamentais são regularmente convidados para participar e interpor sua petição. De tempos em tempos, indivíduos com conhecimento especializado têm sido chamados para oferecer seu expertise perante a Suprem Corte. *No vernáculo original*: "The participation of the amici need not be at their own initiative. A court may request participation on its own. The Solicitor General of the United States and representatives of other governmental units are regularly invited to participate and file a brief. From time to time individuals with specialized knowledge have been called upon to offer their expertise in service to the United States Supreme Court".

está previsto na Regra 37 (1) que o *amicus curiae*, para ser aceito, deve, antes de mais nada, fornecer novos argumentos que efetivamente agreguem pontos significativos aos arrazoados já desenvolvidos pelas partes, sob pena de se prejudicar o bom andamento do feito. Transcreve-se a previsão da Suprema Corte:

> Rule 37 (1) An *amicus curiae* brief that brings to the attention of the Court relevant matter not already brought to its attention by the parties may be of considerable help to the Court. An *amicus curiae* brief that does not serve this purpose burdens the Court, and its filing is not favored.

Em 1997, a Suprema Corte veio exigir a identificação de cada pessoa e entidade que tenha contribuído monetariamente para a preparação ou submissão da petição na Suprema Corte.[211] Segundo Kearney e Merrill, não obstante não se tenha alterado a política adotada pela Suprema Corte de ampla aceitação dos *amicus briefs*, essa nova exigência refletiu a preocupação crescente dos Juízes com a possível manipulação das petições para criar a (falsa) impressão de vasto apoio social à determinada posição jurídica.[212]

No âmbito estadual, as Cortes dispõem de regras próprias para a normatização do *amicus brief*[213] e, no âmbito da justiça federal, a Regra 29 do *Federal Rules of Appellate Procedure* cuida do tema,[214] também exigindo dos candidatos a *amicus curiae* o consentimento das partes ou a formal autorização das Cortes, dispensando-se os órgãos públicos desses requisitos. A regra admite a sustentação oral e requer, do mesmo modo, a explicitação do interesse do terceiro no feito, além de fixar o prazo de sete dias para solicitar a participação, contados do dia em que a parte apelante ou apelada ajuizou seu recurso ou contra-razões.

Por fim, sobre as prerrogativas de quem participa na condição de amigo da Corte, anote-se que: a) não há os mesmos direitos e deveres entre partes litigantes e o *amicus curiae*; b) quem participa como *amicus curiae* não está vinculado pela decisão, a não ser por força do *stare decisis*; c) quem participa como *amicus curiae* não pode interpor recursos.[215]

3.4. *Friends of the court:* quem participa nos Estados Unidos

Costuma-se classificar e dividir os diversos grupos que aparecem perante o Judiciário americano, na forma processual do *amicus curiae*, apresentando-se,

---

[211] Ver Rule 37 (6), constante no ANEXO 02 da presente dissertação.
[212] KEARNEY; MERRIL. The influence of *amicus curiae* briefs, cit., p. 767.
[213] D'ALCOMO, JOANNE et al. *Appellate practice in Massachusetts*. Boston: Continuing Legal Education, 2000.
[214] Ver Rule 29 do *Federal Rules of Appellate Procedur*, constante no ANEXO 03 da presente dissertação.
[215] PURO, PURO, *The role of the Amici Curiae*, cit., p. 30-32; SILVESTRI, L'*amicus curiae*, cit., p. 687-688.

em geral, as seguintes categorias:[216] a) organizações ou grupos de interesse; b) partes em feitos judiciais semelhantes; c) o governo ou alguma agência governamental; d) indivíduos interessados e afetados pelo processo, sem serem litigantes; e) professores de Direito e advogados especializados em determinado campo jurídico; f) associações nacionais, estaduais ou locais de advogados (*bar associations*).

Não obstante, as categorias utilizadas nessa pesquisa foram as sugeridas por Ernest Angell,[217] e também por Dennis Johnson, em seu trabalho de doutorado.[218] Mais sucintos, mas em seu conteúdo muito próximos da classificação acima, apontam os seguintes agrupamentos: a) associações privadas e indivíduos que representam interesses de amplos grupos; b) organizações profissionais; c) representantes legais de unidades governamentais, cujo maior símbolo é o *Solicitor General*.

Johnson ainda menciona que os participantes podem ter atuação neutra ou partidária. As atuações neutras – aquelas com a *performance* histórica original do *amicus curiae*, sem reconhecido interesse pessoal no resultado da causa – seriam verificadas mais nos casos em que a própria Corte requer a intervenção, sobretudo em questões que exigem conhecimento técnico e especializado. Exemplos de participantes "neutros" estariam em *experts* em Direito Internacional e em entidades como *Atomic Energy Commission* e *Bureau of Labor Statistics*. São, contudo, muito poucas as intervenções nesse sentido, se comparadas aos casos em que o *amicus* tem nítido papel de advogado. Vejamos, então, os *amici curiae* protagonistas nos Estados Unidos.

---

[216] SIMPSON, Reagan Wm. VASALI, Mary R. *The Amicus Brief. How to be a Good Friend of the Court*. 2. ed. Chicago: American Bar Association, 2004.

[217] "Os *amici* cujos nomes aparecem nos volumes publicados de decisões judiciais encaixam-se em três categorias gerais. Primeiro, são, como na prática inglesa, os representantes legais do governo federal ou estadual, de condados, de municípios, de agências e corpos governamentais. Segundo, são organizações privadas de profissões ou outras associações ocupacionais: entidades de empregadores, de empregados, de comerciantes ou de entidades industriais; classes de empregados governamentais ou industriais, associações de advogados e muitas outras. Nessa categoria deveriam ser incluídos, embora de modo menos comum, a unidade de negócio que não seja parte de um grupo organizado e, raramente, a pessoa individual. Terceiro, há inúmeras associações e entidades privadas que representam interesses públicos, interesses não-governamentais e não ocupacionais: igrejas e corpos religiosos, grupos de minorias, como os negros (22 milhões nos Estados Unidos), os judeus (5 milhões) pacifistas, grupos em defesa de direitos civis – a extensão é quase ilimitada". (ANGELL, The *Amicus curiae*, cit., p. 1019, traduzimos). *No vernáculo original*: "The *amici* whose names appear in the printed volumes of reported decisions fall into three general categories. First, there are, as in the English practice, the legal representatives of the government, federal or state, counties, municipalities, government agencies and bodies. Secondly, there are private organizations of professional or other occupational membership: employers, business, commercial and industrial entities; labor unions; government and private industry employees by occupational class; bar associations and many others. In this category there should be included, though less common, a business unit which does not appear as part of an organized group and, rarely, an individual person. Thirdly, there are innumerable private associations and entities, in general formally organized, which purport to speak for non-occupational, non-governmental, broad public interests: churches and religious bodies; minority groups such as Negroes (22 million, in the United States) and Jews <5 million), civil libertarians, pacifists-the range is almost unlimited".

[218] JOHNSON, *Friend of the Court*, cit.

3.4.1. Associações privadas e indivíduos que representam interesses de amplos grupos

Essa categoria inclui organizações de defesa social, grupos religiosos, representantes de minorias étnicas e raciais, grupos pacifistas, etc.; tais participantes destacam-se, antes de tudo, por seu viés ideológico, na defesa de liberdades e direitos civis.[219] Adicionam-se, ainda, nessa classe de participantes, deputados e senadores, quando atuam nos casos judiciais de ampla repercussão.

Dentre as defensoras de direitos civis, destaca-se a ACLU,[220] entidade fundada em 1920 para proteger direitos de indivíduos perseguidos durante a Primeira Guerra Mundial. A organização possui filiais estatais, regionais e municipais, que levam frequentemente ao escritório nacional as principais lides judiciais envolvendo liberdades civis, para que a entidade figure como *amicus curiae*. Agindo como "amiga da Corte" desde 1938, a ACLU tem, de modo exponencial, aparecido perante os tribunais nessa condição processual, especialmente para defender direitos de minorias e reforçar liberdades individuais.[221] Nesse sentido, são recorrentes suas atuações em casos da mesma índole do julgado *Korematsu v. United States* (1943),[222] no qual a organização defendeu os direitos dos americanos de origem japonesa que não só foram proibidos de residir nas costas do país e em todas as regiões solicitadas pelos militares, como foram obrigados a se fixar em determinados centros, após o ataque de *Pearl Harbor*. Também atua incisivamente na condição de *amicus curiae* para dar suporte às liberdades de grupos religiosos, como ocorreu no feito *Murdock v. Pennsylvania* (1943),[223] no qual defendeu e garantiu a nulidade de ordem municipal que exigia licença para a venda de livros religiosos de testemunhas de Jeová; e, igualmente, para garantir a plena liberdade de expressão e de imprensa, tal como no julgado *New York Times Co. v. Unites States* (1971),[224] no qual argumentou em favor da liberdade jornalística para divulgar informações secretas do governo, obtendo, na decisão da Suprema Corte, êxito de sua tese.[225]

---

[219] JOHNSON, *Friend of the Court*, cit., p. 3.

[220] Conforme elaborado por Kearney e Merrill, a ACLU atuou como *amicus curiae* em 16% dos casos apreciados pela Suprema Corte, entre 1946-1995. (KEARNEY; MERRIL, The influence of *amicus curiae* briefs, cit., p. 833).

[221] PURO, *The role of the Amici Curiae*, cit.,, p. 171- 201.

[222] 323 U.S. 214 (1944). Nesse julgado, o californiano Korematsu, descendente de japoneses, mesmo com a proibição, seguiu habitando no Estado da Califórnia e acabou preso, o que o levou a questionar a constitucionalidade da discriminação imposta. A Suprema Corte, ao fim, decidiu não ser o ato do Executivo discriminatório de uma raça ou etnia, tendo sua justificativa no fato de o país estar em guerra com o Japão. (HALL, *The Oxford Guide*, cit., p.153-154). rematsu, descendentes de japoneses, foi proibido de seguir habitando no Estado da Califr nas costas do p Railway and Utilities

[223] 319 U.S. 105 (1943).

[224] 403 U.S. 713 (1971).

[225] HALL, *The Oxford Guide*, cit, p. 217-218.

Não se pode furtar de mencionar entidades como a *National Association for the Advancement of Colored People* (NAACP), criada em 1908 e aqui destacada por seu decisivo papel de "amiga da Corte", quando estão em jogo direitos de afrodescendentes, como nos processos em que se discute discriminação racial e ações afirmativas. Relevante foi sua atuação, por exemplo, em *Shaw v. Reno* (1993),[226] em que defendeu a constitucionalidade da divisão eleitoral distrital ocorrida nas eleições de 1991, na Carolina do Norte, divisão essa que acabou por facilitar a eleição de dois primeiros deputados federais negros provenientes do Estado.[227] E, ainda, a *Commission on Law and Social Action of the American Jewish Congress* (CLSA), que seguidamente age na condição de *amicus* para defender a separação entre Igreja e Estado. Foi assim sua participação no precedente *Lee v. Weinsman* (1992),[228] auxiliando os autores da ação – judeus – a determinar a proibição de celebrações religiosas em escolas subsidiadas pelo Poder Público, pedido ao fim concedido pela Suprema Corte. Tais organizações são tão presentes na defesa de determinados grupos sociais que, em artigo escrito no *Yale Law Journal*, Norman Redlich atribuiu a suas atividades a natureza de "advocacia-geral privada".[229]

Em relação a parlamentares na condição de *amici*, Judithanne Scourfield analisou a atuação de membros do Congresso e de representantes estaduais perante a Suprema Corte[230] (de 1953 a 1997), concluindo que o Poder Legislativo, ao defender um ato normativo – *statute* – ou algum posicionamento político, se utiliza dessa técnica processual. Os representantes eleitos, dessa forma, trazem assuntos e opiniões de interesse público diante das cortes, demonstrando ativismo aos seus constituintes, para além da arena legislativa. Assim, parlamentares têm participado como *amici* em temas que variam desde conflitos entre os Poderes, questões federativas e eleitorais, até outros assuntos polêmicos como aborto, controle de armamentos, liberdade e tolerância religiosa, etc.[231] Cabe aqui trazer a percuciente observação de Scourfield ao identificar, na atuação de parlamentares como *amici curiae*, importante instrumento de diálogo constitucional entre os

---

[226] 509 U.S. 630 (1993).

[227] Com voto liderado pela Juíza Sandra O'Conner, a Suprema Corte ao fim decidiu que os distritos não poderiam ser delineados por um critério racial, julgando inconstitucional a tentativa de "gerrymandering", expressão que indica a tentativa de fixar as fronteiras de um distrito eleitoral para trazer vantagens ou desvantagens para alguma pessoa, partido ou grupo.

[228] 505 U.S. 577 (1992).

[229] REDLICH, Private Attorneys-General, cit., p. 574-598.

[230] "A participação de membros do Congresso como amici curiae toma muitas formas: petições são interpostas por membros individuais, por grandes coalizões, por comissões e comitês, por delegações estaduais, pelo Senado, pela liderança da câmara dos deputados, e também por união a grupos de interesses". (SCOURFIELD, *Congressional Participation as Amicus Curiae*, cit., p. 91, traduzimos). *No vernáculo original*: "Congressional amicus participation takes many forms: briefs are filed by individuals Members, large coalitions of Members, Congressional Caucuses, Congressional Committees, state delegations, the U.S Senate, the Leadership of the U.S House of Representatives, and in conjunction with interest groups".

[231] SCOUFIELD, 2003, p. 100-160. Exemplos envolvendo, respectivamente, casos de aborto, controle de armamentos e eutanásia, nos quais houve relevante participação de *amici curiae*, são os seguintes julgados da Suprema Corte: *Thornburgh v. American College of Obstetricians and Gynecologists* (1985), *U.S. v. Lopez* (1995) e *Washington v. Gluskburg* (1996).

Poderes. De fato, a interposição de *amicus briefs* por membros do Congresso enseja, via de regra, a comunicação entre Poder Legislativo e Poder Judiciário sobre a interpretação de *statutes* e de precedentes judiciais.[232] Aliás, certos debates constitucionais, oriundos de decisões da Suprema Corte, atingem grau incendiário entre parlaméntares, o que se faz sentir no número de membros que assinam petições como *amicus curiae*. É claro, porém, que, com o diálogo referido, nem sempre os parlamentares conseguem influenciar os Juízes da Suprema Corte. Cite-se como exemplo o célebre julgado *United States v. Eichman* (1990),[233] no qual a Suprema Corte declarou inconstitucional o *"Flag Protection Act"* (lei que punia indivíduos que mutilassem ou queimassem qualquer bandeira americana), por considerar o ato normativo uma afronta à liberdade de expressão, muito embora três petições de *amici* congressistas tenham argumentado o contrário, fornecendo seu ponto de vista sobre a constitucionalidade da previsão legal.

O tipo mais frequente de participação de congressistas dá-se na forma da coalizão, em que grupos de parlamentares se unem e interpõem, conjuntamente, o *"amicus curiae brief"*. Foram os casos, por exemplo, de julgamentos envolvendo o direito à escolha de reprodução (*reproductive choices cases*), ocorridos nas décadas de 80 e 90, em *Harris v. McRae* (com a participação de 238 parlamentares), *Webster v. Reproductives Health Service* (com a participação de 250 parlamentares), e *Rust v. Sullivan* (com a participação de 165 membros). Há, também, a interposição de petições de *amicus curiae* resultantes da união de parlamentares com grupos de interesse, os quais, via de regra, procuram membros do Congresso para apoiar eventual intervenção. Scourfield informa que em um terço de todos os casos nos quais membros do congresso participaram como terceiros houve algum grupo de interesse assinando conjuntamente a petição.

3.4.2. Organizações profissionais

Nessa categoria, estariam basicamente entidades ligadas a interesses profissionais, trabalhistas, comerciais e industriais na forma de sindicatos, federações e outras organizações em defesa de trabalhadores e de empregadores.[234] Suas intervenções como terceiros registram-se em processos que versam desde ética e regulamentação profissional até direito à greve, limites às liberdades dos trabalhadores, isenção de contribuições sindicais, etc.[235] Podemos exemplificar importantes organizações:[236] *American Federation of Labor-Congress of Indus-*

---

[232] SCOURFIELD, *Congressional Participation as Amicus Curiae*, cit., p. 135.

[233] 496 U.S. 310 (1990).

[234] SCOURFIELD, *Congressional Participation as Amicus Curiae*, cit., p. 61. E, segundo pesquisa elaborada por Kelly Lynch, dos setenta *law clerks* que atuaram na Suprema Corte, entre 1966 a 2001, 16% deles afirmou atribuir maior relevância à petição de *amicus curiae*, se proveniente de alguma organização trabalhista (LYNCH J. Kelly. Best Friends? cit., p. 51).

[235] PURO, *The role of the Amici Curiae*, cit., p. 214.

[236] ANGELL, The *Amicus curiae*, cit., p. 1019.

trial Organization (AFL-CIO),[237] *Chamber of Commerce of the United States, American Bar Association* e *Pacific Legal Foundation*. A primeira, inclusive, é considerada a organização trabalhista mais atuante dos Estados Unidos, tendo participado, de 1920 a 1966, setenta e três vezes como *amicus curiae* perante a Suprema Corte.[238]

3.4.3. Unidades governamentais

Abrangidos nessa categoria estão governos estaduais e agências reguladoras, bem como a mais influente das unidades: o Governo dos Estados Unidos.

Especialmente em lides envolvendo questões eleitorais e tributárias, fazem-se presentes – como *friends of the Court* – os Estados da Federação.[239] Célebre é o julgado *Container Corp. of America v. Franchise Tax Board* (1983),[240] em que muitas unidades federativas participaram na condição de *amici*, para defender a constitucionalidade de imposto cobrado pelo Estado da Califórnia sobre o lucro de empresas e de suas franquias.

A figura do *amicus curiae* é também de grande valia para as agências reguladoras (*Independent Regulatory Comissions*) defenderem atos normativos de sua jurisdição. É o caso, por exemplo, da agência federal americana SEC (*Security and Exchange Comission*),[241] conforme afirma David Ruder, professor emérito de Direito na *Northwestern University School of Law*, e ex-presidente da entidade. A SEC, por possuir poder normativo, tem grande interesse em atuar perante a Suprema Corte na condição de *friend of the Court*, inclusive em lides judiciais entre particulares, as quais, segundo o autor, se referentes a regras do mercado mobiliário, são mais numerosas do que aquelas envolvendo o Governo.[242] E a

---

[237] Estudo elaborado por Kearney e Merrill mostra que a AFL-CIO atuou como *amicus curiae* em 6,25% dos casos apreciados pela Suprema Corte entre 1946-1995. (KEARNEY; MERRIL, The influence of *amicus curiae* briefs, cit., p. 833)

[238] PURO, *The role of the Amici Curiae*, cit., p. 206-240.

[239] Conforme estudo elaborado por Kearney e Merrill, houve a atuação de unidades da federação como *amici curiae* em 29,64% dos casos apreciados pela Suprema Corte entre 1946-1995. (KEARNEY; MERRIL, The influence of *amicus curiae* briefs, cit., p. 833)

[240] 463 U.S. 159 (1983).

[241] No Brasil, a Comissão de Valores Mobiliários (CVM) desempenha papel semelhante ao da SEC.

[242] "A Securities and Exchange Commission (Comissão de Valores e Câmbio) é uma das mais antigas agências federais independentes, combinando sob um único teto a criação de regras, sua administração e aplicação, bem como funções judiciais. Além de suas atividades bem conhecidas, a Comissão ainda influencia no desenvolvimento de leis federais sobre ativos, de uma forma menos conhecida. Ela o faz através das petições de *amicus curiae* em litígios privados envolvendo leis federais sobre valores. [...] Um aspecto importante do papel de *amicus* da Comissão deriva do fato de que o litígio privado sobre valores mobiliários desempenha um papel essencial na regulamentação federal dos mesmos. Em 1988, 2.638 casos, levantando questões sobre a lei de valores ou commodities foram apresentados nas Cortes federais distritais, dos quais 200 foram trazidos pelo governo. Além disso, mais de 400 apelações que levantaram tais matérias foram apresentadas e apenas 24 envolviam o governo. Enquanto na maioria dos casos os resultados são determinados por questões fáticas, uma importante fração de casos privados levanta matérias de direito não resolvidas. Porque o programa regulatório da Comissão depende dos mesmos *statutes* envolvidos em casos privados, a resolução de questões jurídicas nestes casos freqüentemente

participação como *amicus curiae* faz-se tendo em vista o interesse público, quer para informar a Corte sobre regras mais complexas relativas ao mercado de ações – auxiliando em sua interpretação – quer para diretamente defender a constitucionalidade de atos normativos, como o *Securities Exchange Act*, de 1934, e o *Public Utility Holding Company Act*, de 1935. O jurista ainda apresenta algumas posições da SEC para decidir se é válido atuar como *amicus curiae*, afirmando que a resolução de participar como terceiro é antecipada por questionamentos como: ser ou não a futura decisão considerada de substancial impacto em termos de precedentes judiciais, ser ou não a função ou a validade de regras federais sobre o mercado mobiliário questionada, ser ou não a questão judicial tida como uma oportunidade para firmar necessário posicionamento político. Ruder conclui que, no mais das vezes, a participação da SEC como *friend of the Court* é bem sucedido instrumento político. Assim: "uma análise da experiência da Comissão como "amiga da corte" também demonstra que a petição de *amicus curiae* se tornou uma ferramenta política muito bem sucedida".[243]

Mas há unanimidade entre os autores: o ponto nodal da atividade legal do governo federal como amigo da Corte situa-se no Departamento de Justiça, na figura do *Solicitor General*,[244] cargo que, inspirado na tradição inglesa do *King's Solicitor*, foi criado pelo *Judiciary Act* de 1870. O *Solicitor General* obtém seu prestigiado cargo por nomeação política e atua como o advogado-chefe de recursos judiciais para o governo federal, também decidindo quando devem os Estados Unidos interpor petição de *amicus curiae* em lides em que o governo não é parte. Desse modo, desempenha importante papel não só para o Poder Executivo, mas,

---

afeta os próprios esforços da Comissão na aplicação e criação das regras". (RUDER, David S. The Development of Legal Doctrine Through Amicus Participation: The SEC Experience, *Wisconsin Law Review,* 1989, p.1168-1191, traduzimos). *No vernáculo original:* "The Securities and Exchange Commission is one of the oldest independent federal agencies, combining under one roof rule making, administration, enforcement, and judicial functions. In addition to its well-publicized activities, the Commission influences the development of the federal securities laws in another, much less publicized way. It does so by filing *amicus curiae,* or 'friend-of-the-court', briefs in private litigation involving the federal securities laws.[...] One important aspect of the Commission's amicus role derives from the fact that private securities litigation plays an essential role in federal securities regulation. In 1988, 2,638 cases raising securities or commodities law issues were filed in the federal district courts, of which less than 200 were brought by the government. In addition, over 400 appeals which raised such issues were docketed, and only twenty-four of them involved the government. While the results in most private cases are determined by factual issues, an important fraction of private cases raise unresolved issues of law. Since the Commission's regulatory program relies on the same statutes as those involved in private cases, resolution of legal issues in those cases often affects the Commission's own enforcement and rulemaking efforts". (RUDER, David S. The Development of Legal Doctrine Through Amicus Participation: The SEC Experience, *Wisconsin Law Review,* 1989, p. 1168- 1191).

[243] RUDER, The Development of Legal Doctrine Through Amicus Participation: The SEC Experience, cit, p. 1168, traduzimos. *No vernáculo original:* "An analysis of the Commission's experience as a 'friend of the court' also demonstrates that the amicus brief has become a very successful policy making tool".

[244] Conforme estudo elaborado por Kearney e Merrill, houve a atuação do *Solicitor General* como *amicus curiae* em 28,60% dos casos apreciados pela Suprema Corte entre 1946-1995. KEARNEY; MERRIL. The influence of *amicus curiae* briefs, cit., 833)

também, para o Poder Judiciário.²⁴⁵ Auxiliando a Suprema Corte, serve como filtro na identificação dos casos realmente relevantes, além de apresentar argumentos bem fundamentados, geralmente incorporados nas decisões do Tribunal Maior. Não é à toa, aliás, que é conhecido como o "Décimo Ministro da Suprema Corte" (*tenth Justice*),²⁴⁶ tamanha sua influência, estampada inclusive na Regra 37, que não exige, para atuação do Governo Federal como *amicus curiae*, autorização das partes litigantes.

Há mais: não raras vezes, a Suprema Corte solicita a intervenção do *Solicitor General*, tanto que aproximadamente um terço de seus *amicus briefs* são apresentados por requerimento dos Ministros.²⁴⁷ Nas outras participações, Steven Puro realça que o *Solicitor General* atua ou se a questão central não está bem conduzida pelas partes, ou se no processo são abordados temas de relevância pública (*broad scale public issues*).²⁴⁸ Esclarece o Professor de Direito Constitucional da *Saint Louis University*: "O *amicus* é uma importante parcela da estratégia jurídica do governo dos Estados Unidos. [...] como *amicus* o governo consegue ingressar em processos em que ele não teria legitimidade para ajuizar, oferecer à Corte uma solução alternativa, apontar o interesse público geral sobre a questão ou esclarecer pontos do caso". ²⁴⁹

Dennis Johnson elaborou tese sobre a relação entre o Departamento de Justiça americano, na figura do *Solicitor General*, e a Suprema Corte, relação essa que se dá, em grande parte, por meio de sua atuação como *amicus curiae* em lides envolvendo direitos civis e interpretação de *statutes* por parte do Governo Federal. E, constata o estudioso, há considerável autonomia em relação ao *Attorney General* – chefe maior da advocacia pública federal – e mesmo em relação ao Presidente da República.²⁵⁰ Conforme Dennis Johnson, até ser aprovado o *Civil Rights Act* de 1964, a petição de *amicus curiae* representava o único acesso para o governo atuar em lides envolvendo questões alheias a sua competência.²⁵¹ Assim, em julgados de suma relevância, como *Shelley v. Kraemer* (1948),²⁵² o *Solicitor General* compareceu como *amicus*. Nesse feito, a Suprema Corte deci-

---

²⁴⁵ Conforme Steven Puro, "the close association of the Solicitor General with the Supreme Court places the Solicitor General in the role of agent for two masters: the Executive Branch of the United States and the Supreme Court". (PURO, *The role of the Amici Curiae*, cit.,p. 129).

²⁴⁶ JOHNSON, *Friend of the Court*, cit., p. 8.

²⁴⁷ PURO, *The role of the Amici Curiae*, cit., p.134.

²⁴⁸ PURO, *The role of the Amici Curiae*, cit, p. 141.

²⁴⁹ Ibidem, p. 164, traduzimos. *No vernáculo original*: "The amicus is an important part of the legal strategy of the United States government. [...] as amicus the government can enter cases where it cannot initiate a suit, give the Court an alternative solution to the case, point out the general public interest in the question, or clarify issues in the case".

²⁵⁰ "Raramente o Advogado-Geral é consultado em questões em que há a participação do *amicus*, e raramente tais decisões são ordenadas pelo Adovgado-Geral ou pela Casa Branca". (JOHNSON, *Friend of the Court*, cit., p. 344, traduzimos). *No vernáculo original*: "Seldom is the Attorney General consulted in matters of amicus participation and rarely are such decisions decreed from the Attorney General or the White House".

²⁵¹ JOHNSON, *Friend of the Court*, cit., p. 45.

²⁵² 334 U.S. 1 (1948).

diu banir a tutela pública de contratos privados que impedissem pessoas de obter a **propriedade** ou a posse de bens por critérios raciais, em virtude da *Equal Protection Clause*. E, no célebre precedente *Brown v. Board of Education* (1954), o *Solicitor General* não só interpôs a petição de *amicus curiae*, como sustentou oralmente suas razões,[253] contrárias à segregação racial. Tais petições, geralmente ilustradas com dados econômicos, sociológicos e políticos, demonstraram as debilitantes consequências das discriminações.[254]

Kearney e Merrill igualmente apontam a particular influência do *Solicitor General* sobre a Suprema Corte. Examinando todas as 991 petições interpostas pelo advogado público como *amicus* no período de 1946-1955, os autores verificaram que em 40% das decisões do Tribunal Maior houve citação direta dos argumentos por ele fornecidos. Segundo os juristas, "isto sugere que a Corte veio a confiar mais fortemente nas petições de *amicus curiae* do *Solicitor General* nos últimos cinquenta anos, ao menos no teor escrito das decisões".[255]

3.5. Críticas americanas ao *amicus curiae*

Ainda que grande parte da doutrina aprecie a colaboração da sociedade na construção de decisões judiciais, por meio do *amicus curiae*, vendo o instituto como verdadeira fonte de informações técnicas, científicas, econômicas ou sociais para auxiliar as Cortes, não são poucos os autores a apontarem facetas negativas do instrumento processual.[256]

Talvez a crítica mais contundente ao uso do *amicus brief* tenha sido dirigida pelo Juiz do Sétimo Circuito Federal, Richard Posner. Rejeitando a participação de terceiros em *Ryan v. Commodity Futures Trading Comm'n* (1997), o magistrado afirmou que a grande maioria dos *amici curiae*, nos últimos 16 anos, não se mostravam úteis ao Judiciário, devido à exposição de argumentos repetitivos, já utilizados pelas partes do processo e à lentidão processual por eles gerada. Para o Juiz, o *amicus curiae* deveria ser encarado como amigo da corte, e não como amigo dos litigantes, consistindo verdadeiro abuso a ausência de limites reais à interposição de petições de terceiros. Tal foi a ácida censura do magistrado:

> A tendência de muitos juízes desta Corte, inclusive a minha, tem sido de deferir licença para apresentação de petições de *amicus curiae*, sem ponderar cuidadosamente os motivos pelos quais essas seriam desejáveis, embora a regra os exija no requerimento. Após

---

[253] PURO, *The role of the Amici Curiae*, cit., p. 132.
[254] JOHNSON, *Friend of the Court*, cit., p. 154.
[255] KEARNEY; MERRIL, The influence of *amicus curiae* briefs, cit., p. 760, traduzimos. *No vernáculo original*: "This strongly suggests that the Court has come to rely more heavily on the Solicitor General's amicus filings in the last fifty years, at least in the writing of opinions"
[256] Nesse sentido: SIMPSON;. VASALI. *The Amicus Brief*, cit.; HARRINGTON, J. Amici curiae in the federal courts of appeals: How friendly are they? *Case Western Law Review*, 55, 2005, p. 667-699.

16 anos lendo essas petições, cuja vasta maioria não serviu para auxiliar os juízes, decidi que seria bom examinar estes requerimentos com maior cuidado. A grande maioria dos pedidos é apresentada por amigos (aliados) dos litigantes e repetem os argumentos colocados nas petições dos litigantes, meramente aumentando o seu tamanho. Tais petições não deveriam ser permitidas. São um abuso. O termo *"amicus curiae"* significa amigo da corte e não amigo de uma parte. Nós ultrapassamos seu sentido original; o papel de litigante de um *amicus curiae* tornou-se aceito. Porém, existem limites, ou pelo menos, deveriam existir. Uma petição de *amicus curiae* deveria ser autorizada normalmente quando uma parte não é representada idoneamente ou nem é representada, quando o *amicus* possui um interesse em algum outro caso que possa ser afetado pela decisão (mas não tão afetado a ponto de dar ao *amicus* o direito de intervir e tornar-se parte no caso presente), ou quando o *amicus* possui informações exclusivas ou perspectivas que possam ajudar a corte além da ajuda que os advogados das partes conseguem oferecer. Do contrário, a autorização para ingressar com a petição deveria ser negada. [...] O mal dos advogados é a prolixidade e repetição e, por razões óbvias, é especialmente marcante em casos comerciais envolvendo grandes riscos monetários. Em uma era carregada de casos judiciais e de impaciência diante da morosidade e altos custos do litígio, nós, juízes, deveríamos ser perseverantes em barrar os portões às petições de *amicus curiae* que não apresentarem razões convincentes de porque elas agregarão argumentos às petições já apresentadas pelas partes.[257]

O Juiz da Suprema Corte, Antonin Scalia, também já manifestou descontentamento com o uso de *amicus briefs* por entidades autointeressadas no feito; o que, na sua opinião, somente levaria ao encobrimento da verdade real nos processos. Assim, no julgado *Jaffee v. Redmond et al.* (1996), em que se questionava a necessidade de assistente social testemunhar sobre as revelações feitas por paciente acusado de homicídio, proferiu voto dissidente, considerando que as diversas associações de trabalhadores da área médica estariam defendendo suposta ética profissional em prejuízo da justiça no caso concreto. Cabe reproduzir o seguinte trecho:

---

[257] Ryan v. Commodity Futures Trading Comm'n, 125 F.3d 1062, 1063 (7th Cir. 1997), traduzimos. *No vernáculo original*: "The tendency of many judges of this court, including myself, has been to grant motions for leave to file *amicus curiae* briefs without careful consideration of 'the reasons why a brief of an *amicus curiae* is desirable', although the rule makes this a required part of the motion. After 16 years of reading *amicus curiae* briefs the vast majority of which have not assisted the judges, I have decided that it would be good to scrutinize these motions in a more careful, indeed a fish-eyed, fashion. The vast majority of *amicus curiae* briefs are filed by allies of litigants and duplicate the arguments made in the litigants' briefs, in effect merely extending the length of the litigant's brief. Such amicus briefs should not be allowed. They are an abuse. The term *amicus curiae* means friend of the court, not friend of a party. We are beyond the original meaning now; an adversary role of an *amicus curiae* has become accepted. But there are, or at least there should be, limits. An amicus brief should normally be allowed when a party is not represented competently or is not represented at all, when the amicus has an interest in some other case that may be affected by the decision in the present case (though not enough affected to entitle the amicus to intervene and become a party in the present case), or when the amicus has unique information or perspective that can help the court beyond the help that the lawyers for the parties are able to provide. Otherwise, leave to file an *amicus curiae* brief should be denied. [...] The bane of lawyers is prolixity and duplication, and for obvious reasons is especially marked in commercial cases with large monetary stakes. In an era of heavy judicial caseloads and public impatience with the delays and expense of litigation, we judges should be assiduous to bar the gates to *amicus curiae* briefs that fail to present convincing reasons why the parties' briefs do not give us all the help we need for deciding the appeal".

Na avaliação do caso, a Corte foi beneficiária de não menos do que 14 petições de *amicus curiae* apoiando os réus, a maioria vindo de organizações como a Associação Psiquiátrica Americana, a Associação Americana de Departamentos Estaduais de Trabalho Social, a Associação de Profissionais de Assistência ao Empregado, a Associação Americana de Aconselhamento e a Associação Nacional de Trabalhadores Sociais. Nem uma única petição de *amicus* foi apresentada em apoio ao requerente. Não é nenhuma surpresa. Não existe nenhuma organização, com interesse próprio, dedicada à busca da verdade nas cortes federais. Contudo, espera-se que esta Corte tenha em mente aquele interesse predominante, que basicamente está na verdade. Hoje nós falhamos em relação a esta expectativa e responsabilidade. Não é tão simples dizer que nossas cortes federais, em alguns casos, são instrumentos de injustiça, antes de serem instrumentos de descoberta da verdade. O *common law* identificou alguns casos onde isto é tolerável. Talvez o Congresso possa concluir que também seja tolerável a fim de estimular a psicoterapia de trabalhadores sociais. Mas esta conclusão certamente não chega a convencer que um julgamento para suprimir a verdade deva ser pronunciado por esta distinta Corte. Respeitosamente discordo.[258]

Com efeito, muitos são os debates acerca da utilidade da participação do *amicus curiae* nos Estados Unidos. Há mesmo quem defenda que hoje suas petições não auxiliam os Tribunais a chegar a conclusões mais abalizadas,[259] seja por trazerem dados fáticos repetitivos ou maculados ao desenvolvimento da lide; seja por tumultuarem a celeridade processual, seja, ainda, por trazerem meras opiniões de grupos de interesse. Rustad e Koening, por exemplo, destacam o fato de muitas petições criarem falsa impressão de estudo científico sem, contudo, apresentar qualquer processo sério de busca da verdade.[260] Atuam, assim, não como instrumento de informação, mas como instrumento de mera persuasão, conforme se infere da seguinte passagem:

> A apresentação de dados científicos e sociais em petições de *amicus curiae* perante Suprema Corte é destinada muito freqüentemente a persuadir a Corte em vez de informar. Muitos *amici* são lobistas cujo objetivo principal é buscar os interesses de seus clientes. Não são

---

[258] 518 U.S. 1 (1996), traduzimos. *No vernáculo original*: "In its consideration of this case, the Court was the beneficiary of no fewer than 14 amicus briefs supporting respondents, most of which came from such organizations as the American Psychiatric Association, the American Psychoanalytic Association, the American Association of State Social Work Boards, the Employee Assistance Professionals Association, Inc., the American Counseling Association, and the National Association of Social Workers. Not a single amicus brief was filed in support of petitioner. That is no surprise. There is no self-interested organization out there devoted to pursuit of the truth in the federal courts. The expectation is, however, that this Court will have that interest prominently-indeed, primarily-in mind. Today we have failed that expectation, and that responsibility. It is no small matter to say that, in some cases, our federal courts will be the tools of injustice rather than unearth the truth where it is available to be found. The common law has identified a few instances where that is tolerable. Perhaps Congress may conclude that it is also tolerable for the purpose of encouraging psychotherapy by social workers. But that conclusion assuredly does not burst upon the mind with such clarity that a judgment in favor of suppressing the truth ought to be pronounced by this honorable Court. I respectfully dissent".

[259] RUSTAD; KOENING, The Supreme Court and Junk Social Science, cit., p. 93-161.

[260] "Muitos juristas e estudiosos atacaram, considerando ilegítimo, o crescente uso das ciências sociais na jurisdição constitucional". (Ibidem, p. 114, traduzimos). *No vernáculo original*: "Many legal scholars and jurists have attacked the expanding use of social science in constitutional decision-making as illegitimate".

guiados por normas científicas de neutralidade e objetividade, porém pela ideologia da advocacia.²⁶¹

Em *Daubert v. Merrell Dow Pharmaceuticals, Inc.*(1993)²⁶² o então Presidente da Suprema Corte, Willian Rehnquist, mostrou-se reticente quanto às informações trazidas pelos *amici curiae*. Julgou-se, na ocasião, acusação formulada contra indústria farmacêutica, por essa alegadamente ter produzido remédio antináusea causador de má formação em duas crianças. O recurso das famílias à Suprema Corte, ao lado das contra-razões da ré, recebeu mais de vinte *amicus briefs*.²⁶³ Todas as petições versavam sobre a possibilidade ou impossibilidade de se aceitar depoimentos não unânimes de médicos e pesquisadores *experts* das áreas médicas. Enquanto a empresa demandada exigia a necessidade de haver consenso absoluto entre os pesquisadores, para aferir a sua culpa, os autores argumentavam já serem suficientes os estudos científicos apresentados. A Corte decidiu, à luz da Regra 702 da *Federal Rule of Evidences*, modificar regra fixada em antigo precedente – *Frye v. United States* (1923) – para garantir maior abertura do Poder Judiciário a pareceres científicos, obtivessem esses ou não consenso entre os profissionais da área. Rehnquist proferiu voto dissidente, alegando a incapacidade de a Corte efetivamente reconhecer a cientificidade dos argumentos trazidos nos *briefs*. Afirmou, então, o Juiz da Suprema Corte:

> As várias petições apresentadas neste caso são bem diferentes das petições típicas, pois grande parte deles não trata de casos decididos ou de *statutes* – tipo de material que costumeiramente interpretamos. Pelo contrário, tratam de definições de conhecimento científico, método científico, validade científica e revisão de pares – em resumo, de um campo bem distante do conhecimento dos juízes. Isto não quer dizer que tal material não seja útil ou até necessário para decidir sobre a aplicação da Regra 702; mas deve-se dizer que o tópico não usual deve fazer com que tenhamos cautela em decidir para além do que devemos, pois nosso alcance pode ser facilmente excedido.²⁶⁴

---

²⁶¹ Ibidem, p.100, traduzimos. *No vernáculo original*: "The presentation of social scientific data in Supreme Court *amicus curiae* briefs is too often designed to persuade rather than to inform the Court. Most authors of amici briefs are lobbyists whose primary goal is to advance the interests of their clients. They are not guided by the scientific norms of neutrality and objectivity but by the ideology of advocacy".

²⁶² 509 U.S. 579 (1993).

²⁶³ Dando suporte ao pedido das famílias demandantes, atuaram como *amici curiae*: Attorney General of Texas, Attorney General of South Dakota, Attorney General of Montana, Attorney General of Idaho, American Society of Law, Medicine and Ethics et al., Association of Trial Lawyers of America. Dando suporte ao pedido da Indústria ré, atuaram como *amici curiae*: United States Solicitor General, American Insurance Association, American Medical Association et al., American Tort Reform Association, Chamber of Commerce of the United States, Pharmaceutical Manufacturers Association, Product Liability Advisory Council, Inc., et al., Washington Legal, entre outros.

²⁶⁴ 509 U.S. 579 (1993), traduzimos. *No vernáculo original:* "The various briefs filed in this case are markedly different from typical briefs, in that large parts of them do not deal with decided cases or statutory language – the sort of material we customarily interpret. Instead, they deal with definitions of scientific knowledge, scientific method, scientific validity, and peer review – in short, matters far afield from the expertise of judges.This is not to say that such materials are not useful or even necessary in deciding how Rule 702 should be applied; but it is to say that the unusual subject matter should cause us to proceed with great caution in deciding more than we have to, because our reach can so easily exceed our grasp Elisabetta Silvestri assim escreveu sobre referida decisão:

Há mais censuras ao *amicus curiae*: sustenta-se que os dados científicos são trazidos sem a *cross-examination*, processo pelo qual, em primeira instância, as provas judiciais estão sujeitas ao contraditório, e as testemunhas são interrogadas pelo advogado da parte contrária à que as arrolou.[265] Rustad e Koening ainda revelam temor de que o uso de dados da ciência social na justificação de decisões constitucionais se possa tornar pretexto para indevida interferência do Judiciário em decisões políticas.[266]

É com ironia que Ernest Angell, em 1967, já rebatia críticas ao instituto, considerando que, no mais das vezes, os *amici* possuem considerável representatividade, por si só justificando a abertura de caminhos para que sementes de novas doutrinas possam brotar no solo do Poder Judiciário. São suas palavras: "Enquanto a presença diante do Judiciário da Sociedade da Terra Plana, dos Altos Cedros-do-Líbano ou do Conselho para a Desfertilização das Moscas Africanas

---

"Um exemplo significativo da atividade do *amicus curiae* e da influência que as informações e dados contidos nas suas petições podem exercitar no convencimento do juiz são bem representadas no conhecido julgado *Daubert v. Merrell Dow Pharmaceuticals, Inc.,* [...]. Demonstrando a relevância do caso e o forte impacto que a decisão poderia ter diante da coletividade e da Suprema Corte, intervieram vinte e cinco *amici curiae,* cujas petições constituem aquela que é considerada como a mais completa valoração do juiz sobre a efetiva cientificidade das provas trazidas pelas partes. O papel desenvolvido pelos *amici* ao persuadir a corte a rejeitar uma orientação que até então tinha larga aceitação doutrinária e jurisprudencial e ao elaborar novos critérios de valoração da credibilidade das evidências científicas foi manifestamente decisivo para induzir o *Chief Justice* Rehnquist a criticar o método de trabalho seguido pela maioria, que atribuiu um peso talvez excessivo a valorações que, sendo de natureza estritamente técnico-científica, escapariam, por definição, de qualquer forma de verificação judicial", (SILVESTRI, L'*amicus curiae*, cit., p. 688-689, traduzimos). *No vernáculo original*: "Um esempio significativo dell'attività svolta dall'amicus e dell'influenza che le informazioni ed i dati conoscitivi contenuti nel suo brief possono esercitare sul convincimento del giudice è rappresentato dal noto caso Daubert v. *Merrell Dow Pharmaceuticals, Inc.,* [...] A dimostrazione della rilevanza del caso e del forte impatto che le decisione avrebbe potuto avere sulla collettività, nel procedimento dinanzi alla corte suprema, intervennero ben venticinque *amici curiae,* i cui briefs costituiscono nell'insieme quella che viene considerata come la più completa valutazione da parte del giudice dall'effettiva scientificità delle prove offerte dalle parti. Il ruolo scolto dagli amici nel persuadere la corte a rigettare um orientamento che fino ad allora aveva avuto largo séguito in dottrina ed in giurisprudenza, e ad elaborare nuovi criteri di valutazione dell'attendibilità della *scientific evidence* fu così palesemente decisivo da indurre il *Chief Justice* Rehnquist a criticare il 'metodo di lavoro' seguito dalla maggioranza nell'attribuire un peso forse eccessivo a valutazioni che, essendo di natura strettamente tecnico-scientifiche, si sottraevano per definizione a qualunque forma di verifica giudiziale".

[265] "O método mais comum de introduzir provas da ciência social na Corte é através da 'prova não registrada' em petições de *amicus curiae*. No julgamento, quando é empregada a prova estatística e científica, ela estará sujeita à inquirição de *experts* e ao interrogatório de ambas as partes. As petições de *amicus curiae* não estão sujeitas às mesmas salvaguardas. O mau uso de dados da ciência social por *amici curiae* pode não apenas ser prejudicial às partes como também a uma boa decisão judicial", (RUSTAD; KOENING, The Supreme Court and Junk Social Science, cit., p. 95, traduzimos). *No vernáculo original*: "The most common method of introducing social science evidence to the Court is through "non-record evidence" in *amicus curiae* briefs. At trial, when statistical and social science evidence is employed, it will be the subject of expert testimony and knowledgeable cross-examination from both sides. Amicus briefs are not subject to the same safeguards. The poorly controlled use of social science data by amici curiae may not only be prejudicial to the parties, but inimical to sound judicial decision-making". É o que também sugere o juiz Richard A. Posner: "As petições de *amicus curiae* por vezes tentam preencher lacunas empíricas, mas estes são documentos da advocacia, não sujeitos à revisão de profissionais da mesma área ou outros processos de verificação" (POSNER, Richard A. A Political Court. *Harvard Law Review*, v. 119, 2004, p. 31- 102, traduzimos). *No vernáculo original*: "*Amicus curiae* briefs sometimes try to fill empirical gaps, but these are advocacy documents, not subject to peer review or other processes for verification".

[266] RUSTAD; KOENING, The Supreme Court and Junk Social Science, cit., p. 114.

Tsé-Tsé não for observada, as portas do judiciário estarão abertas e as sementes de novas doutrinas serão transportadas por ventos de jardins não familiares, a fim de se alojar e criar raízes no solo judiciário".[267]

Examinado o contexto americano no qual o instrumento do *amicus curiae* está inserido, cabe, agora, partir para a análise do instituto no âmbito do direito romano-germânico europeu, tarefa do próximo capítulo.

---

[267] ANGELL, The *Amicus curiae*, cit., p. 1043, traduzimos. *No vernáculo original*: "While the presence before the bench of the Flat Earth Society, The Tall Cedars of Lebanon, or the Council for Defertilization of African Tsetse Flies has not been observed, the doors of the court clerk's office are open and the seeds of new doctrines borne on the winds from unfamiliar gardens may lodge and take root in the judicial soil".

Capítulo – 4

O *amicus curiae* e a experiência europeia

4.1. A tradição jurídica romano-germânica

Refletir sobre as distinções existentes entre as duas grandes tradições jurídicas do Ocidente (o *common law* e o sistema romano-germânico), antes de levar a uma mera comparação entre as disciplinas legais dos muitos ramos do Direito, induz à compreensão de particularidades históricas, sociológicas e políticas de cada família jurídica. Bem concluiu John Merryman que os sistemas de Direito e suas respectivas características devem ser analisados por uma perspectiva mais ampla do que a meramente jurídica, sendo melhores compreendidas se refletidas por um enfoque histórico-cultural.[268] Em relação ao *common law*, procurou-se dar esse enfoque nos dois primeiros capítulos, cumprindo, por ora, passar à análise da tradição romano-germânica.

A raiz do *Civil Law* está na codificação justinianeia. Com efeito, a publicação do *Corpus Juris Civilis* (obra cuja elaboração foi ordenada pelo Imperador Justiniano) contribuiu para formar a base do sistema romano-germânico. Tal compilação dispôs sobre o poder do Imperador Romano, sobre a organização do Império e, o que é mais relevante, sistematizou, na forma de um código, as principais regras jurídicas vigentes à época. Com a queda do Império Romano do Ocidente, o Código de Justiniano caiu em desuso na Europa. Os povos invasores dos territórios que até então tinha sido domínio de Roma passaram a aplicar e usar como fonte jurídica os costumes germânicos, misturados com versões menos sofisticadas das leis romanas.[269]

Foi apenas nos séculos XII e XIII, época de florescimento das primeiras universidades, que o Direito Romano renasceu na Europa Continental, suplantando os particularismos feudais que caracterizavam o cenário jurídico medieval. Desenvolveu-se então o trabalho dos glosadores, estudiosos que buscavam, por meio da interpretação do *Corpus Juris Civilis*, reencontrar e explicar o sentido originário das leis romanas. Por intermédio do *Corpus Juris Civilis* foram concentrados, como que num foco, os resultados da evolução milenar do direito antigo, sendo os mesmos transmitidos às épocas futuras.[270] Enquanto o Direito Romano passou a

---

[268] MERRYMAN, *The Civil Law Tradition*, cit., p. 2.
[269] Ibidem, p. 7-9.
[270] EHRLICH, Eugen. *Fundamentos da Sociologia do Direito*. Brasília: Universidade de Brasília, 1986, p. 366.

regular as relações temporais, a Igreja Católica desenvolveu o Direito Canônico, diretamente associado à autoridade do Papa e aplicado às questões eclesiásticas. Aos poucos, o Direito Canônico foi perdendo seu âmbito de aplicação. Após o advento das Cruzadas e a volta do domínio do Ocidente sobre o Mediterrâneo, também ganhou espaço o Direito Comercial, caracterizado pela agilidade e flexibilidade de suas regulamentações. Nesse sentido, os países da *civil law* incorporaram, ao longo do tempo, cinco tipos básicos de codificação (código civil, código de processo civil, código penal, código de processo penal e código comercial).[271]

Foram as revoluções liberais, no final do século XVIII, que abriram espaço para o triunfo dos códigos legais. Os ensinamentos de Montesquieu e de outros pensadores iluministas influenciaram de tal modo o Continente que se passou a ver no Poder Legislativo a garantia contra todo abuso de poder. No contexto político pós-revolução francesa, foram então feitas as primeiras codificações, fundadas sob influência do racionalismo, que via na lei o produto da razão e da "vontade geral". O Poder Judiciário, ao contrário do que se passou na história do *common law*, não era tido como defensor das liberdades, mas, pelo contrário, estava associado às classes aristocratas vítimas da Revolução Francesa.[272]

Consolidou-se, por isso, a concepção de que somente os atos editados pelo Poder Legislativo poderiam ser fonte de Direito, o que levaria a doutrina do *stare decisis* a se mostrar inconsistente com a doutrina da separação de poderes.[273] Os precedentes judiciais no sistema romano-germânico estariam, enfim, num plano secundário. O juiz do *civil law*, segundo Merryman, desempenharia papel mais modesto do que o juiz do *common law*, até pelo perfil mais burocrático de seu ofício. Cândido Rangel Dinamarco busca sintetizar o poder da jurisprudência em tal família jurídica, afirmando que, aos moldes da *auctoritas* do Senado Romano, sua força seria "mais do que um conselho e menos do que uma ordem".[274] Ensina ainda o processualista: "nos sistemas jurídicos de direito escrito, a função jurisdicional não tem vocação à generalidade, que é reservada à lei".[275] Cezar Saldanha Souza Junior estende as diferenças entre as tradições jurídicas a outra perspectiva, defendendo que embora seja função universal do Direito a orien-

---

[271] MERRYMAN, *The Civil Law Tradition*, cit, p. 14.

[272] "Nos Estados Unidos e Inglaterra havia um tipo diferente de tradição jurídica, na qual os juízes freqüentemente tomavam a frente em defesa de indivíduos contra abuso de poder pelo soberano e desempenhavam uma parcela importante na centralização do poder governamental e na destruição do feudalismo. O temor da criação de leis pelo Judiciário e de sua interferência na administração não existia. Pelo contrário, o poder dos juízes em moldar o desenvolvimento do *common law* era um instituto familiar e bem-vindo". (Ibidem, p. 17, traduzimos). *No vernáculo original*: "'In the United States and England there was a different kind of judicial tradition, one in which judges had often been a progressive fore on the side of the individuals against the abuse of power by the ruler, and had played an important part in the centralization of governmental power and the destruction of feudalism. The fear of judicial lawmaking and of judicial interference in administration did no exist. On the contrary, the power of judges to shape the development of the common law was a familiar and welcome institution".

[273] Ibidem, p. 24.

[274] DINAMARCO, Cândido Rangel. *A Instrumentalidade do processo*. 4. ed. rev. e atual. São Paulo: Malheiros, 1994, p. 110.

[275] Ibidem.

tação social, o tratamento de conflitos e a legitimação do poder, nos sistemas romano-germânicos prevalece a função de orientar os comportamentos, por meio de uma legislação estatal preexistente.[276]

É verdade, de outra parte, que os códigos não tardaram a exigir papel próprio da jurisprudência, a fim de pôr o Direito a serviço das necessidades da vida.[277] Mauro Cappelletti diz que, em tempos mais recentes, muitas leis de conteúdo vago, dotadas de imprecisos elementos jurídicos, deram espaço à criatividade e à discricionariedade das decisões judiciais. Explica o autor: "Esta é, portanto, poderosa causa da acentuação que, em nossa época, teve o ativismo, o dinamismo e, enfim, a criatividade dos juízes".[278] O jurista indica que também a interpretação e realização de direitos sociais teriam ensejado maior grau de criatividade dos magistrados.[279] Aliás, questionando se a criatividade do julgador não se converteria facilmente em palco de decisões arbitrárias, contrariando o espírito da tradição romano-germânica, Cappelletti sugere expressamente o *amicus curiae* como uma das possíveis soluções para o problema. Sua posição, nesse aspecto, parece vislumbrar o amigo da Corte como verdadeiro informante da Justiça:

> [...] é certo, contudo, não faltarem casos e domínios da vida jurídica em que o tipo de conhecimentos, instrumentos e recursos, dos quais o juiz pode dispor, mostra-se perfeitamente adequado para funções de razoável criatividade judiciária. Por outro lado, a gravidade do problema muitas vezes se pode ser atenuada mediante o recurso ampliado a pareceres técnicos ou perícias, à intervenção de terceiros no processo – também com a finalidade proeminentemente informativa, a exemplo do *amicus curiae brief* e outras formas análogas – e o emprego de expertos como membros laicos de órgãos judicantes.[280]

Contudo, por mais que os juízes continentais hoje se valham de muito maior autonomia na interpretação do Direito em relação aos séculos XVIII e XIX, a verdade é que, na grande parte dos países europeus, eles possuem restrições na sua atuação, como a impossibilidade de declarar a inconstitucionalidade de atos normativos. Esse papel, na Europa, foi atribuído às Cortes Constitucionais.

4.2. Controle de constitucionalidade na tradição romano-germânica

Diferentemente do Direito americano, em que a competência para o exercício do controle de constitucionalidade das leis é aferida a todas as Cortes Judiciais, na análise dos casos concretos, no continente europeu foi criada nova

---

[276] SOUZA JUNIOR, *A Supremacia do Direito*, cit., p. 81.
[277] EHRLICH, *Fundamentos da Sociologia do Direito*, cit., p. 331.
[278] CAPPELLETTI, Mauro. *Juízes legisladores?* Porto Alegre: Fabris, 1993, p. 42.
[279] Ibidem, p. 67.
[280] Ibidem, p. 88-89.

dinâmica para ser analisada a adequação das leis à Constituição.²⁸¹ Vigora, na grande maioria dos países europeus,²⁸² uma verdadeira separação entre a jurisdição do Poder Judiciário e a jurisdição constitucional. Vige, portanto, o modelo de jurisdição separada ou dualista, em que a jurisdição nacional é dividida em duas partes: as cortes ordinárias de um lado, responsáveis pela solução de conflitos que demandem exame de legislação infraconstitucional e, do outro lado, as Cortes Constitucionais, que são as únicas competentes para se manifestarem acerca de suscitações de inconstitucionalidades de leis, de modo especializado. A grande novidade desse modelo é a criação de técnica peculiar, em que a inconstitucionalidade de uma lei poderá ser declarada em tese, em uma ação específica, cuja finalidade é o exame da validade da norma em si.

Explique-se que a adoção de um modelo centralizado está basicamente ligado ao grande valor conferido à lei na Europa, já que se a todas as Cortes fosse concedido o poder de rever a constitucionalidade da legislação, conflitos e desacordos inevitavelmente surgiriam entre elas. Consequentemente, tal fato tornaria as normas mais incertas tanto para os cidadãos quanto para as autoridades governamentais. A existência de uma única jurisdição com força para rever a validade da legislação (a Corte Constitucional) aparece como solução para eliminar o risco de divergência na aplicação das leis pelo Judiciário. Traçando-se um paralelo com a família jurídica do *common law*, no Direito romano-germânico é a lei, ao invés dos precedentes judiciais, que define, em primeira escala, o que é Direito, através de normas explícitas editadas pelo Poder Legislativo, as quais prevêem hipóteses de conduta que pretendem regular.²⁸³

4.2.1. Pós-guerra e Cortes Constitucionais

A instituição dessas Cortes Especializadas é uma inovação das Constituições europeias do segundo pós-guerra,²⁸⁴ sendo, inegavelmente, um fenômeno decorrente do autoritarismo existente em certos regimes europeus do século XX.²⁸⁵ De fato, em tais regimes, os juízes eram forçados a aplicar leis autoritárias, devido à característica do sistema romano-germânico de cumplicidade dos

---

²⁸¹ "[...] As Cortes Constitucionais Européias estão, antes de tudo, fora do Judiciário e, além disso, desempenham o papel de juízas no caso de conflito entre os órgãos do governo. Está claro que as filosofias constitucionais subjacentes aos sistemas institucionais são bem distintas". (PASQUINO Pasquale; FEREJOHN Jonh. Constitutional Adjudication: Lesson from Europe. *In:* Avenues in Comparative Constitutional Law, 2004, Austin, Estados Unidos. *Paper* apresentado em 27 de fevereiro de 2004 na UT Austin School of Law p.1) *No vernáculo original:* "[...] The European Constitutional Courts are, first of all, outside the Judiciary, and moreover they play the role of an umpire in case of conflicts among the branches of the government. It is clear that the constitutional philosophies underlying the two institutional systems are quite apart".
²⁸² COMELLA, The Consequences of Centralizing Constitutional Review, cit., p. 2.
²⁸³ SOUZA JUNIOR, *A Supremacia do Direito*, cit.
²⁸⁴ Tais Cortes foram previstas, por exemplo, na Constituição Italiana (1948), Alemã (1949), Portuguesa (1976) Espanhola (1978) Tcheca (1968), Turca (1961), Iugoslava (1963).
²⁸⁵ PASQUINO Pasquale; FEREJOHN Jonh, 2004, p.4.

magistrados com o que dizem os comandos legislativos.[286] Nicola Picardi afirma, aliás, que entre o século XVIII e a primeira metade do século XX, registrou-se na Europa Continental verdadeira burocratização da tarefa do juiz, igualando-se substancialmente a função judiciária e a função administrativa. Para o autor, tal modelo traduziria "a imagem do juiz *bouche de la loi*".[287]

Na realidade, foi demonstrado em países europeus, como a Itália e a Alemanha, que o legislador pode representar ameaça às liberdades dos cidadãos, em face da concepção tradicional do Estado de Direito como um Estado submetido à Lei. Assim, se as leis, que deveriam representar a garantia de liberdade, acabam por perverter todo o ordenamento jurídico, devido ao autoritarismo de seus elaboradores, é compreensível e aceitável o papel de um outro Poder, o Tribunal Constitucional, que atuará como verdadeiro Legislador Negativo,[288] analisando a compatibilidade das normas com a Constituição e as eliminando do ordenamento, no caso de ser configurada violação. De acordo com Kelsen, a jurisdição constitucional também representaria "meio de proteção eficaz da minoria contra os atropelos da maioria".[289]

Tais Cortes foram estruturadas com força de rever a legislação posta, resolver conflitos entre departamentos governamentais e proteger direitos fundamentais. Mas, desde sua introdução, elas cresceram suas atividades e, portanto, sua importância. Hoje, dezessete dos vinte e cinco países que compõem a União Europeia possuem Cortes Constitucionais.[290]

Na verdade, Hans Kelsen é o idealizador e o primeiro doutrinador da instituição Tribunal Constitucional. No projeto para a Constituição austríaca de 1920, Kelsen lançou um modelo de controle de constitucionalidade compatível com a cultura romano-germânica, em que um Tribunal especializado, concentrava, em abstrato, a fiscalização constitucional circunscrita inicialmente às lides federativas.[291] Assim, "o Tribunal Constitucional foi a instituição inventada no século XX para atender aos desafios de uma nova fase do Constitucionalismo".[292] Kelsen elaborou visão segundo a qual o Tribunal Constitucional, além de fundar a supre-

---

[286] Para análise mais aprofundada das repercussões do fascismo no Judiciário italiano, conferir MANCINI, Giuseppe Federico. Politics and the Judges – The European Perspective, *Modern Law Review*, v. 43, jan. 1980, p. 1-17.

[287] PICARDI, Nicola. *Jurisdição e processo*. Rio de Janeiro: Forense, 2008, p. 26.

[288] ENTERRIA, Eduardo García de. *La Constitución como norma y el Tribunal Constitucional*. 3. ed. Madrid: Civitas, 1985, p. 132-133.

[289] KELSEN, Hans. *Jurisdição Constitucional*. São Paulo: Martins Fontes, 2003, p. 181.

[290] Áustria, Bélgica, França, Alemanha, Itália, Luxemburgo, Portugal, Espanha, República Tcheca, Hungria, Polônia, Lituânia, Eslováquia, Eslovênia, Chipre, Malta e Latívia.

[291] SOUZA JUNIOR, *O Tribunal Constitucional como Poder*, cit., p. 112-128.

[292] No primeiro pós-guerra, já na Constituição de Weimar, passou-se a se falar de uma Constituição com valores mínimos. Jorge Miranda ensina que essa Carta é a primeira das grandes Constituições europeias a interessar-se pela questão social, ao prever a regulamentação de domínios até então não desenvolvidos, como a atribuição de direitos sociais aos cidadãos, limitações ao princípio da liberdade contratual, restrições à propriedade privada, etc. (MIRANDA, *Manual de Direito Constitucional*, Tomo I, cit.).

macia jurídica da Constituição, garantiria a autonomia das entidades membros e a harmonia de suas relações recíprocas. Portanto, o Tribunal Constitucional, ao tempo de Kelsen, teria como função essencial proteger o sistema federalista. Em seu célebre debate com Carl Schimitt a respeito de quem deveria ser o guarda da Constituição, Kelsen defendeu que esse papel caberia não ao Chefe de Estado, mas ao Tribunal Constitucional, o qual não deveria integrar o Poder Judiciário, mas ser poder político independente de todos os demais poderes.[293]

De qualquer forma, independentemente de como os países europeus vieram a vislumbrar a autonomia da Corte Constitucional em relação ao Poder Judiciário,[294] o certo é que a Europa é vista como o continente que possui um controle de constitucionalidade com jurisdição separada. Implicação imediata disso é que a inconstitucionalidade de uma lei não pode ser acertada e declarada por qualquer juiz, como mera manifestação de seu poder e dever de aplicação do Direito válido nos casos concretos submetidos a sua competência jurisdicional.[295] Tal modelo tem por condão, em regra, através de um processo objetivo, direcionado a um órgão centralizado, expelir do sistema a lei ou ato inconstitucional, para que haja o bom funcionamento da mecânica constitucional. Segundo Mauro Cappelletti,[296] os juízes da Europa continental são habitualmente magistrados de carreira, pouco adequados para assumir uma tarefa de controle das normas, que é atividade inevitavelmente criadora e que vai muito além da mera função de ser intérprete da lei. Com efeito, ainda seguindo o autor italiano, a educação profissional do juiz continental tende a lhe desenvolver mais as posturas técnicas do que as valorativas, ou *policy-oriented*. Cappelletti ainda frisa outro diferencial dos Tribunais dos países de *common law*, qual seja, a nomeação para o cargo de juiz junto a um tribunal superior constitui usualmente escolha política, que privilegia personalidades de destacado relevo.[297] A criação de um novo Tribunal nos países europeus veio fazer frente à necessidade do controle constitucional das leis. E tais Tribunais possuem características profundamente diversas das convencionais cortes judiciais superiores dos países de tradição romano-germânica. Afinal, a competência dessas Cortes é mais concentrada e suas decisões possuem efeito vinculante.[298] Ademais, há nomeação política dos juízes-membros da Cor-

---

[293] KELSEN, *Jurisdição Constitucional*, cit., p. 237-298.

[294] Hoje, não só na Alemanha, como na Espanha, o Tribunal Constitucional é visto com um poder político do Estado, um poder independente dos demais poderes. De acordo com Cezar Saldanha Souza Junior, "o órgão vem sendo reconhecido, no sistema de governo alemão, como um autêntico poder político, no quadro dos poderes políticos constitucionais, apelidado 'quarto poder', 'legislador complementar', 'parlamento de notáveis', 'instância suprema de revisão', 'juiz soberano' ou 'contrapitão'". (SOUZA JUNIOR, *O Tribunal Constitucional como Poder*, cit., p. 116.).

[295] CAPPELLETTI, *O Controle Judicial de Constitucionalidade*, cit., p. 84.

[296] CAPPELLETTI, Mauro. Necesidad y legitimidad de la Justicia Constitucional. In: FAVOREAU, Louis. *Tribunales constitucionales europeos y derechos fundamentales.* Madrid: Centro de Estudios Constitucionales, 1984.

[297] CAPPELLETTI, Mauro. *Juízes legisladores?*, cit., p. 120-121.

[298] Ibidem, p. 125-126.

te, muitos dos quais não advêm da carreira. Diga-se, a esse propósito, ter sido seguida a doutrina de Kelsen, para quem o modo de recrutamento dos julgadores da Corte Constitucional não poderia advir nem de simples eleição pelo Parlamento, nem de escolha do Chefe de Estado ou Chefe de Governo. Deveria, na lição de Kelsen, haver uma composição plural, incluindo juristas de carreira, ou, nas suas palavras, "especialistas eminentes".[299]

4.2.2. Modos de suscitar a inconstitucionalidade das leis nos Tribunais Europeus

Como visto, no modelo de jurisdição separada (especializada), ou dualista, a peça comum entre os países europeus que possuem Tribunal Constitucional seria o fato de que somente tais cortes têm o poder de invalidar as leis, caso essas violem a Constituição. Entretanto, é válido esclarecer, há Cortes Constitucionais europeias que não apenas revisam a legislação, mas também desempenham outras funções.[300] Como exemplos da primeira espécie de tribunal constitucional, a qual Comella chama de modelo dualista puro (a única função dos Tribunais Constitucionais é o controle de constitucionalidade), estariam incluídos Bélgica e Luxemburgo. De acordo com o autor, Itália e França teriam, igualmente, como função precípua a revisão da constitucionalidade da legislação, mas com outras atribuições adicionais, que não os retirariam dessa mesma classificação. E, como exemplos da segunda espécie de Corte, em que o controle de constitucionalidade seria uma das diversas outras relevantes funções,[301] Victor Ferreres Comella menciona a Alemanha, Áustria, Espanha e Portugal.

O controle de constitucionalidade, comum tanto ao modelo dualista puro quanto ao "impuro", pode advir de ações diretas que instituições ou representantes públicos proponham diretamente à Corte Constitucional, atacando as leis em abstrato. Nesse caso, a legitimidade para ajuizar a ação é limitada, reservando-se a tarefa especialmente a representantes do Governo, a membros do Parlamento Federal, a membros do Senado e a membros de Parlamentos estaduais. Comentando tal restrição no caso alemão, Gilmar pondera que "uma legitimação ampla importaria, inevitavelmente, numa sobrecarga de trabalho para o Tribunal, com queda da qualidade de seus julgados e a obrigação de ocupar-se de questões de importância menor".[302]

Pode também o controle de constitucionalidade advir de questões constitucionais, em que um juiz ou corte ordinária, resolvendo um caso concreto e es-

---

[299] KELSEN, *Jurisdição Constitucional*, cit., p. 154.

[300] COMELLA, The Consequences of Centralizing Constitutional Review, cit., p. 2-5.

[301] Victor Ferreres Comella, enquadra tais Cortes Constitucionais como pertencentes a um modelo dualista impuro. (Ibidem, p.5).

[302] MENDES, Gilmar Ferreira. *Jurisdição Constitucional. O controle abstrato de normas no Brasil e na Alemanha*. 2 ed. São Paulo: Saraiva, 1998, p. 87.

tando em dúvida sobre sua constitucionalidade, remete a questão, em abstrato, à Corte Constitucional. Tal incidente constitucional existe, por exemplo, em Áustria, Bélgica, Itália, Espanha, Alemanha e Luxemburgo.[303] É sobre tal incidente que Cândido Rangel Dinamarco se refere ao afirmar que "nos sistemas europeus, o órgãos judiciário somente 'deliba' a questão constitucional e envia o julgamento à corte competente".[304] Segundo Nicola Picardi, a inserção da técnica do reenvio ao Tribunal Constitucional colaborou para os juízes assumirem posturas mais críticas no confronto com a lei ordinária.[305]

Em França, não se admite esse incidente, pelo qual um juiz ordinário remete a questão constitucional ao Tribunal. Aliás, em tal país, o controle de constitucionalidade somente ocorre antes de a lei entrar em vigor, quando o Conselho Constitucional se manifesta acerca de sua constitucionalidade. Por essa razão, não há qualquer maneira de um Juiz de determinada Corte ordinária francesa alegar a inconstitucionalidade de uma norma. Sobre o Conselho Constitucional, Mauro Cappelletti afirma que seu papel, a partir de 1971, sofreu radical transformação, deixando de ser mero vigia dos poderes do Executivo e tendo se transformado em um órgão independente, quase judicial e inclusive tão efetivo como o dos países continentais vizinhos. Alerta o autor, em contrapartida, que no sistema francês não há a possibilidade de indivíduos cujos direitos fundamentais tenham sido violados levarem suas inconformidades ao Conselho, além de a legislação só poder ser questionada no prazo que compreende a sua aprovação pelo Congresso e sua promulgação.[306]

Outras Cortes Constitucionais têm autoridade não só para fazer o controle de constitucionalidade das leis através da ação direta ou da questão incidental que eventualmente surja nas cortes ordinárias, mas também para revisar decisões de juízes ou tribunais inferiores que tenham violado direitos fundamentais. É o caso da Alemanha e da Espanha.[307] Assim, se o indivíduo acha que o Judiciário não protegeu seus direitos individuais, no final do processo legal, pode dirigir reclamação constitucional à Corte. Tais recursos são denominados *Verfassungsbeschwerde* na Alemanha e *recurso de amparo* na Espanha. Luís Afonso Heck, examinando o recurso alemão, o define como "o pedido de uma pessoa, natural ou jurídica, relativo a uma violação sustentada de um direito constitucional do

---

[303] Luís Afonso Heck, ao escrever sobre o a Corte Alemã aduz que a finalidade de estarem os juízes obrigados a submeter a questão constitucional ao Tribunal Constitucional Federal, no caso de sucederem dúvidas sobre ela, é, por um lado, "[...] impedir que cada tribunal individual passe por sobre a vontade do legislador federal ou estadual [...]" e, por outro, manter o Tribunal Constitucional Federal como guarda da Constituição. (HECK, Luís Afonso. O *Tribunal Constitucional Federal e o Desenvolvimento dos Princípios Constitucionais: Contributo para uma compreensão da Jurisdição Constitucional Federal Alemã*. Porto Alegre: Sérgio Fabris Editor, 1995, p. 133).

[304] DINAMARCO, *A Instrumentalidade do processo, cit.*, p. 28.

[305] PICARDI, *Jurisdição e processo*, cit., p. 23.

[306] CAPPELLETTI, Mauro. Repudiando Montesquieu? A expansão e a legitimidade da justiça constitucional. *Revista do Tribunal Regional Federal da 4ª Região,* Porto Alegre: TRF, v. 12, n. 40, 2001, p. 32-33.

[307] Aponta Victor Ferreres Comella que Áustria, Bélgica, França, Itália e Luxemburgo não possuem essa espécie de procedimento contra ato judicial que tenha violado direito fundamental da parte. (COMELLA, The Consequences of Centralizing Constitutional Review, cit., p. 4).

promovente, por um titular do poder público, a um tribunal constitucional [...]".[308] Na ótica do autor, o *Verfassungsbeschwerde* permite que o Tribunal Constitucional Federal contribua definitivamente na defesa dos direitos fundamentais, porquanto esses serão protegidos contra cada prejuízo causado por ações do Poder Estatal. Para Gilmar Ferreira Mendes, o *Verfassungsbeschwerde* é uma das mais significativas competências da Corte Constitucional e foi introduzido no texto constitucional do país em 1969, sendo, anteriormente a essa data, previsto somente em lei federal.[309] O espanhol Manuel Aragón Reyes reforça a importância desse tipo de suscitação de inconstitucionalidade para a construção do conteúdo dos direitos fundamentais, ao afirmar que na Espanha e na Alemanha os direitos fundamentais são definidos pelo Tribunal Constitucional não só por ser este o supremo intérprete da Constituição ou por deter o monopólio do controle de constitucionalidade, mas porque tais países prevêem o mecanismo do "recurso de amparo". Afirma, nesse sentido, o jurista: "[...] el Tribunal Constitucional será, en plenitud, el supremo intérprete de la Constitución en la medida que tenga atribuido el recurso de amparo".[310]

Faça-se, ainda, referência àquilo que Mauro Cappelletti denominou de controle transnacional das leis.[311] Para o autor, as leis nacionais conflitantes com o Direito Comunitário, ainda que posteriores, não podem prevalecer, o que determinaria novo compromisso de verificação judicial da validade das leis. Tal compromisso imporia aos juízes nacionais e à Corte de Justiça da Comunidade a verificação da "constitucionalidade transacional das leis nacionais".[312] Tratando-se de juízes nacionais de últimas instância, explica Cappelletti, eventual questionamento sobre a compatibilidade entre normas nacionais e supranacionais devem suspender o processo, a fim de que a Corte de Justiça Europeia prolate uma sentença de validade comunitária.[313] Nesse compasso, os juízes europeus guardariam nova função: não apenas a de preservar ordenamento jurídico de leis ordinárias inconstitucionais, mas a de decidir o conflito de normas de diferente níveis, como as leis transnacionais.

4.3. Controle de constitucionalidade europeu e *amicus curiae*

Quem examina as Constituições de países europeus como Portugal, Alemanha, Espanha ou Itália constata a inexistência do termo *amicus curiae* na regu-

---

[308] HECK, O *Tribunal Constitucional Federal*, cit., p. 138).

[309] MENDES, *Jurisdição Constitucional*, cit., p. 14-15.

[310] REYES, Manuel Aragón. *El Juez Ordinario entre Legalidad y Constitucionalidad*. Bogotá: Instituto de Estudios Constitucionales Carlos Restrepo Piedrahita, 1997, p. 180. Ver, também, HÄBERLE, Peter. A jurisdição constitucional na fase atual de desenvolvimento do estado constitucional. *Revista de Direito Administrativo*, São Paulo: Fundação Getúlio Vargas; Atlas, v. 244, jan./abr. 2007, p. 208-230.

[311] CAPPELLETTI, Mauro. A expansão e o significado controle judiciário das leis no mundo contemporâneo. *Bahia Forense*, Salvador: TJB, n. 29, 1988, p. 23.

[312] Idem, p. 24.

[313] CAPPELLETTI, A expansão e o significado controle judiciário das leis no mundo contemporâneo, cit., p. 24.

lamentação do controle de constitucionalidade das leis. Por outro lado, algumas Leis Orgânicas dos Tribunais Constitucionais contam com dispositivos que permitem aos Juízes das Cortes solicitar informações técnicas de *experts* para auxiliar no julgamento da questão.

É essa a previsão contida no art. 27a[314] da Lei Orgânica do Tribunal Constitucional Alemão, que permite a convocação de terceiros para manifestar sua opinião, e do art. 26,[315] que garante amplo poder instrutório ao juiz constitucional. No mesmo sentido, conforme o § 22 (4) do Regimento Interno do Tribunal Constitucional Alemão, autoriza-se a solicitação de pareceres de *experts* ou personalidades que disponham de conhecimentos específicos, caso se revelem indispensáveis ao esclarecimento de determinada questão.[316] Na lição de Klaus Schlaich, o Tribunal Alemão pode assim "[...] introducir en el procedimiento según su propia estimación las declaraciones de los 'primeros espadas' de la arena política o de personas cualificadas en el ámbito que les concierne".[317] Schlaich indaga, ainda, se o Tribunal, ao convocar nos julgamentos *experts*, grupos, personalidades e todo outro tipo de informação, adentraria, ao menos parcialmente, no processo político. Eis a manifestação do jurista:

> El proceso constitucional se convierte así en una manifestación pública con las fuerzas políticas pertinentes para el tema, que tiene como origen la preservación y el progreso del derecho constitucional. El echo de que unas manifestaciones de tal magnitud y amplitud estén cubiertas formalmente por la audición a que se refiere el artículo 25 de la L.O, no parece ser un problema en la práctica, pero es en cambio dudoso cundo se parte del carácter de tribunal del T.C.F. La diferencia entre el legislador y la jurisprudencia constitucional en lo que concierne la ley no debería, en todo caso, ser menospreciada.[318]

De acordo com André Gontijo e Christine da Silva, existe a possibilidade de que qualquer pessoa ou entidade de classe possa direcionar um memorial na qualidade de *amicus curiae* perante a Corte alemã. Mas há uma cultura estabelecida nesse procedimento, no sentido de que os interessados precisam submeter sua participação à análise de um catedrático de uma universidade, para que, na prática, o mesmo ajuíze os memorais. Observam os autores: "[...] o que era para ser um acesso plural à Corte Constitucional acaba se tornando um debate dialéti-

---

[314] "Artigo 27a- A Corte Constitucional Federal pode convidar terceiros experts para fornecerem uma opinião". Traduzimos. *No vernáculo original:* "Article 27a -The Federal Constitutional Court may invite expert third parties to give an opinion".

[315] "Artigo 26 (1)- A Corte constitucional buscará as provas necessárias para estabelecer a verdade. Pode, para isso, encarregar um membro da Corte para além dos questionamentos orais ou solicitar que outra corte o faça, em relação a pessoas e fatos específicos. Traduzimos. *No vernáculo original:* "Article 26 (1) The Federal Constitutional Court shall take evidence as needed to establish the truth. It may charge a member of the court with this outside the oral pleadings or ask another court to do so with regard to specific facts and persons".

[316] MENDES, *Jurisdição Constitucional,* cit., p. 18.

[317] SCHLAICH, Klaus. El Tribunal Constitucional Federal Alemán. In: *Tribunales constitucionales europeos y derechos fundamentales.* Madrid: Centro de Estudios Constitucionales, 1984, p. 188.

[318] SCHLAICH, El Tribunal Constitucional Federal Alemán, p. 189.

co entre catedráticos [...], fazendo com que o espírito do cidadão ou da entidade colocado no memorial original se perca um uma discussão teórica".[319]

No mais, intervenções voluntárias encontram outros limites. Nesse sentido, no incidente de inconstitucionalidade suscitado por Tribunais inferiores, ou no próprio *Verfassungsbeschwerde* que ataque lei específica, há a possibilidade de que o Parlamento Federal, o Conselho Federal, o Governo Federal, Assembleia Legislativa ou Governos Estaduais intervenham no processo. Pode também a Corte Constitucional requerer a outros Tribunais federais ou estaduais as informações que considerar necessárias para o julgamento do feito.[320] No que tange ao controle abstrato, ensina Gilmar Ferreira Mendes que em pelo menos um caso foi negada a intervenção processual requerida, quando um grupo de parlamentares intentou ingressar no feito para emanar opinião no controle de constitucionalidade e apoiar a ação proposta.[321]

O art. 64-A da Lei Orgânica do Tribunal Constitucional Português confere aos juízes da Corte a liberdade de requisitar a quaisquer entidades ou órgãos todos elementos necessários ao bom julgamento da questão.[322] As poucas referências encontradas na jurisprudência da Corte sobre a presença de *amicus curiae* são relativas à intervenção do Ministério Público ao exarar parecer sobre a matéria controvertida. Verifica-se, aliás, que a jurisprudência da Corte acerca do papel do *amicus curiae* no controle de constitucionalidade é bem diversa da dinâmica atual do instituto nos Estados Unidos. No acórdão 345/99, foi feita a seguinte referência sobre a atuação do Ministério Público: "o seu papel é, assim, o de um *conselheiro imparcial*, assemelhando-se ao de um *amicus curiae*".[323] No acórdão 412/00, relativo a um caso de adoção, foi adotado similar posicionamento: "[...] o parecer elaborado [...] representa a defesa de um interesse público da protecção dos interesses do menor, não deixando o Ministério Público de agir como um *amicus curiae*".[324] Não difere, por fim, o entendimento da Corte no acórdão 582/00, em que ficou assentado que o Ministério Público "funciona como órgão auxiliar de justiça, como *amicus curiae*, permitindo ao julgador uma reflexão mais esclarecida das razões expostas e uma decisão melhor ponderada".[325]

---

[319] GONTIJO, André Pires; SILVA, Christine Oliveira Peter da. O papel do *amicus curiae* no processo constitucional: a comparação com o decision-making como elemento de construção do processo constitucional no âmbito do Supremo Tribunal Federal. *Revista de Direito Constitucional e Internacional*. São Paulo : Revista dos Tribunais, v.16, n.64, jul./set. 2008, p. 61.

[320] MENDES, *Jurisdição Constitucional*, cit., p. 17-18.

[321] Ibidem, p. 18.

[322] "Artigo 64º-A (Requisição de elementos) – O presidente do Tribunal, o relator ou o próprio Tribunal podem requisitar a quaisquer órgãos ou entidades os elementos que julguem necessários ou convenientes para a apreciação do pedido e a decisão do processo".

[323] Cf. decisão extraída do *website* oficial do Tribunal Constitucional Português: http://www.tribunalconstitucional.pt/tc/index.html.

[324] Ver em: http://www.tribunalconstitucional.pt/tc/index.html.

[325] Ver, ibidem.

O artigo 89,1 da Lei Orgânica do Tribunal Constitucional Espanhol,[326] ao tratar dos procedimentos gerais do controle de constitucionalidade, guarda previsão legal similar à portuguesa, propiciando livre coleta de provas, a critério da Corte. Frise-se, nesse sentido, que eventual participação de terceiros não é voluntária, mas ocorre a convite do Tribunal Constitucional. No caso italiano, segundo ato normativo denominado *Norme Integrative per i Giudizi Davanti Alla Corte Costituzionale*, a Corte pode deliberar sobre a formação de provas que julgue oportunas.[327] Em alguns julgados italianos, porém, já restou decidido que "nos juízos de legitimidade constitucional na via principal não é permitida a presença de sujeitos diferentes da parte recorrente e do titular do poder legislativo cujo exercício é objeto de contestação".[328] Giuseppe Mancini, em 1980, trouxe como uma das causas da inexistência do *amicus curiae* nos moldes americanos o fato de a Itália ter, à época, um sistema processual civil voltado à resolução de litígios individuais, e não coletivos.[329] Segundo o autor, a *Magistratura Democratica*, corrente de juízes italianos considerada de esquerda (*left-wing current*), buscou modificar tal panorama ao acatar, por exemplo, a participação processual de ligas feministas em casos de aborto e a presença de grupos informais de cidadãos em ações contrárias ao desenvolvimento urbano promovido por autoridades públicas.[330] Hoje, em que pese a figura do *amicus curiae* não tenha ganhado espaço no país, a Itália abriu seu ordenamento a uma nova forma de resguardar direitos. Assim, em 1998, foi aprovada a Lei 281, na qual restaram reconhecidos direitos coletivos de consumidores e sua respectiva tutela jurisdicional.[331]

Na Espanha, em diversas oportunidades, interessados buscaram, sem sucesso, alargar o rol de legitimados a participar do controle de constitucionalidade. O Tribunal Constitucional é firme em negar a abertura processual, alegando tanto a falta de previsão legal para a pretensão, quanto a incompatibilidade entre a participação de terceiros e a fiscalização objetiva das leis. Na questão de incons-

---

[326] "Artículo ochenta y nueve – 1. El Tribunal, de oficio o a instancia de parte, podrá acordar la práctica de prueba cuando lo estimare necesario y resolverá libremente sobre la forma y el tiempo de su realización, sin que en ningún caso pueda exceder de treinta días".

[327] "Art. 12 Meios de prova – A Corte dispõe dos meios de prova que considere oportunas e estabelece os termos e os modos de observância para sua execução". *No vernáculo original*: "Art. 12 *Mezzi di prova*- La Corte dispone con ordinanza i mezzi di prova che ritenga opportuni e stabilisce i termini e i modi da osservarsi per l'esecuzione".

[328] Cf. decisão integral em: http://www.cortecostituzionale.it/giurisprudenza/pronunce, traduzimos. *No vernáculo original*: "nei giudizi di legittimità costituzionale in via principale non è ammessa la presenza di soggetti diversi dalla parte ricorrente e dal titolare della potestà legislativa il cui esercizio è oggetto di contestazione".

[329] "Com exceção dos sindicatos comerciais, os interesses coletivos não possuem acesso às Cortes, sendo as noções de ação de classe, *amicus curiae* e partes processuais ideológicas familiares apenas a estudantes de Direito americano". (MANCINI, Politics and the Judges – The European Perspective, cit., p. 10, traduzimos). *No vernáculo original*: "With the exception of (itself limited) trade unions, collective interests have no access to courts, notions like class action, *amicus curiae* and ideological plaintiff being familiar only to students of American law".

[330] Ibidem.

[331] ZAVASCKI, *Processo Coletivo*, cit., p. 36.

titucionalidade n. 166/1998, por exemplo, foi negada a intervenção da entidade representante de empresas de seguro, sob a seguinte argumentação:

> Desde una perspectiva puramente teórica, y teniendo presente una doctrina constitucional reiterada (AATC 132/1983, 378/1993, 174/1995 y 178/1996, entre otros muchos) que debemos una vez más reafirmar, no parece discutible que, cualquiera que sea la interpretación del art. 37.2 LOTC no podrá ésta incluir la eventual personación de quienes no fueron parte en el proceso judicial del que la cuestión de inconstitucionalidad dimana, pues ello supondría, sencillamente, la absoluta desnaturalización de ese mecanismo de control de constitucionalidad de la ley, tal como está configurado en la Constitución (art. 163) y en la Ley Orgánica de este Tribunal.[332]

O mesmo ocorreu na questão de inconstitucionalidade n. 44/2004, em que o Poder Legislativo de Barcelona buscou se manifestar, sem ser ente legitimado. Foi categórico o Tribunal: "[...] quedan excluidas del proceso cualesquiera otras personas físicas o jurídicas, fueran cuales fueran los intereses que tengan en el mantenimiento o en la invalidación de la Ley".[333] O Tribunal Constitucional é de fato firme em negar o alargamento do rol de pessoas e de entes legitimados a atuarem nas ações no controle abstrato de constitucionalidade, por imposição da prudência e da segurança jurídica. Segundo a Corte, o sistema espanhol adotou "[...] un sistema de *numerus clausus*, taxativo y riguroso, que elimina la acción popular directa, y deja sin derecho a accionar la inconstitucionalidad directamente a los ciudadanos y particulares a título individual y a las agrupaciones y organizaciones de cualquier condición que no sean las antes enumeradas, seguramente en atención a razones de prudencia política y de seguridad y normalidad jurídica".[334]

4.4. O Tribunal de Justiça europeu e o *amicus curiae*

O Tribunal de Justiça das Comunidades Europeias, com sede em Luxemburgo, constitui a instituição jurisdicional da Comunidade Europeia. Fundado em 1952, criou, ao longo dos anos, por sua jurisprudência, a obrigação de as administrações e os juízes nacionais aplicarem plenamente o direito comunitário no interior das respectivas esferas de competência e de protegerem os direitos conferidos por este aos cidadãos, deixando de aplicar qualquer disposição contrária do direito nacional, seja ela anterior ou posterior à disposição comunitária. A fim de ajudar o Tribunal de Justiça a enfrentar o grande número de processos que lhe são submetidos, criou-se em 1988 um Tribunal de Primeira Instância, competente para proferir sentenças em certas categorias de processos, em especial ações

---

[332] Disponível em: http://www.boe.es/g/es/bases_datos_tc/doc.php?coleccion=tc&id=AUTO-1998-0166.

[333] Disponível em: http://www.boe.es/g/es/bases_datos_tc/doc.php?coleccion=tc&id=AUTO-2004-0044.

[334] Auto 6/1981, Pleno, Segunda Seção, julgamento em 14 de Janeiro de 1981

instauradas por particulares, empresas e algumas organizações, ou relacionadas com a legislação em matéria de concorrência. Faz parte da estrutura judiciária da Comunidade Europeia também o Tribunal da Função Pública, que delibera em litígios entre a União Europeia e os seus funcionários e agentes.[335]

O Tribunal, composto por um juiz de cada Estado-Membro (total de 27 magistrados) e assistido por oito Advogados-Gerais – aos quais incumbe apresentar pareceres fundamentados sobre os processos – atua em distintas situações:[336] a) no reenvio prejudicial, é chamado a esclarecer ponto de interpretação do direito comunitário, para os juízes dos Estados-Membros poderem, por exemplo, verificar a conformidade da respectiva legislação nacional com este direito; b) na ação por descumprimento, cabe ao Tribunal fiscalizar o cumprimento pelos Estados-Membros das obrigações que lhes incumbem por força do direito comunitário; c) no recurso de anulação, o Tribunal decide sobre a validade de ato normativo ou decisão proveniente, inclusive, do próprio Parlamento Europeu; d) na ação por omissão, o Tribunal decide sobre a legalidade da inação das instituições comunitárias; e) no recurso de decisão do Tribunal de Primeira Instância, o Tribunal de Justiça atua como verdadeira segunda instância judiciária, emitindo decisões vinculantes e, na reapreciação, o Tribunal pode reapreciar, a título excepcional, as decisões do Tribunal da Função Pública da União Europeia.

O Estatuto do Tribunal de Justiça Europeu prevê a possibilidade de a Corte se valer do auxílio de peritos, bem como a possibilidade de a Corte acatar, com algumas ressalvas, a intervenção de terceiros nos feitos sob seu julgamento, conforme se infere da leitura dos arts. 25º e 40º do diploma:

> Artigo 25º
>
> O Tribunal pode, em qualquer momento, confiar uma peritagem a qualquer pessoa, instituição, serviço, comissão ou órgão da sua escolha.
>
> Artigo 40º
>
> Os Estados-Membros e as instituições das Comunidades podem intervir nas causas submetidas ao Tribunal.
>
> O mesmo direito é reconhecido a qualquer pessoa que demonstre interesse na resolução da causa submetida ao Tribunal, exceto se se tratar de causas entre Estados-Membros, entre instituições das Comunidades, ou entre Estados-Membros, de um lado, e Instituições das Comunidades, do outro. [...]

Saliente-se que o segundo parágrafo do artigo 40º do Estatuto do Tribunal de Justiça exclui do direito de intervenção as pessoas singulares ou coletivas nos litígios entre os Estados-Membros, por um lado, e as instituições da Comunidade, por outro. A única possibilidade de as pessoas singulares ou coletivas invocarem os seus fundamentos e argumentos nos litígios que lhes dizem respeito consiste,

---

[335] Cf. *website* oficial da União Europeia: http://europa.eu/institutions/inst/justice/index_pt.htm.

[336] Cf. *website* do Tribunal de Justiça Europeu. Disponível em: http://curia.europa.eu/transitpage.pt

portanto, em interporem, elas próprias, nos casos em que podem fazê-lo, recurso para o órgão jurisdicional competente.

Conforme jurisprudência da Corte e conclusões de Advogados-Gerais, o interveniente de que trata o artigo 40° não é alguém neutro, sem particular interesse no resultado da causa. Pelo contrário, na linha de diversos julgados, deve conter especial vinculação com as partes. Exemplificativa é a Conclusão da Advogada--Geral no processo *Chronopost SA e La Poste* contra *Union française de l'express (Ufex)*, que assim dispôs sobre o tema:

> Nos termos do artigo 40º do Estatuto do Tribunal de Justiça, um interveniente deve limitar-se a apoiar o pedido de uma das partes. Os órgãos jurisdicionais comunitários interpretaram essa limitação no sentido de que impede um interveniente de expor argumentos ou fundamentos que tenham uma natureza completamente estranha às considerações em que se baseia o litígio tal como foi constituído entre a parte recorrente e a parte recorrida. [...]

De acordo com o artigo 40° do Estatuto do Tribunal de Justiça, o interveniente tem, necessariamente, um interesse no resultado do processo (senão não seria admitido a intervir).[337]

Entendimento similar é encontrado no seguinte trecho de despacho proferido sobre pedido de intervenção:

> O interesse na resolução da causa, na acepção do artigo 40º do Estatuto do Tribunal de Justiça, é entendido como um interesse direto e atual na procedência do próprio pedido, em apoio do qual a intervenção é requerida, e não dos fundamentos ou dos argumentos invocados. Com efeito, por "resolução" da causa deve entender-se a decisão final pedida ao juiz, tal como consagrada na parte decisória do acórdão. Deve, nomeadamente, verificar-se que o ato impugnado diz diretamente respeito ao interveniente e que o seu interesse na resolução da causa é certo. Por outro lado, deve estabelecer-se uma distinção entre os requerentes de intervenção que demonstram um interesse direto no destino reservado ao ato específico cuja anulação é pedida e aqueles que demonstram apenas um interesse indireto na resolução da causa, em virtude de semelhanças entre a sua situação e a de uma das partes.[338]

Aliás, parecer de Advogado-Geral da Corte situou em pólos opostos eventuais intervenientes do art. 40° do Estatuto do Tribunal e o *amicus curiae*. Acerca disso, pertinente transcrever o seguinte trecho:

> É manifesto que se optou de forma bem consciente por considerar que o interveniente num processo contraditório perante o Tribunal de Justiça toma partido e que a sua intervenção não consiste em apresentar articulados ou observações escritas e orais na qualidade de *amicus curiae* e, assim, assistir o órgão jurisdicional comunitário como acontece ao abrigo

---

[337] C- 341-P, *Chronopost SA e La Poste* contra *Union française de l'express (Ufex)*, julgado em 06.12.2007.

[338] T-227/01, *Território Histórico de Álava – Diputación Foral de Álava e Comunidad Autónoma del País Vasco – Gobierno del País Vasco* contra *Comissão das Comunidades*, julgado em 10.01.2006.

do artigo 20º, segundo parágrafo, do Estatuto do Tribunal de Justiça e do nº 4 do artigo 104º do Regulamento de Processo.[339]

A mencionada previsão no Estatuto de intervenção do *amicus curiae*, na verdade, é indireta e bastante genérica, já que o art. 20º, segundo parágrafo, trata de modo amplo da fase escrita perante o Tribunal, fase essa que contempla petições e requerimentos, observações, alegações, contestações e respostas, réplicas, bem como todas demais peças e documentos.[340]

4.5. A Corte europeia de direitos humanos e o *amicus curiae*

A Convenção para a Proteção dos Direitos do Homem e das Liberdades Fundamentais foi elaborada no seio do Conselho da Europa e entrou em vigor em 1953. Conforme consta da exposição de motivos, prévia à enumeração dos dispositivos da Convenção, buscava-se, à época, tomar as medidas aptas para assegurar a garantia de alguns dos direitos já previstos na Declaração Universal dos Direitos do Homem de 1948. Além de ter dado proteção legal a direitos-liberdade (como direito à vida, proibição de tortura, direito à liberdade de pensamento, consciência, religião, reunião e associação), a Convenção Europeia instituiu órgãos incumbidos de fiscalizar e garantir o respeito aos direitos nela declarados, julgando eventuais violações pelos Estados signatários.[341]

Nesse aspecto, em 1959, foi estabelecido o órgão de maior destaque na proteção dos direitos fundamentais: a Corte Europeia de Direitos Humanos (CEDH), situada em Estrasburgo. Reconheceu-se, ainda, na mesma convenção, o indivíduo como sujeito de direito internacional no que tange à proteção dos direitos humanos. Para tanto, criou-se um órgão de intermediação entre o particular e o tribunal (Comissão de Direitos Humanos), encarregado de fazer a triagem das denúncias formuladas, de investigar os fatos e manifestar sua opinião sobre a ocorrência ou não de violação a direitos. O Protocolo n.11 à Convenção, em vigor desde 1998, inseriu cláusula de obrigatoriedade de submissão de todos os Estados-Membros às decisões da Corte Europeia,[342] o que acabou por extinguir a Comissão, já que grande parte de suas atribuições foi conferida exclusivamente

---

[339] C-28/01, *Comissão das Comunidades Europeias* contra *República Federal da Alemanha*, julgado em 28.11.2002.

[340] Artigo 20º, segundo parágrafo: "A fase escrita compreende a comunicação às partes e às instituições das Comunidades cujas decisões estejam em causa, das petições e requerimentos, observações, alegações, contestações e respostas e, eventualmente, das réplicas, bem como de todas as peças e documentos em seu apoio ou respectivas cópias autenticadas".

[341] Cf. *website* da Corte Europeia de Direitos Humanos. Disponível em: http://www.echr.coe.int/ECHR/.

[342] Conforme se lê do artigo 46 da convenção, que estabelece a força vinculativa das sentenças: "Art. 46 1. As Altas Partes Contratantes obrigam – se a respeitar as sentenças definitivas do Tribunal nos litígios em que forem partes".

ao Tribunal. Hoje, qualquer Estado contratante ou particular que se considere vítima de uma violação da Convenção pode dirigir queixa diretamente ao Tribunal de Estrasburgo.

Relevante, para o presente estudo, transcrever o art. 36 da Convenção, pois prevê o que a Corte Europeia entende como *amicus curiae*:

Artigo 36 Intervenção de terceiros
1. Em qualquer assunto pendente numa secção ou no tribunal pleno, a Alta Parte Contratante da qual o autor da petição seja nacional terá o direito de formular observações por escrito ou de participar nas audiências.
2. No interesse da boa administração da justiça, o presidente do Tribunal pode convidar qualquer Alta Parte Contratante que não seja parte no processo ou qualquer outra pessoa interessada que não o autor da petição a apresentar observações escritas ou a participar nas audiências.[343]

Vê-se que tanto os países signatários da Convenção podem atuar como amigos da Corte, quanto terceiros, via de regra convidados pela Corte. As intervenções de *amici curiae*, como não poderia deixar de ser, ocorrem preponderantemente por meio de organizações de defesa dos direitos humanos. Conveniente, aqui, mencionar alguns julgados que confirmam tal constatação.

No julgamento da lide *Borgers v. Belgium*, a Corte admitiu o Procurador-Geral da Bélgica como *amicus curiae*, considerando ser seu papel a defesa, de forma objetiva e não parcial, da ordem jurídica. Concluiu a Corte: "Basicamente o procurador geral é apenas o *amicus curiae*, o orientador objetivo da Corte de Cassação. Não nos esqueçamos, além disso, que as Regras da Corte Europeia reconhecem o instituto do *amicus curiae* (Regra 36, parágrafo 2)".[344] E sobre o tipo de atuação do amigo da Corte foi incisivo o Tribunal: "Ao dar uma opinião o que importa é que esta seja objetiva e imparcial".[345] Ainda, no julgamento de *Adkivar and others v. Turqkey*, foi admitida como *amicus curiae* a Anistia Internacional,[346] enquanto na lide *Saunders v. the United Kingdom* ingressou no feito a *Liberty* – organização inglesa de proteção aos direitos humanos.[347] Citem-se, ainda, a participação da entidade *European Roma Rights Centre* no processo *Nachova and Other v. Bulgaria*[348] e a intervenção do *Institut de formation en droits de l'homme du barreau de Paris* no processo *Makaratzis v. Greece*.[349]

---

[343] Disponível em: http://www.echr.coe.int/NR/rdonlyres/7510566B-AE54-44B9-A163-912EF12B8BA4/0/PortuguesePortugais.pdf.

[344] Traduzimos. *No original*: "Ultimately the procureur général is only the *amicus curiae*, the objective adviser of the Court of Cassation. Let us not forget moreover that the European Court's Rules of Court recognise by implication the institution of *amicus curiae* (Rule 36 para. 2)"

[345] BORGERS V. BELGIUM, Application no. 12005/86, STRASBOURG, 10/10/1991, traduzimos. *No original*: "By giving an opinion, what is important is that this opinion should be objective and impartial".

[346] ADKIVAR AND OTHERS V. TURKEY, Application no. 21893/93, 30/08/1996.

[347] SAUNDERS V. THE UNITED KINGDOM, Application no. 43/1994/490/572, 29/11/1996.

[348] NACHOVA AND OTHER V. BULGARIA, APPLICATIONS n. 43577/98 e 43579/98, 26/02/2004.

[349] MAKARATZIS V. GREECE, Application no. 50385/99, 20/12/2004.

No relatório anual de 2007 sobre as atividades do Tribunal de Estrasburgo, Louise Arbout, Alto Comissário das Nações Unidas, salientou e bem avaliou o acréscimo das interposições de *amicus curiae brief* perante a Corte:

> Permitam-me acrescentar quão estimulado me sinto pela dramática expansão da prática das petições de *amicus curiae* na Corte, as quais trazem visões mais amplas e outras abordagens jurídicas, que podem beneficiar a Corte com bases de interpretações da Convenção as mais ricas possíveis. Como Alto-Comissário dos Direitos Humanos, nos últimos 2 anos eu mesmo comecei a usar esta ferramenta, trazendo petições à Corte Especial de Serra Leoa, da Corte Criminal Internacional, do Alto Tribunal Iraquiano e da Suprema Corte dos Estados Unidos, em casos em que eu sentira poder a corte receber ajuda com a minha contribuição sobre determinado ponto de direitos humanos. Tenho certeza que no momento certo, oportunidades semelhantes irão se apresentar diante desta Corte e espero estar em uma posição em que possa fazer contribuições úteis ao trabalho desta forma.[350]

Circunstanciado o tema no Direito Europeu, é momento de verificar a forma pela qual o Brasil incorporou a dinâmica do *amicus curiae*.

---

[350] Disponível em: http://www.echr.coe.int/NR/rdonlyres/59F27500-FD1B-4FC5-8F3F-F289B4A03008/0/Annual_Report_2007.pdf, traduzimos. *No original*: "Allow me to add how encouraged I have been by the dramatic expansion in the Court's practice of *amicus curiae* third-party briefs, which put before the Court broader views and other legal approaches, and which can be beneficial in giving the Court's interpretations of the Convention the richest possible basis. As High Commissioner for Human Rights, over the last two years I have begun myself to use this tool, putting briefs to the Special Court for Sierra Leone, the International Criminal Court, the Iraqi High Tribunal and the United States Supreme Court, in instances where I have felt that the court might be assisted by my input on a particular point of international human rights law. I am sure that in due course similar opportunities before this Court will present themselves, and I hope to be in a position to make useful contributions to your work in this fashion".

Capítulo – 5

O *amicus curiae* e a experiência brasileira

5.1. Controle de constitucionalidade no Brasil

O Brasil, desde a Constituição de 1891, possui controle de constitucionalidade com jurisdição cumulada, é dizer, os órgãos judiciários responsáveis pela aplicação do Direito ordinário são também competentes para afastar normas por eles consideradas inconstitucionais.³⁵¹ Para tanto, é utilizada a técnica do controle em concreto, em que a apreciação da validade dos atos normativos pode ser feita individualmente, em cada lide processual, por todas as esferas do Judiciário (via incidental). Posteriormente, implantou-se também a técnica europeia de controle de constitucionalidade, aqui realizada através de ações diretas perante os Tribunais do país, máxime na figura do Supremo Tribunal Federal (órgão de cúpula do Judiciário Brasileiro), de modo que a validade das normas também pode ser aferida de modo abstrato. Nessa linha, de acordo com Gilmar Ferreira Mendes, em oposição ao modelo alemão de controle de normas, no qual o monopólio de rechaço à lei é concentrado no Tribunal Constitucional, "qualquer juiz ou Tribunal pode, no direito brasileiro, recusar a aplicação de uma lei, no caso concreto, por considerá-la inconstitucional".³⁵²

Dessa maneira, no nosso sistema, o controle repressivo de constitucionalidade³⁵³ é efetuado pelo Poder Judiciário, que pode prestá-la de modo difuso, ou, em se tratando da defesa da Constituição Federal, exclusivamente pelo Supremo Tribunal Federal, quando a inconstitucionalidade é declarada em tese.³⁵⁴ Ou seja, pelo primeiro modo, denominado via de exceção ou de defesa, qualquer indivíduo pode reclamar reparação de um direito lesado ou prevenir ocorrência de eventual lesão e suscitar, como questão incidental ao processo, a invalidade da

---

³⁵¹ A expressão *jurisdição cumulada* é do espanhol Victor Ferreres Comella (COMELLA, The Consequences of Centralizing Constitutional Review, cit).

³⁵² MENDES, Gilmar Ferreira. *Jurisdição Constitucional*, cit., p. 01.

³⁵³ Controle repressivo de constitucionalidade é aquele que ocorre depois de perfeito o ato, após a lei ser promulgada. (FERREIRA FILHO, Manoel Gonçalves, *Curso de Direito Constitucional*. 25.ed. São Paulo: Saraiva, 1999, p. 35).

³⁵⁴ Destaque-se que o Brasil também adota o controle preventivo de constitucionalidade, no art. 66 § 1º da Constituição da República Federativa do Brasil. Tal controle é atribuído ao Presidente da República, que o exerce por intermédio do veto. Esse dispositivo autoriza o Presidente a vetar o projeto de lei que lhe parecer inconstitucional. O veto, contudo, pode ser superado pelo Congresso Nacional (art. 66, § 4º da CRFB). Há, da mesma forma, controle preventivo através dos pareceres da Comissão de Constituição e Justiça dos órgãos legislativos.

lei no caso concreto. Já pelo segundo modo, denominado via de ação, o objeto da questão a ser julgada é o próprio vício de validade da lei, sem que haja partes buscando a subtração dos efeitos da lei reclamada como inconstitucional. Tal controle não se destina somente a eliminar da ordem jurídica a lei inconstitucional, mas também a eliminar, de modo definitivo, dúvidas que acaso surjam sobre a constitucionalidade de leis válidas. Há, nesse aspecto, um verdadeiro controle abstrato das normas em defesa da Carta maior, controle esse que é competência exclusiva do Supremo Tribunal Federal e proposto diretamente perante ele. E, com a Constituição de 1988, também se faz possível cogitado controle, perante os Tribunais de Justiça, para aferir a constitucionalidade de leis municipais ou estaduais diante das Constituições estaduais.

5.1.1. Controle de constitucionalidade incidental

Criado na América do Norte pelos ensinamentos do Juiz John Marshall e desenvolvido historicamente pela jurisprudência americana, o controle de constitucionalidade teve início no Brasil com a promulgação da Constituição de 1891, sob grande influência de Rui Barbosa. O art. 59, § 1º, alíneas *a* e *b*, da Carta Republicana[355] reconheceu a competência do Supremo Tribunal Federal para rever as sentenças dos Judiciários Estaduais, em última instância, quando se contestasse a validade de leis ou atos federais, em face da Constituição, e a decisão do Tribunal considerasse válidos esses atos ou leis impugnadas. Nesse ponto, observa-se que, enquanto a Constituição americana foi silente em relação ao *judicial review*, sendo esse fruto de apurada construção jurisprudencial, no Direito Brasileiro a faculdade de os juízes não aplicarem leis consideradas inválidas foi explicitada na própria Carta Fundamental.[356]

A Lei n. 221 de 1894 tornou ainda mais claro o controle de constitucionalidade que se implantava no país ao prever, em seu art. 13, § 10, o seguinte enunciado: "Os juízes e tribunais apreciarão a validade das leis e regulamentos e deixarão de aplicar aos casos ocorrentes as leis manifestamente inconstitucio-

---

[355] Art 59, § 1º – Das sentenças das Justiças dos Estados, em última instância, haverá recurso para o Supremo Tribunal Federal: a) quando se questionar sobre a validade, ou a aplicação de tratados e leis federais, e a decisão do Tribunal do Estado for contra ela; b) quando se contestar a validade de leis ou de atos dos Governos dos Estados em face da Constituição, ou das leis federais, e a decisão do Tribunal do Estado considerar válidos esses atos, ou essas leis impugnadas.

[356] Rui Barbosa, ao comentar o art. 59, § 1º, *a*, da Carta de 1891, alertou que sua redação seria claríssima, reconhecendo "não só a competencia das justiças da União, *como a das justiça dos Estados*, para conhecer da legitimidade das leis perante a Constituição. Somente se estabelece, a favor das leis federaes, a garantia de que, sendo contraria à subsistencia dellas a decisão do tribunal do Estado, o feito póde passar, por via de recurso, para o Supremo Tribunal Federal. Este ou revogará a sentença, por não procederem as razões de nullidade, ou a confirmará pelo motivo opposto. Mas, numa ou noutra hypothese, o princípio fundamental é a autoridade, reconhecida expressamente no texto constitucional, *a todos os tribunaes, federaes* ou *locaes*, de discutir a constitucionalidade das leis da União, e aplical-as ou desapplical-as, segundo esse critério". (BARBOSA, *Commentarios à Constituição*, cit., p. 133).

nais e os regulamentos manifestamente incompatíveis com as leis ou a Constituição".

Constata-se, pois, que o sistema republicano abriu a possibilidade para qualquer órgão do Poder Judiciário, individual ou coletivo, comum ou especial declarar a inconstitucionalidade de leis.[357] Assim, nesse modelo, aos moldes daquele existente nos Estados Unidos, a alegação de inconstitucionalidade surgiria em um processo judicial, incidentalmente à questão principal versada na lide, e seria discutida à medida que fosse relevante para a solução da controvérsia. A eventual declaração pelo Judiciário não anularia a lei em tese, somente impedindo sua aplicação ao caso concreto.

Destarte, a essência do controle de constitucionalidade adotado no Brasil já no período republicano residia na faculdade de o Poder Judiciário deixar de aplicar a um caso específico, concreto, uma lei que ofendesse o texto constitucional. No dizer de Rui Barbosa, passou a ser "dever do Judiciário fazer manter a Constituição contra as próprias leis".[358]

A Constituição de 1934 trouxe inovações à sistemática de controle constitucional estabelecida pela Carta de 1891, dispondo em seu art. 179 que, nos âmbitos dos Tribunais, a declaração de inconstitucionalidade somente poderia ser realizada pela maioria da totalidade de seus membros. Tal Constituição também estabeleceu a regra da suspensão pelo Senado Federal do ato declarado inconstitucional, repetida na Constituição de 1988. Já a Carta Constitucional de 1937, apenas três anos depois, apesar de manter o controle difuso, consagrou, em seu art. 96, a regra segundo a qual, no caso de ser declarada a inconstitucionalidade de uma lei, que, a juízo do Presidente da República, fosse necessária ao bem-estar do povo, à promoção ou defesa de interesse nacional de alta monta, o Chefe do Executivo poderia submetê-la novamente ao parlamento.[359]

A Constituição de 1946 restaurou a tradição do controle incidental no Direito brasileiro,[360] disciplinando em seus art. 101, II, alíneas *a, b* e *c*, o cabimento de recurso extraordinário, quando a decisão proferida fosse, respectivamente, contrária a dispositivo da Constituição ou à letra de tratado de lei federal, quando se questionasse a validade de lei federal em face da Constituição se a decisão recorrida negasse aplicação à lei impugnada, e quando se arguisse a invalidade

---

[357] FERRARI, Regina Maria Macedo Nery. *Efeitos da declaração de inconstitucionalidade*. 4.ed. São Paulo: RT, 1999, p. 138.

[358] BARBOSA, *Commentarios à Constituição*, cit., p. 153.

[359] Pontes de Miranda, analisando a Carta de 1937 entendeu que tal dispositivo foi criado "contra o reacionarismo do Supremo Tribunal Federal ou de qualquer Tribunal, ou juiz". Constatou, assim, que "a última palavra em controle de constitucionalidade das leis, passou a ser dada pelo Parlamento, e não pelo Poder Judiciário", perdendo este, em parte , a supremacia no ato de interpretar a Constituição, "que lhe havia dado a Constituição de 1891, por inspiração norte-americana, e lhe conservara a Constituição de 1934" (PONTES DE MIRANDA, Francisco Cavalcante. *Comentários à Constituição Federal de 10 de Novembro de 1937*, tomo III, Rio de Janeiro: Pongetti, 1938, p. 57).

[360] MENDES, *Controle Concentrado de Constitucionalidade*, cit., p. 33.

de lei ou ato local contestados em face da Constituição. No tocante às Cartas de 1967 e 1969, essas mantiveram incólume o controle difuso.[361]

A Constituição de 1988 preservou, de igual forma, o controle feito via recurso extraordinário, tendo ocorrido importante modificação em 2004, com a Emenda Constitucional n. 45. Afinal, o art. 103, §3º estabeleceu a necessidade de o recurso judicial demonstrar a assim chamada repercussão geral como requisito de admissibilidade.

5.1.2. Controle de constitucionalidade abstrato

Foi a Constituição da República de 1934 que, de forma embrionária, trouxe ao Direito brasileiro o primeiro modo de se analisar abstratamente a validade de uma lei. Tal controle era realizado por meio da "representação interventiva", que subordinava a possibilidade de intervenção da União nos Estados à declaração de constitucionalidade pelo Supremo Tribunal Federal acerca da lei autorizadora do ato interventivo. Era condição, então, para a intervenção, que o Procurador-Geral da República provocasse a Instância Maior do Judiciário a se manifestar sobre a constitucionalidade da lei, cuja iniciativa competia ao Senado Federal.[362]

A Constituição de 1946, em contrapartida, alterou tal mecanismo, estabelecendo que caberia ao Procurador-Geral da República, para efeitos de intervenção federal, submeter ao julgamento do STF ato de Estado a que se atribuísse violação aos seguintes princípios: forma republicana representativa, independência e harmonia dos Poderes, temporariedade das funções eletivas, limitada a duração destas à das funções federais correspondentes, proibição da reeleição de Governadores e Prefeitos, para o período imediato, autonomia municipal, prestação de contas da Administração e garantias do Poder Judiciário.[363] Uma vez tendo se pronunciado o Supremo Tribunal Federal sobre a invalidade do ato proveniente de Estado da Federação, a intervenção era autorizada. No dizer de Gilmar Mendes, o STF exercia "a função de árbitro final do contencioso da inconstitucionalidade".[364] Vemos, porém, nessa análise, que atos inconstitucionais porventura emanados no âmbito da União Federal não eram passíveis de serem questionados pela via direta, do mesmo modo que somente os atos estaduais violadores dos princípios acima elencados poderiam ter sua constitucionalidade apreciada. Tal deficiência foi suprida pela Emenda Constitucional n. 16, de 26 de novembro de 1965, a qual instituiu, ao lado da representação interventiva, o controle abstrato

---

[361] MENDES, *Controle Concentrado de Constitucionalidade*, cit., p. 43.

[362] Assim dispunha o artigo 12 da Constituição de 1934: "Art 12 – A União não intervirá em negócios peculiares aos Estados, salvo: [...] V – para assegurar a observância dos princípios constitucionais especificados nas letras *a* a *h*, do art. 7º, nº I, e a execução das leis federais. [...] § 2º Ocorrendo o primeiro caso do nº V, a intervenção só se efetuará depois que a Corte Suprema, mediante provocação do Procurador-Geral da República, tomar conhecimento da lei que a tenha decretado e lhe declarar a constitucionalidade".

[363] Conforme art. 7º, VI c/c art. 8º, parágrafo único, da Constituição de 1946.

[364] MENDES, *Controle Concentrado de Constitucionalidade*, cit., p. 37.

de normas estaduais ou federais, seja qual fosse a causa de seu suposto vício. Atribuiu-se ao Procurador-Geral da República a competência exclusiva para propor representação direta de inconstitucionalidade perante o STF, órgão judiciário que apreciaria a lei em tese, desvinculado de um caso concreto. Consagrava-se, nessa esteira, o modelo abstrato de controle de constitucionalidade. Como bem salientou Gilmar Ferreira Mendes, os dois procedimentos seriam diferentes, pois "enquanto a representação interventiva pressupõe um conflito entre o Estado e a União, atuando o Procurador-Geral da República como representante judicial dessa última, tinha-se, no controle abstrato de normas, um processo objetivo, destinado à defesa da Constituição".[365]

As Cartas de 1967 e de 1969 não alteraram essa nova via de ação direta, sendo, na verdade, a Constituição de 1988 a grande responsável pela reformulação do controle abstrato brasileiro. Essa estabeleceu em seu art. 102, inciso I, a competência originária do STF para julgar a agora chamada ação direta de inconstitucionalidade (ADIN):

> Art. 102. Compete ao Supremo Tribunal Federal, precipuamente, a guarda da Constituição, cabendo-lhe:
>
> I- processar e julgar, originariamente: a) a ação direta de inconstitucionalidade de lei ou ato normativo federal ou estadual e a ação declaratória de constitucionalidade de lei ou ato normativo federal [...]

Para propor a ADIN e a ADIN por omissão (art. 102, I "a", c/c 103, § 1º, da CRFB), a CRFB/88 previu os seguintes legitimados: Presidente da República, Mesa do Senado Federal, Mesa da Câmara dos Deputados, Mesa da Assembleia Legislativa, Governador de Estado, Procurador-Geral da República, Conselho Federal da Ordem dos Advogados do Brasil, partido político com representação no Congresso Nacional e confederação sindical ou entidade de classe de âmbito nacional.[366] A Lei 9.882/99 (art. 2º, I) introduziu o mesmo rol de legitimados para propor Ação de Descumprimento de Preceito Fundamental (ADPF), do mesmo modo que a Emenda Constitucional n. 45/04, em relação à Ação Declaratória de Constitucionalidade (ADC). A Carta Maior ainda prevê a ADIN em nível estadual (art. 125, § 2º, da CRFB) e as representações interventivas.

Instaurou-se verdadeira amplitude de legitimados no controle abstrato de normas, não sendo sem sentido afirmar que lhe foi conferido quase o significado de uma ação popular de inconstitucionalidade, ao permitir a qualquer um do povo induzir um dos entes legitimados a propor a pretendida ação para invalidação da lei. Gilmar Ferreira Mendes alerta que a ampla legitimidade resultou inclusive na redução do significado do controle de constitucionalidade incidental, haja vista

---

[365] MENDES, *Jurisdição Constitucional*, cit., p. 66.
[366] A Emenda Constitucional n. 45/04, consolidando tema já definido pelo STF, acrescentou ao rol a Mesa da Câmara Legislativa do Distrito Federal e o Governador do Distrito Federal.

que as grandes controvérsias constitucionais culminam no Supremo Tribunal Federal, mediante processo de controle abstrato de normas.[367]

O Min.Moreira Alves, no julgamento da ADI-MC 2223/DF, acusou a ocorrência de uma verdadeira inversão de valores resultante da ampliação, já que "hoje, não há mais presunção de constitucionalidade de lei; o que há é a presunção de inconstitucionalidade. E se tem a maior lista de legitimados ativos que se conhece em qualquer país que adote controle concentrado".[368]

Em que pese tenha sido ampliado o rol de legitimados na via direta, o STF, no desenvolvimento de sua jurisprudência e no intuito de firmar política processual, acabou definindo alguns limites para a arguição de inconstitucionalidade. Definiu-se, por exemplo, a necessidade de os Governadores de Estado, as confederações sindicais, as entidades de classe de âmbito nacional e as Mesas de Assembleias Legislativas comprovarem pertinência temática para propor a ação.[369] Os demais, em contrapartida, teriam aquilo que a doutrina convencionou chamar de "legitimidade universal".

Ressalte-se, ainda, importante inovação contida na Emenda Constitucional n. 45/04, que veio a espancar dúvidas sobre os efeitos das decisões pronunciadas pelo STF, na via abstrata: o art. 102, § 2º, consagrou no texto constitucional os efeitos *erga omnes* e vinculante da ADI e da ADC (que antes eram previstos, para a primeira ação, apenas em lei ordinária).[370] A respeito do efeito vinculante, o STF, em recentes decisões, acatou o entendimento de que o mesmo se refere aos efeitos transcendentes dos fundamentos determinantes da decisão.[371] Roger Stiefelmann Leal também confere conceito autônomo ao efeito vinculante, aduzindo que "seu objeto transcende o *decisum* em sentido estrito de modo a alcançar os seus fundamentos determinantes, a *ratio decidendi* subjacente ao julgado".[372] O

---

[367] MENDES, *Controle Concentrado de Constitucionalidade*, cit.,, p. 65.

[368] BRASIL, Supremo Tribunal Federal, ADI-MC 2223/DF, Tribunal Pleno, Relator Min. Maurício Corrêa, *DJ* de 05.12.2003.

[369] Gilmar Ferreira Mendes tece a seguinte crítica à limitação imposta pela jurisprudência do Supremo Tribunal Federal: "Cuida-se de inequívoca restrição ao direito de propositura, que, em se tratando de processo de natureza objetiva, dificilmente poderia ser formulado até mesmo pelo legislador ordinário. A *relação de pertinência* assemelha-se muito ao estabelecimento de uma condição de ação – análoga, talvez, ao interesse de agir –, que não decorre dos expressos termos da Constituição e parece ser estranha à natureza do processo de controle de normas". (MENDES, *Curso de direito constitucional*, cit., p. 1054).

[370] Art. 102, § 2º. As decisões definitivas de mérito, proferidas pelo Supremo Tribunal Federal, nas ações diretas de inconstitucionalidade e nas ações declaratórias de constitucionalidade produzirão eficácia contra todos e efeito vinculante, relativamente aos demais órgãos do Poder Judiciário e à administração pública direta e indireta, nas esferas federal, estadual e municipal.

[371] Conferir, nesse sentido: BRASIL, Supremo Tribunal Federal, Rcl. MC 2986/SE, Decisão Monocrática, Rel. Min. Celso de Mello, *DJ* em 18.03.2005; BRASIL, Supremo Tribunal Federal,, Rcl. 1987/DF, Tribunal Pleno, Rel. Min. Maurício Corrêa, *DJ* em 21.05.2004; Supremo Tribunal Federal, Rcl. (MC) 2.363/PA, Tribunal Pleno, Rel. Min. Gilmar Ferreira Mendes, *DJ* em 01.04.2005.

[372] LEAL, *O Efeito Vinculante na Jurisdição Constitucional*, cit., p. 150. Interessantes, aliás, as diferenças indicadas pelo autor entre efeito vinculante e o *stare decisis*. Apontem-se as principais: a) enquanto o efeito vinculante teria sido criado no âmbito específico do controle concentrado de constitucionalidade europeu, para evitar a reiteração material do vício de inconstitucionalidade apontado na decisão em atos com a mesma estrutura

autor diferencia, então, o efeito vinculante de efeito *erga omnes*, ao referir que esse último diria respeito exclusivamente à força de coisa julgada do julgamento dos dispositivos questionados, não abrangendo atos diversos de mesmo conteúdo. Desse modo, declarada constitucional ou inconstitucional determinada norma em ADC ou em ADIN, os demais instrumentos normativos substancialmente idênticos, por ocasião de sua aplicação em processo judicial ordinário, deverão receber *incidenter tantum* o mesmo juízo de desvalor.[373]

5.2. A inserção do *amicus curiae* no controle de constitucionalidade brasileiro

É verdade que a intervenção de partes alheias a processos – mas interessadas em trazer informações de índole técnica aos Tribunais – já fora prevista na legislação ordinária, no que concerne a pessoas jurídicas de direito público. Nesse sentido, o Conselho Administrativo de Defesa Econômica (art. 89 da Lei 8.884/94),[374] a Comissão de Valores Mobiliários (art. 31 da Lei 6.385/76)[375] e o Instituto Nacional de Propriedade Industrial (arts. 57 e 175 da Lei 9.279/96)[376] foram legalmente autorizados a desempenhar poder de polícia, fiscalizando o andamento de processos judiciais concernentes a matérias de sua área de atuação. O Poder Judiciário, aliás, já vinha reconhecendo em tais atuações típicas intervenções de *amicus curiae*.[377] Intervenção similar já era igualmente autorizada pela

---

hierárquica, o *stare decisis* teria sido desenvolvido desde os primórdios do *common law*, para garantir alguma estabilidade na regulação das relações sociais, quando a produção legislativa era ainda escassa; b) o efeito vinculante teria natureza impositiva externa, obrigando instâncias não jurisdicionais, ao passo que o *stare decisis* consistiria em elemento de eficácia interna do Poder Judiciário; c) o efeito vinculante teria natureza de vínculo obrigatório aos órgãos e poderes a que se aplica, e o *stare decisis* admitiria mecanismos de superação por parte de instâncias inferiores do Judiciário (Ibidem, p. 127-129).

[373] Ibidem, p. 158.

[374] "Art. 89. Nos processos judiciais em que se discuta a aplicação desta lei, o Cade deverá ser intimado para, querendo, intervir no feito na qualidade de assistente".

[375] "Art. 31. Nos processos judiciários que tenham por objetivo matéria incluída na competência da Comissão de Valores Mobiliários, será esta sempre intimada para, querendo, oferecer parecer ou prestar esclarecimentos, no prazo de quinze dias a contar da intimação".

[376] "Art. 57. A ação de nulidade de patente será ajuizada no foro da Justiça Federal e o INPI, quando não for autor, intervirá no feito. [...]
Art. 175. A ação de nulidade do registro será ajuizada no foro da Justiça Federal e o INPI, quando não for autor, intervirá no feito".

[377] Nesse sentido, o seguinte precedente do STJ: RECURSO ESPECIAL. ANTV. AÇÃO CIVIL PÚBLICA. INTERVENÇÃO DO CADE COMO *Amicus curiae*. INTERVENÇÃO DA UNIÃO COMO ASSISTENTE DO MINISTÉRIO PÚBLICO FEDERAL. COMPETÊNCIA DA JUSTIÇA FEDERAL.[...] 3. A regra inscrita no art. 5º, parágrafo único, da Lei nº 9.469/97 e art. 89 da Lei 8.884/94 contém a base normativa legitimadora da intervenção processual do *amicus curiae* em nosso Direito. Deveras, por força de lei, a intervenção do CADE em causas em que se discute a prevenção e a repressão à ordem econômica, é de assistência. In *casu*, a própria União confirmou sua atuação como assistente do Ministério Público Federal (fls. 561/565 e fl. 375), o que, à luz do art. 109, I, da Constituição Federal, torna inarredável a competência da Justiça Federal. [...]. (BRASIL, Superior Tribunal de Justiça, REsp 737073/RS, Primeira Turma, Min.Relator Luis Fux, *DJ* 13.02.2006)

Lei 9.469/97, que, dentre outras previsões, dispôs sobre a intervenção da União nas causas em que figurarem, como autores ou réus, entes da administração indireta, bem como sobre a intervenção de pessoas jurídicas de direito público em ações que, do ponto de vista econômico, lhe digam respeito.[378]

Também vale registrar que o próprio STF proferiu decisão em ação direta, nos idos de 1994, manifestando conhecimento sobre a dinâmica do instituto e – mais do que isso – fazendo uso do *amicus curiae* na via abstrata. Na ocasião, a Comissão de Constituição e Justiça da Assembleia Legislativa do Rio Grande do Sul, que, como se sabe, não é ente legitimado a atuar em ADIN, obteve permissão para juntar aos autos memorial expositivo e peças documentais (estudos técnicos e pareceres sobre o impacto pedagógico da implantação do calendário rotativo escolar no Estado), a fim de auxiliar a Corte com informações fáticas. Julgando o agravo proposto, dirigido contra a admissão do material, referiu o Min.Celso de Mello:

> Não se pode desconhecer nesse ponto – e nem há possibilidade de confusão conceitual com o instituto- que o órgão da Assembléia gaúcha claramente atuou, na espécie, como verdadeiro *amicus curiae*, vale dizer, produziu informalmente, sem ingresso regular na relação processual instaurada, e sem assumir a condição jurídica de sujeito do processo de controle normativo abstrato, peças documentais que, desvestidas de qualquer conteúdo jurídico, veiculam simples informações ou meros subsídios destinados a esclarecer as repercussões que, no plano social, no domínio pedagógico e na esfera do convívio familiar, tem representado, no Estado do Rio Grande do Sul, experiência de implantação do Calendário Rotativo Escolar.[379]

Mas o *amicus curiae* assumiu outra conotação a partir de 1999, data de sua inserção oficial no controle de controle de constitucionalidade brasileiro. E abordar a origem do instituto nesse novo contexto remete, inevitavelmente, ao pensamento de Peter Häberle, uma vez que sua obra possui grande ascendência sobre o Min.Gilmar Ferreira Mendes, principal idealizador das Leis 9.868/99 e 9.882/99.[380]

O jurista alemão, ao tratar do tema Constituição e realidade constitucional, sugere a incorporação das ciências sociais e de métodos de interpretação voltados

---

[378] "Art. 5º A União poderá intervir nas causas em que figurarem, como autoras ou rés, autarquias, fundações públicas, sociedades de economia mista e empresas públicas federais. Parágrafo único. As pessoas jurídicas de direito público poderão, nas causas cuja decisão possa ter reflexos, ainda que indiretos, de natureza econômica, intervir, independentemente da demonstração de interesse jurídico, para esclarecer questões de fato e de direito, podendo juntar documentos e memoriais reputados úteis ao exame da matéria e, se for o caso, recorrer, hipótese em que, para fins de deslocamento de competência, serão consideradas partes".

[379] BRASIL, Supremo Tribunal Federal, ADI-AgR 748/RS, Tribunal Pleno, Rel. Min. Celso de Mello, *DJ* 18.11.1994.

[380] Carlos Del Pra expõe que a grande influência do alemão Peter Häberle sobre o conteúdo das leis de autoria de Gilmar Mendes se mede pelo fato de que os projetos das leis foram apresentados em 1997, coincidentemente no mesmo ano em que o atual Ministro do STF traduzira a obra de Peter Häberle. (DEL PRÁ. Carlos Gustavo Rodrigues. *Amicus Curiae: Instrumento de participação democrática e de aperfeiçoamento da prestação jurisdicional*. Curitiba: Juruá, 2007, p. 81).

ao atendimento do interesse público. Para tanto, afirma ser necessário indagar constantemente quem são os agentes conformadores da realidade constitucional. A tese central do autor reside na visão de que o processo de interpretação constitucional vincula, ao menos potencialmente, todos os órgãos estatais, todos os cidadãos e grupos, não sendo possível estabelecer-se um elenco cerrado ou fixado com *numerus clausus* de intérpretes da constituição. Enfim, para Häberle, "[...] os critérios de interpretação constitucional hão de ser tanto mais abertos quanto mais pluralista for a sociedade".[381] Nessa perspectiva, o autor sugere como participantes do processo constitucional, além do requerente e do requerido, outros participantes com direito de manifestação ou integração à lide, como pareceristas ou *experts*, peritos e representantes de interesses, associações, partidos políticos, grupos de pressão organizados, etc.[382] O intuito de Häberle, portanto, é democratizar os procedimentos judiciais, sedimentando o que denomina de "comunidade aberta de intérpretes". Segundo o autor, com a abertura das portas do Judiciário aos mais diversos segmentos da sociedade, proporcionando maior reflexão sobre leis que provocam acentuadas controvérsias, "a sociedade torna-se aberta e livre, porque todos estão potencial e atualmente aptos a oferecer alternativas para a interpretação constitucional".[383]

Inocêncio Mártires Coelho discorre sobre a conexão entre os pensamentos de Häberle e de Ferdinand Lassalle, apontando partirem ambos da ideia dos fatores reais de poder (forças ativas e eficazes que informam todas as leis e instituições jurídicas) como condicionantes da ordem constitucional. É célebre, aliás, a obra de Ferdinand Lassale, que buscar definir, enfim, a essência de uma Constituição. Lassalle defende ser a Constituição a soma dos fatores reais do poder que regem uma nação, e não o texto escrito, o qual atribui o "status" de mera folha de papel. Por isso, afirma Lassalle, "onde a constituição escrita não corresponder à real, irrrompe inevitavelmente um conflito que é impossível evitar e no qual, mais dia menos dia, a constituição escrita, a folha de papel, sucumbirá necessariamente, perante a constituição real, a das verdadeiras forças vitais do país".[384]

A diferença entre os dois autores, sugere Inocêncio Coelho, é que Lassalle teria se prendido a um determinismo e a um mecanicismo exagerados, concebendo as constituições jurídicas como descartáveis folhas de papel, simples reflexos da infraestrutura econômica e social. Häberle, por sua vez, teria visto na abertura da interpretação constitucional e na legitimação do dissenso hermenêutico a solução para resolver impasses entre as forças vitais do país e a formulação da

---

[381] HÄBERLE, Peter. *Hermenêutica constitucional: a sociedade aberta dos interpretes da constituição: contribuição para a interpretação pluralista e procedimental da constituição*. Porto Alegre: Sérgio Antonio Fabris, 1997, p. 13.
[382] Ibidem, p. 21-22.
[383] Ibidem, p. 43.
[384] LASSALLE, Ferdinand. *A essência da constituição*. 3. ed., Rio de Janeiro: Liber Juris, 1988, p. 59-60.

vontade nacional, aprimorando a convivência democrática.[385] Tudo isso estaria a dar mais espaço às chamadas mutações constitucionais, que, para Inocêncio Coelho, seriam expressão das forças produtoras das novas leituras de um mesmo texto constitucional. Vale transcrever suas palavras:

> Onde se assimilam os *conflitos institucionais* e se acolhem as mutações *constitucionais* deles decorrentes, não resta espaço para erupções *inconstitucionais*. Que Peter Häberle sabe disso, ninguém tem dúvida, assim como ninguém acredita que, ao desenvolver as suas idéias sobre a necessidade de se *abrir* a interpretação constitucional aos *agentes conformadores da realidade constitucional,* não lhe tenha aparecido – ou reaparecido ... – o eterno fantasma dos *fatores reais de poder.* [386]

Incontestável é afirmar que não só os poderes públicos, mas também entes privados realizam, embora não oficialmente, interpretações das leis e de dispositivos constitucionais, pois, conforme afirma o próprio Häberle, "quem vive a norma acaba por interpretá-la ou pelo menos por cointerpretá-la.[387] É erro crasso ou mesmo ingenuidade, aliás, imaginar a criação de uma normatividade despida de qualquer elemento da realidade. Atento a isso e – ressalte-se – influenciado fortemente pela obra de Häberle, o legislador brasileiro em 1999 aprovou as leis que disciplinam o controle de constitucionalidade, adicionando a intervenção do *amicus curiae.* Oportunizou-se, agora de modo oficial, a participação dos mais diversos atores sociais e políticos nas aferições de constitucionalidade das leis. Para Gilmar Ferreira Mendes, "[...] o STF passa a contar com os benefícios decorrentes dos subsídios técnicos, implicações político-jurídicas e elementos de repercussão econômica que possam vir a ser apresentados pelos amigos da Corte".[388]

Nessa esteira, a adoção do *amicus curiae* seria modo não só de democratizar a esfera da jurisdição constitucional, mas –especialmente– modo de auxiliar os tribunais a aferirem prognoses e fatos legislativos. Explica Gilmar Ferreira Mendes que, antes de mais nada, a decisão sobre a legitimidade ou ilegitimidade de uma dada lei dependeria da confirmação de um prognóstico fixado pelo legis-

---

[385] COELHO, Inocêncio Mártires. Fernando Lassalle, Konrad Hesse, Peter Häberle: a força normativa da constituição e os fatores reais de poder. *Universitas/Jus,* Brasília: Centro Universitário de Brasília, n. 6, JAN/JUN/2001, p. 27-42.

[386] COELHO, Fernando Lassalle, Konrad Hesse, Peter Häberle, cit., p. 40.

[387] HÄBERLE, *Hermenêutica constitucional,* cit., p. 13.

[388] MENDES, *Argüição de descumprimento de preceito fundamental,* cit., p. 139. Cabe, aqui, trazer o pensamento de Carlos Alberto Álvaro de Oliveira, para quem a crescente interferência da ciência na investigação dos fatos afeta a própria liberdade do julgador, que necessita de auxílio técnico e científico para compreender casos de alta complexidade. Ocorre, por vezes, uma sobrevalorização das conclusões dos peritos oficiais, mesmo que esses não tenham exatamente legitimidade política para, numa espécie de transferência de competência, emitir decisões. Refere o autor "Não há dúvida, nessa perspectiva, de que a confiança, até certo ponto indispensável, na informação científica impenetrável ou de difícil acesso, aumenta a tensão entre a liberdade para apreciar a prova e o processo cognitivo normal, pondo em xeque o próprio princípio da livre apreciação da prova. Semelhante dificuldade coloca no tablado das discussões o temor de que o órgão judicial esteja, em alguma medida, transferindo o seu poder de julgar a estranhos sem legitimação". (OLIVEIRA, Carlos Alberto Alvaro de. *Problemas atuais da livre apreciação da prova.* Disponível em: http://www6.ufrgs.br/ppgd/doutrina/oliveir3.htm).

lador ou da provável verificação de um dado evento.[389] Isso acarretaria a necessária adoção de um modelo procedimental que outorgasse ao Tribunal as condições necessárias para proceder a essa aferição. Tal modelo abarcaria não só a possibilidade de o Tribunal valer-se de todos os elementos técnicos disponíveis para a apreciação da legitimidade do ato questionado, mas também de um amplo direito de participação por parte de terceiros, constituindo, assim, "escorreita, plural e informada instrução do processo".[390] Na doutrina de Gilmar Mendes, uma aferição assim garantiria comunicação entre fato e norma, de modo a adicionar ao processo de conhecimento a investigação integrada de elementos fáticos e jurídicos, o que racionalizaria o processo de fiscalização da constitucionalidade das leis, evitando a substituição do voluntarismo do legislador pelo voluntarismo do juiz.[391]

5.2.1. O "amicus curiae" no controle abstrato

Com escopo na doutrina de Hans Kelsen, o Supremo Tribunal Federal, especialmente após 1988, firmou posicionamento de acentuar o caráter objetivo da aferição das leis no controle abstrato. Expressão disso é o art. 169, § 2º, do Regimento Interno do Tribunal, que proíbe a intervenção assistencial nas representações de inconstitucionalidade, regra, aliás, repetida na própria Lei 9.868/99. Afinal, a possibilidade de se averiguar a constitucionalidade de uma lei em tese, despida de fatos concretos, traz ínsita em si a finalidade de preservar o ordenamento jurídico de intromissões de atos abusivos. Não se fala mais aqui, portanto, de proteção a direitos individuais subjetivos, já que as ações diretas têm natureza de um processo objetivo, sem partes, no sentido próprio do termo, em que diferentes órgãos estatais ou organizações sociais diversas estão atuando como representantes do interesse público em defesa da supremacia da Constituição. Existe requerente nesse procedimento, mas não há propriamente réu, ou requerido. Com efeito, o objetivo da ação direta de inconstitucionalidade é muito mais amplo do que o da arguição realizada na via incidental, pois busca, primordialmente, a harmonia do ordenamento jurídico, que pode restar ameaçado pela permanência de uma lei violadora da Lei Fundamental.[392] Não se quer, com o controle abstrato,

---

[389] MENDES, *Jurisdição Constitucional*, cit., p. 126-140.

[390] MENDES, *Jurisdição Constitucional*, cit., p. 127.

[391] Sobre o assunto, Gilmar Ferreira Mendes relata alguns exemplos em que a Corte Constitucional alemã utilizou métodos hermenêuticos para a realização de prognósticos legislativos. Foi o caso, assim, do processo chamado Apotheken-Urteil, no qual se questionava a constitucionalidade de lei do Estado da Baviera que condicionava a instalação de novas farmácias a uma especial permissão da autoridade administrativa. A Corte procedeu a uma rigorosa avaliação sobre os prognósticos do legislador, verificando o efeito de leis semelhantes em outros países e cogitando das razões econômicas e sociais para o aumento na venda de medicamentos nos anos mais recentes. Ao final, a Corte julgou que, pelos dados trazidos por *experts* na matéria, a lei representaria inconstitucional restrição à liberdade de exercício profissional. (Ibidem, p. 128-130).

[392] Ilustrativo, a propósito, o seguinte julgado: "AÇÃO DIRETA DE INCONSTITUCIONALIDADE. EMENDA CONGRESSIONAL À PROPOSTA ORÇAMENTÁRIA DO PODER EXECUTIVO. ATO CONCRETO. IMPOSSIBILIDADE JURÍDICA. A ação direta de inconstitucionalidade configura meio de preservação da integridade da ordem jurídica plasmada na Constituição vigente, atua como instrumento de ativação da jurisdição

subtrair a um indivíduo os efeitos de uma norma eivada de vício, e sim, retirar essa, de modo definitivo, da esfera jurídica.

Nada obstante, as Leis 9.868/99 e 9.882/99 vieram atenuar, senão modificar, a ideia da inconveniência em ouvir percepções subjetivas sobre os dispositivos legais atacados.[393] É que se autorizou a intervenção do *amicus curiae*. Em outras palavras, inseriu-se no controle abstrato a possibilidade de terceiros atuarem perante o STF, ao lado dos demais legitimados, e fornecer a sua interpretação específica sobre mandamento legal ou constitucional. Referem, pois, os dispositivos das leis:

Lei 9.868/99
Art. 7º Não se admitirá intervenção de terceiros no processo de ação direta de inconstitucionalidade. [...]
§ 2º O relator, considerando a relevância da matéria e a representatividade dos postulantes, poderá, por despacho irrecorrível, admitir, observado o prazo fixado no parágrafo anterior, a manifestação de outros órgãos ou entidades.

Art. 9º [...]
§ 1º Em caso de necessidade de esclarecimento de matéria ou circunstância de fato ou de notória insuficiência das informações existentes nos autos, poderá o relator requisitar informações adicionais, designar perito ou comissão de peritos para que emita parecer sobre a questão, ou fixar data para, em audiência pública, ouvir depoimentos de pessoas com experiência e autoridade na matéria. [...][394]
§ 3º As informações, perícias e audiências a que se referem os parágrafos anteriores serão realizadas no prazo de trinta dias, contado da solicitação do relator.

Lei 9.882/99
Art. 6º [...]
§ 1º Se entender necessário, poderá o relator ouvir as partes nos processos que ensejaram a argüição, requisitar informações adicionais, designar perito ou comissão de peritos para

---

constitucional concentrada do Supremo Tribunal Federal e enseja a esta Corte, no controle em abstrato da norma jurídica, o desempenho de típica função política ou de governo. Objeto do controle concentrado, perante o Supremo Tribunal Federal, são as leis e os atos normativos emanados da União, dos Estados-membros e do Distrito Federal. No controle abstrato de normas, em cujo âmbito instauram-se relações processuais objetivas, visa-se a uma só finalidade: a tutela da ordem constitucional, sem vinculações a quaisquer situações jurídicas de caráter individual ou concreto. A ação direta de inconstitucionalidade não é sede adequada para o controle da validade jurídico-constitucional de atos concretos, destituídos de qualquer normatividade. Não se tipificam como normativos os atos estatais desvestidos de qualquer coeficiente de abstração, generalidade e impessoalidade. Precedentes do Supremo Tribunal Federal. A recusa do controle em tese da constitucionalidade de emenda congressional, consistente em mera transferência de recursos de uma dotação para outra, dentro da proposta orçamentária do Governo Federal, não traduz a impossibilidade de verificação de sua legitimidade pelo poder judiciário, sempre cabível pela via do controle incidental. Agravo Regimental improvido" (BRASIL, Supremo Tribunal Federal, ADI 203 AgR/DF, Tribunal Pleno, Rel. Min. Celso de Mello, *DJ* de 20.04.1990, grifo nosso).

[393] Teori Zavascki escreve sobre caráter não só objetivo das decisões em controle abstrato, vendo nas ações diretas forma de também tutelar coletivamente direitos individuais: "Ora, considerando que ditas sentenças [...] têm eficácia *ex tunc*, do ponto de vista material, e *erga omnes*, na sua dimensão subjetiva, não há como negar que o controle concentrado de constitucionalidade constitui, mais que modo de tutelar a ordem jurídica, um poderoso instrumento para tutelar, ainda que indiretamente, direitos subjetivos individuais, tutela que acaba sendo potencializada em alto grau, na sua dimensão instrumental, pela eficácia vinculante das decisões". (ZAVASCKI, *Processo Coletivo*, cit. , p.62).

[394] Tal regra é igualmente aplicável no âmbito da ADC, já que os art. 20, §1º da Lei 9.868/99 possui idêntico teor.

que emita parecer sobre a questão, ou ainda, fixar data para declarações, em audiência pública, de pessoas com experiência e autoridade na matéria.

§ 2º Poderão ser autorizadas, a critério do relator, sustentação oral e juntada de memoriais, por requerimento dos interessados no processo.

Vê-se, então que o legislador ampliou os canais de comunicação com o STF, instituindo, no âmbito da ADIN, da ADC[395] e da ADPF instrumentos já tradicionais, como a perícia ou a requisição de informações aos tribunais. Ao lado disso, ampliaram-se as formas de fomentar o debate, com a designação de audiência pública e a autorização de manifestação, voluntária ou por requisição judicial, de terceiros portadores do interesse sobre a causa.

Nesse norte, quaisquer pessoas, inclusive grupos de pessoas, pessoas jurídicas ou entes despersonalizados poderão manifestar-se como *amicus curiae* nas hipóteses em que essa manifestação é requisitada pelo juiz, ou pelo órgão julgador. E, como não poderia deixar de ser, a Lei 9.868/99 fixou limites para a forma voluntária de manifestação do *amicus curiae*, consubstanciados na observância do binômio relevância da matéria- representatividade dos postulantes.

Observe-se, contudo, que o STF aponta ser necessária a distinção do instituto, quando se tratar de ADIN e de ADC, e quando se tratar de ADPF. Nas primeiras ações, há a previsão de participação de órgãos ou entidades. Por conseguinte, não poderão intervir voluntariamente pessoas físicas (cientistas, *experts*, advogados, professores, etc.) a não ser que haja requisição do juiz para sua manifestação. E, já que a lei da ADPF admite a manifestação de todos aqueles interessados no processo, os legitimados a atuarem como *amicus curiae* formariam rol mais extenso. É o que sugere a leitura da seguinte decisão monocrática do Min. Menezes Direito:

Ocorre que a Lei nº 9.882/99, que disciplina as argüições de descumprimento de preceito fundamental, é mais flexível a respeito da possibilidade de terceiros poderem se manifestar nos autos. Com efeito, dispõe o § 2º do art. 6º da Lei nº 9.882/99: "Art. 6º Apreciado o pedido de liminar, o relator solicitará informações às autoridades responsáveis pela prática do ato questionado, no prazo de dez dias. (...) § 2º Poderão ser autorizadas, a critério do relator, sustentação oral e juntada de memoriais, por requerimento dos interessados no processo". O § 2º reproduzido acima, como se verifica, não exige que o postulante tenha alguma representatividade, bastando que demonstre interesse no processo. Assim, a orientação aplicada nas argüições de descumprimento de preceito fundamental, quanto à admissão do *amicus curiae*, não se aplica às ações diretas de inconstitucionalidade e declaratórias de constitucionalidade.[396]

---

[395] Na verdade, os parágrafos do art. 18 da Lei, que previam a figura do *amicus curiae* na ADC, foram vetados, mas as próprias razões do veto asseguram a possibilidade de o Supremo Tribunal Federal, por meio de interpretação sistemática, admitir no processo da ação declaratória a abertura processual prevista para a ação direta no § 2º do art. 7º. Nesse sentido, na ADC 18/DF, o Min. Marco Aurélio acatou a participação da OAB como *amicus curiae*.

[396] BRASIL, Supremo Tribunal Federal, ADC 18/DF, Decisão monocrática, Rel. Min.Menezes Direito, *DJ* de 22.11.2007.

Mas sobre os requisitos relevância da matéria-representatividade dos postulantes, o STF tem sido bastante generoso, adotando política de ampla aceitação dos mais diversos órgãos e entidades como amigos da Corte. Aliás, em recente estudo sobre a questão, foram identificados 469 processos nos quais houve pedido de ingresso de terceiros interessados na causa; e, dos 1.440 pedidos feitos nestes processos, o STF acolheu 1.235 (85,8%) e rejeitou 205 (14,2%).[397] De fato, não é exagero apontar que os deferimentos têm se dado de modo demasiadamente sucinto, quase mecânico, havendo geralmente a breve constatação de que "há nexo de causalidade entre o diploma atacado e a representatividade do requerente".[398]

São, realmente, poucas as decisões encontradas nas quais o Tribunal tenha rejeitado pedido de participação de terceiros, e é até possível apontar as duas principais situações desse raro indeferimento: a) quando há sobreposição de interesses e de informações, isto é, quando a entidade representa interesses já defendidos por outro órgão ou quando a participação do *amicus* traz constatações idênticas às já encontrada nos autos;[399] b) quando indivíduos isolados intentam participar em ADINS. Foi o ocorrido na ADI 3510/DF,[400] na qual o Min. Carlos Ayres Britto negou a participação de cientista cuja dissertação de mestrado enfocara o assunto cerne do processo objetivo, e na ADI 3522/RS,[401] na qual o Min. Marco Aurélio impediu duas candidatas aprovadas em concurso público para ingresso nos serviços notariais e registrais de se manifestarem sobre inconstitucionalidade de lei gaúcha que impusera avaliação de títulos alegadamente irrazoável. Ou, ainda, como verificado na ADI 3.861/SC, em que ex-governador do Estado de Santa Catarina intentou participar como *amicus curiae* para defender o artigo 195 da Constituição Estadual, o qual prevê subsídio vitalício, equiparado ao de Desembargador, para os titulares do cargo governador que o tenham exercido em caráter permanente.

Indiscutível, então, a predominância de deferimento das solicitações, alegando os Ministros do STF, em geral, a necessária pluralização do debate constitucional. Cumpre transcrever trecho de decisão monocrática que expressa tal visão:

---

[397] Cf. notícia publicada no *website* http://www.conjur.com.br, em 06/12/08, sobre a defesa da dissertação de mestrado da acadêmica Damares Medina no Instituto Brasileiro de Direito Público.

[398] BRASIL, Supremo Tribunal Federal, ADI 4033/DF, Decisão monocrática. Rel. Min. Joaquim Barbosa, *DJ* de 01.08.2008. Ver, ainda: BRASIL, Supremo Tribunal Federal, ADI 2902/SP, Decisão monocrática, Rel. Min. Ricardo Lewandowski, *DJ* de 20.02.2008.

[399] BRASIL, Supremo Tribunal Federal, ADI 3496/MG, Decisão monocrática. Rel. Min. Marco Aurélio, *DJ* de 08.10.2007

[400] BRASIL, Supremo Tribunal Federal, ADIN 3510/DF, Decisão monocrática, Rel. Min.Carlos Ayres Britto, *DJ* de 11.05.2006.

[401] BRASIL, Supremo Tribunal Federal, ADIN 3510/DF, Decisão monocrática, Rel. Min.Marco Aurélio, *DJ* de 07.11.2005.

A admissão de terceiro, na condição de *amicus curiae*, no processo objetivo de controle normativo abstrato, qualifica-se como fator de legitimação social das decisões da Suprema Corte, enquanto Tribunal Constitucional, pois viabiliza, em obséquio ao postulado democrático, a abertura do processo de fiscalização concentrada de constitucionalidade, em ordem a permitir que nele se realize, sempre sob uma perspectiva eminentemente pluralística, a possibilidade de participação formal de entidades e de instituições que efetivamente representem os interesses gerais da coletividade ou que expressem os valores essenciais e relevantes de grupos, classes ou estratos sociais. Em suma: a regra inscrita no art. 7º, § 2º, da Lei nº 9.868/99 – que contém a base normativa legitimadora da intervenção processual do *amicus curiae* – tem por precípua finalidade pluralizar o debate constitucional". (ADI 2.130-MC, rel. min. Celso de Mello, DJ 02.02.2001). Vê-se, portanto, que a admissão de terceiros na qualidade de *amicus curiae* traz ínsita a necessidade de que o interessado pluralize o debate constitucional, apresentando informações, documentos ou quaisquer elementos importantes para o julgamento da ação direta de inconstitucionalidade.[402]

Tal política de amplo deferimento aos pedidos formulados culminou, inclusive, na modificação de entendimento da Corte, que não aceitava sustentação oral do *amicus curiae*. No julgamento da ADI-MC 2223/DF, restaram vencidos os Ministros Moreira Alves e Sepúlveda Pertence,[403] concedendo-se o direito de os participantes proferirem oralmente suas razões. No extenso debate entre os julgadores, o Min. Moreira Alves ponderava ser inoportuna a extensão do direito ao então *amicus curiae*, pois o consentimento da Corte configuraria precedente judicial, a tumultuar o bom e célere andamento dos futuros feitos. O então Min. Nélson Jobim julgou que o caso era de peculiar e complexa dificuldade, o que justificaria o deferimento pelo Plenário. Para tanto, sustentou a necessidade de certa abertura do Tribunal no sentido de participação de outros setores na discussão da matéria, pois "cada vez mais essas legislações são de uma especificidade, de uma tecnicidade extraordinária complexa, batendo, inclusive, na baixa formação de todos nós no que diz respeito a setores específicos da economia".[404] Marcante mostrou-se a seguinte passagem do debate entre os Ministros:

Min. Moreira Alves: – [...] o problema são os precedentes. Hoje é uma entidade, amanhã será um particular, depois de amanhã serão inúmeros particulares. [...]

---

[402] BRASIL, Supremo Tribunal Federal, ADIN 3889/RO, Decisão monocrática, Min.Joaquim Barbosa, *DJ* de 06.11.2007.

[403] Referiu, no mencionado julgamento, o Min. Sepúlveda Pertence: "Recebi, com grande satisfação, no ponto, as inovações da Lei 9.868, de 10 de novembro de 1999, que rompem com a visão ortodoxa- e ingênua- que vê, na ação direta, no controle abstrato, uma simples atividade de subsunção ou de cotejo entre um texto constitucional e um infraconstitucional, questionado. Para isso, no entanto, não foi a sustentação oral que se abriu, mas, no § 1º do art. 9º, a previsão, além de informações adicionais, a perícia, a designação de comissão de peritos e a audiência pública, assegurando-se, então, até na programação pelo Tribunal dessa audiência pública, o pluralismo. Tudo isso, acho que pode vir a ser, em muitas ações diretas, um instrumento fundamental para a informação do Tribunal acerca do domínio normativo da lei questionada eventualmente, de relevo na aferição de sua constitucionalidade. Não vejo como possamos assegurar a sustentação oral a todos os amici curiae, que se habilitem. Até porque, do contrário, poderíamos [...] abrir com isso um mecanismo de obstrução judiciária do julgamento de ações diretas de inconstitucionalidade, aos interessados que pretendem protelar a decisão definitiva delas".

[404] BRASIL, Supremo Tribunal Federal,, ADI-MC 2223/DF, Tribunal Pleno, Relator Min. Maurício Corrêa, *DJ* de 05.12.2003.

Min. Nelson Jobim: Quero lembrar o seguinte: somos os únicos da República,, conforme dito várias vezes aqui, que podemos errar por último. Tenho muito medo de errar por último.[405]

A modificação no entendimento do STF restou consagrada no Regimento Interno do Tribunal, com a Emenda Regimental n. 15, de 30 de março de 2004.[406]

Por outro lado, segue firme o STF em rejeitar direito de recurso ao postulante que, por decisão monocrática, não for admitido como *amicus curiae*,[407] até porque está expressa, no próprio texto legal, a irrecorribilidade do *decisum*. Diz-se que a atuação de terceiro pressupõe convencimento do relator sobre a conveniência e necessidade da intervenção, de modo que a admissão de terceiros não implica o reconhecimento do direito subjetivo a tanto. Muito menos cabe recurso por parte do terceiro que queira questionar o mérito da decisão pronunciada em ação direta, sendo nessa questão voto vencido o Min. Gilmar Mendes.[408] Para tal negativa, sustenta-se que o *amicus curiae* é colaborador informal da Corte, não configurando, tecnicamente, hipótese de intervenção *ad coadjuvandum*. E, na ADI 2904/PR, também não se aceitou a possibilidade de *amicus curiae* pleitear medida cautelar.[409]

E, em relação ao momento de manifestação dos "amigos da Corte", a jurisprudência não havia marcado posição cerrada (até a publicação de decisão na ADI 4071 AgR/DF), ora sendo fixado o prazo de até trinta dias após o recebimento da ação pelo relator (prazo das informações),[410] ora sendo flexibilizado referido entendimento, a fim de acatar participações mais tardias.[411]

---

[405] BRASIL, Supremo Tribunal Federal, ADI-MC 2223/DF, Tribunal Pleno, Relator Min. Maurício Corrêa, *DJ* de 05.12.2003.

[406] Regimento Interno do STF, "Art. 131§ 3° – Admitida a intervenção de terceiros no processo de controle concentrado de constitucionalidade, fica-lhes facultado produzir sustentação oral, aplicando-se, quando for o caso, a regra do § 2° do artigo 132 deste Regimento".

[407] Nesse sentido: BRASIL, Supremo Tribunal Federal, ADPF 54, Rel. Min. Marco Aurélio, decisão monocrática, *DJ* 13.08.2004; ADI-ED 3615/PB, Tribunal Pleno, Min. Cármen Lúcia, *DJ* de 25.04.2008. Cássio Scarpinella Bueno mostra-se contrário ao posicionamento do STF, alegando o "inegável prejuízo que a decisão que indefere o ingresso do *amicus curiae* tem aptidão para lhe causar, revelando-lhe, assim, seu interesse recursal". (BUENO, Cássio Scarpinella. *Amicus Curiae no Processo Civil Brasileiro. Um terceiro enigmático*. 2. ed. São Paulo: Saraiva, 2007, p. 172.)

[408] Conferir voto do Min. Ferreira Mendes na ADI-ED 3615/PB, Tribunal Pleno, Rel. Min. Cármen Lúcia, *DJ* de 25.04.2008.

[409] BRASIL, Supremo Tribunal Federal,, ADI 2904/PR, Decisão Monocrática, Relator Min. Menezes Direito, *DJ* de 05.06.2008.

[410] Nesse sentido: BRASIL, Supremo Tribunal Federal, ADI (MC) 2.321/DF, Decisão monocrática, Rel. Min. Celso de Mello, *DJ* de 31.10.2000; ADI (MC) 2.130/SC, Decisão monocrática, Rel. Min. Celso de Mello, *DJ* de 02.02.2001; BRASIL, Superior Tribunal de Justiça, REsp 775461/DF, Rel. Min. Gilson Dipp, *DJ* de 13.10.2005.

[411] BRASIL, Supremo Tribunal Federal, ADI 3329/SC, Decisão monocrática, Rel. Min. Cezar Peluzo, *DJ* de 26.05.2006.

Com a ADI 4071 AgR/DF,[412] o Tribunal assentou que a intervenção do *amicus curiae* está limitada à data da remessa dos autos à mesa para julgamento. Tal limitação foi imposta por considerar-se que o relator, ao encaminhar o processo para a pauta, já teria sua convicção firmada, o que implicaria a pouca utilidade dos fundamentos trazidos pelos *amici curiae*. O Tribunal aferiu que permitir a intervenção de terceiros às vésperas do julgamento poderia ainda causar problemas relativamente à quantidade de intervenções, bem como à capacidade de absorver argumentos apresentados e desconhecidos pelo relator. Ademais, esclareceu-se necessitar a regra processual de uma limitação, sob pena de se transformar o *amicus curiae* em regente do processo.

5.2.2. O "amicus curiae" no controle incidental

O grande destaque conferido ao *amicus curiae* no Brasil está ligado à flexibilização do controle objetivo de constitucionalidade. Todavia, é de suma relevância a sua previsão também no controle incidental. Afinal, a Lei 9.868/99 dispôs sobre o *amicus curiae* não só na via abstrata, como também inovou o Código de Processo Civil (CPC), autorizando seu uso pelos demais Tribunais, no julgamento dos casos concretos. E, com a Emenda Constitucional n. 45/04, passou-se a exigir o pré-requisito da repercussão geral na admissibilidade do recurso extraordinário, abrindo espaço para, mais uma vez, ser inserido o instituto na legislação processual.

Viu-se que a Constituição de 1934 adotou norma inovadora no ordenamento jurídico, proibindo os órgãos fracionários dos Tribunais de declarar a inconstitucionalidade de lei ou ato do Poder Público, sem remeter a questão ao órgão pleno da Corte, onde deveriam estar presentes todos os seus juízes e ser os votos computados por maioria absoluta (regra do *full bench*). Tal norma repetiu-se, em sua substância, nas Cartas seguintes, constando na Constituição atual, no art. 97.[413] No caso, então, de uma Turma, Grupo, Câmara, ou Sessão estar apreciando um caso concreto e houver inclinação dos julgadores para se reconhecer a inconstitucionalidade da lei a ser aplicada, exige-se que a questão seja remetida ao Plenário. Acaso reconheça, pela maioria absoluta dos seus membros, o vício apontado pelo órgão fracionário, o Pleno declarará a inconstitucionalidade da lei ou ato normativo em causa.[414] Uma vez realizada a declaração pelo Plenário, o órgão fracionário, que submeteu a questão, estará subordinado ao entendimento proferido pelo Pleno, efeito que, rigorosamente, não se estende à instância ordinária.

---

[412] BRASIL, Supremo Tribunal Federal, ADI 4071 AgR/DF, Rel. Min. Menezes Direito, *DJ* de 22.04.2009.
[413] Art. 97. Somente pelo voto da maioria absoluta de seus membros ou dos membros do respectivo órgão especial poderão os tribunais declarar a inconstitucionalidade de lei ou ato normativo do Poder Público.
[414] AMARAL JÚNIOR, *Incidente de argüição de inconstitucionalidade*, cit., p. 37.

E, desde 1999, é possível a manifestação de terceiros perante os Plenários dos Tribunais. Foram os seguintes dispositivos adicionados ao art. 482 do CPC:

> Art. 482 [...]
>
> § 1º O Ministério Público e as pessoas jurídicas de direito público responsáveis pela edição do ato questionado, se assim o requererem, poderão manifestar-se no incidente de inconstitucionalidade, observados os prazos e condições fixados no Regimento Interno do Tribunal.
>
> § 2º Os titulares do direito de propositura referidos no art. 103 da Constituição poderão manifestar-se, por escrito, sobre a questão constitucional objeto de apreciação pelo órgão especial ou pelo Pleno do Tribunal, no prazo fixado em Regimento, sendo-lhes assegurado o direito de apresentar memoriais ou de pedir a juntada de documentos.
>
> § 3º O relator, considerando a relevância da matéria e a representatividade dos postulantes, poderá admitir, por despacho irrecorrível, a manifestação de outros órgãos ou entidades.

Aos moldes do controle realizado na via principal, admite-se no assim denominado incidente de inconstitucionalidade a interposição de petição de *amicus curiae* pelos legitimados do art. 103 da CRFB/88 e por outros órgãos ou entidades com a devida representatividade. Gilmar Ferreira Mendes sustenta que tal dispositivo legal induz à obrigatoriedade de se garantir, no julgamento perante o Pleno, a participação de todos aqueles que litiguem em feitos semelhantes no âmbito do primeiro grau.[415]

Diante de mencionada abertura processual, instituições passaram a solicitar participação como *amicus curiae* em outras ações e em outros recursos, que não o incidente de inconstitucionalidade. Mas sobre a questão tem sido incisiva a jurisprudência no sentido de não acatar os pedidos. Assim, no HC 48.375 – GO,[416] o Comitê Nacional de Vítimas da Violência Parceiros da Paz (organização não governamental de defesa dos direitos humanos da vítima) teve negado pelo STJ o requerimento de intervenção como amigo da Corte. Também o STF não tem tolerado a intervenção em casos tais, conforme se verificou em decisões prolatadas no MS 27098/DF, no MS 26.552 AgR/DF e no MS 26.150/DF,[417] as quais decretaram a inadmissibilidade do *amicus curiae* a processos de caráter meramente subjetivo (nos casos citados, foram rejeitados como *amici* respectivamente o Sindicato dos Escreventes e Auxiliares Notariais e Registrais do Estado de São Paulo, a Ordem dos Advogados do Brasil e o Conselho Federal de Farmácia). A tentativa do Instituto dos Auditores Fiscais do Estado da Bahia de intervir no RE 591648/BA também não foi bem sucedida, ao argumento de que as hipóteses de atuação do *amicus curiae*, além de serem taxativas, deveriam estar ligadas a

---

[415] MENDES,*Curso de Direito Constitucional,* cit, p. 1022.

[416] BRASIL, Superior Tribunal de Justiça, HC 48.375–GO, Decisão Monocrática, Rel. Min. Gílson Dipp, *DJ* de 11.11.2005.

[417] BRASIL, Supremo Tribunal Federal, MS 27098/DF, Decisão Monocrática, Min. Eros Grau, *DJ* de 03/02/2009; Supremo Tribunal Federal, MS 26552 AgR/DF, Decisão Monocrática, Min. Celso de Mello, *DJ* de 23/05/2007; Supremo Tribunal Federal, MS 26.150/DF, Decisão Monocrática, Min. Eros Grau, *DJ* de 06.03.2007.

evidente impacto sobre a ordem jurídico-social. Afirmou, ademais, o Min. Cezar Peluso: "Não se excogita, pois, *amicus curiae* em causa adstrita aos interesses subjetivos das partes, à míngua de previsão legal".[418]

E mesmo na reclamação constitucional, recurso utilizado para garantir a autoridade do STF em relação às decisões já proferidas e dotadas de efeito *erga omnes* e efeito vinculante, manifestou a Corte ser inadmissível o *amicus curiae*, pois nela "só tem interesse jurídico os partícipes do processo judicial em que proferida a decisão alegadamente desrespeitada".[419]

Frise-se, contudo, que mencionadas situações não se equiparam aos casos em que o Tribunal requer ex officio informação adicional sobre o tema em julgamento. Cite-se, pois, o polêmico HC 82.424/RS,[420] que tratava de aspectos relativos à definição e abrangência do crime de racismo e antissemitismo. Nesse feito, pareceres técnicos de renomados juristas foram obtidos ex officio pelo relator do acórdão Min. Maurício Corrêa e oferecidos na condição de *amicus curiae* (expressão contida nos votos do Min.Moreira Alves e do Min. Celso de Mello), com intuito de definir a expressão "raça".

Sobre a inserção da demonstração de repercussão geral no recurso extraordinário, previram o art. 102, § 3º da Constituição Federal, acrescentado pela Emenda Constitucional n. 45/04, e o art. 543 do Código de Processo Civil, regulamentado pela Lei n. 11.418/06:

> Art. 102 [...]
> § 3º No recurso extraordinário o recorrente deverá demonstrar a repercussão geral das questões constitucionais discutidas no caso, nos termos da lei, a fim de que o Tribunal examine a admissão do recurso, somente podendo recusá-lo pela manifestação de dois terços de seus membros.
>
> Art. 543-A [...]
> § 1º Para efeito da repercussão geral, será considerada a existência, ou não, de questões relevantes do ponto de vista econômico, político, social ou jurídico, que ultrapassem os interesses subjetivos da causa.

Nota-se ainda mais o papel político do Supremo Tribunal Federal com a inovação processual, já que a ele se confere a discricionariedade de examinar apenas os casos de maior relevância,[421] aos moldes do que ocorre na Suprema

---

[418] BRASIL, Supremo Tribunal Federal, RE 591648/BA, Decisão monocrática, Rel. Min. Cezar Peluso, *DJ* de 03/02/2009.

[419] BRASIL, Supremo Tribunal Federal, Rcl.4912/GO, Decisão monocrática, Rel. Min. Cármen Lúcia, *DJ* de 30.03.2007. No mesmo sentido, Rcl. 5096 MC-AgR/SP, Decisão monocrática, Rel. Min. Marco Aurélio, *DJ* de 15.10.2007.

[420] BRASIL, Supremo Tribunal Federal, ADI-MC 2223/DF, Tribunal Pleno, Rel. Min. Maurício Corrêa, *DJ* de 05.12.2003.

[421] A ideia de que o exame da repercussão geral é discricionário não é unânime na doutrina. José Rogério Cruz e Tucci, por exemplo, é de posição marcadamente contrária, afirmando que "[...] os critérios que serão estabelecidos para o exame e avaliação da repercussão geral jamais poderão ser discricionários, até porque a Corte deverá

Corte Norte-Americana, com o *writ of certiorari*.[422] O recurso extraordinário, destarte, deve versar a respeito de questão relevante, que transcenda o interesse meramente individual das partes em litígio.[423] E, nesse contexto, admite-se a manifestação de *amici curiae* interessados em demonstrar a repercussão geral de determinada questão. Prevê o art. 543-A, § 6º do CPC:

> Art. 543-A [...]
> § 6º O Relator poderá admitir, na análise da repercussão geral, a manifestação de terceiros, subscrita por procurador habilitado, nos termos do Regimento Interno do Supremo Tribunal Federal.

Acertada, nesse sentido, a observação feita por Gilmar Ferreira Mendes de que a adoção desse novo instituto deverá maximizar a feição objetiva do recurso extraordinário,[424] haja vista que sua análise requer a demonstração da transcendência de interesses, acarretando também a utilidade do instituto do *amicus curiae*. E, ao que se tem percebido, de modo semelhante ao *writ of certiorari* americano, o *amicus curiae* poderá atuar tanto antes quanto após o recebimento do recurso. No Recurso Extraordinário 565.714/SP, cujo tema central residia na possibilidade de o adicional de insalubridade ter como base de cálculo o salário mínimo, a Min. Cármen Lúcia acatou a intervenção da Confederação Nacional da Indústria como amiga da Corte, não para demonstrar a repercussão geral do feito, mas para se manifestar sobre o mérito do debate. Afirmou a julgadora seu posicionamento sobre a inovação processual do CPC:

> [...] A norma parece ter limitado a presença do *amicus curiae* apenas à fase de reconhecimento de existência ou inexistência da repercussão geral. Esse seria o raciocínio simplório a que chegaria o intérprete se este considerar apenas os dois dispositivos legais transcritos como base para a manifestação de terceiros. Os arts. 543-A, § 6º, do Código de Processo Civil e o art. 323, § 2º, do Regimento Interno do Supremo Tribunal Federal têm por objetivo deixar claro que a presença do *amicus curiae* será admitida mesmo em se tratando de fase em que não se examinará o mérito submetido ao controle de constitucionalidade (momento em que a manifestação de terceiros é mais comum), mas apenas se avaliará a existência dos requisitos de relevância e transcendência que configuram a existência da repercussão geral. A presença do *amicus curiae* no momento em que se julgará a questão constitucional cuja repercussão geral fora reconhecida não só é possível como é desejável. 3. A exigência de repercussão geral da questão constitucional tornou definitiva a objetivação do julgamento do recurso extraordinário e dos efeitos dele decorrentes, de modo a que a

---

explicitar a respectiva *ratio decidendi*". (TUCCI, José Rogério Cruz e. Repercussão Geral como pressuposto de admissibilidade do recurso extraordinário (Lei 1.418/06). *Revista de Processo*, São Paulo: Revista dos Tribunais, v. 32, n. 145, mar. 2007, p. 153).

[422] Ver, a propósito, alguns outros sinais de convergência entre os modelos de controle de constitucionalidade em LEAL, Roger Stiefelmann. A convergência dos sistemas de controle de constitucionalidade: aspectos processuais e institucionais. *Revista de Direito Constitucional e Internacional*, São Paulo: Revista dos Tribunais, v. 14, n. 57, out./dez. 2006, p. 62-81.

[423] No caso da existência de decisão contrária a súmula ou jurisprudência dominante do STF, a repercussão geral é presumida.

[424] MENDES, *Curso de Direito Constitucional*, cit., p. 1025.

tese jurídica a ser firmada pelo Supremo Tribunal Federal seja aplicada a todos os casos cuja identidade de matérias já tenha sido reconhecida pelo Supremo Tribunal (art. 328 do Regimento Interno do Supremo Tribunal Federal) ou pelos juízos e tribunais de origem (art. 543-B do Código de Processo Civil), ainda que a conclusão de julgamento seja diversa em cada caso. Essa nova característica torna mais do que legítima a presença de *amicus curiae*, ainda que não se tenha disposição legal expressa[...].[425]

Merecem destaque, ainda, recentes previsões de atuação do *amicus curiae* no Direito brasileiro, atuações essas que não se restringem apenas ao âmbito do STF, mas se estendem a outras esferas do Poder Judiciário, como aos Juizados Especiais e ao STJ. Assim, no âmbito dos Juizados Especiais, os artigos 14 e 15 da Lei 10.259/01 autorizam que eventuais interessados também participem do Procedimento de Uniformização de Jurisprudência e dos recursos extraordinários, a critério do relator. Aliás, interessante notar que a expressão *amicus curiae* é feita explicitamente, no nosso ordenamento jurídico, apenas na Resolução 290, de 2004, que dispõe sobre o Regimento Interno da Turma Nacional de Uniformização de Jurisprudência dos Juizados Especiais Federais, em seu art. 23, *caput* e § 1º.[426]

Outra inovação processual trazida por lei ordinária merece destaque: a Lei n. 11.417, de 2006, que disciplinou a edição, a revisão e o cancelamento de enunciado de súmula vinculante pelo Supremo Tribunal Federal, após elencar os legitimados ativos para a sua propositura, autorizou também a manifestação de terceiros interessados na questão.[427]

E a Lei n. 11.672, de 2008 abriu a possibilidade de manifestação de "amigos da Corte" no âmbito do STJ, quando houver multiplicidade de recursos especiais com fundamento em idêntica questão de direito. Nessa hipótese, o relator no Superior Tribunal de Justiça, ao identificar que sobre a controvérsia já existe jurisprudência dominante ou que a matéria já está afeta ao colegiado, poderá determinar a suspensão, nos tribunais de segunda instância, dos recursos nos quais a controvérsia esteja estabelecida e ouvir terceiros interessados.[428]

---

[425] BRASIL, Supremo Tribunal Federal, RE 565.714/SP, Relator Min. Cármen Lúcia, *DJ* de 23/04/2008.

[426] "Art. 23. As partes poderão apresentar memoriais e fazer sustentação oral por dez minutos, prorrogáveis por até mais dez, a critério do presidente. § 1º O mesmo se permite a eventuais interessados, a entidades de classe, associações, organizações não governamentais, etc., na função de "*amicus curiae*", cabendo ao presidente decidir sobre o tempo de sustentação oral. § 2º Antes de iniciado o julgamento, ou depois, os juízes, por intermédio do presidente, poderão convocar, caso se encontrem presentes, os advogados, os peritos e as partes para prestarem à Turma esclarecimentos sobre matéria de fato relevante. § 3º Em primeiro lugar, falará a parte que requereu o incidente".

[427] "Art. 3º, § 2º. No procedimento de edição, revisão ou cancelamento de enunciado da súmula vinculante, o relator poderá admitir, por decisão irrecorrível, a manifestação de terceiros na questão, nos termos do Regimento Interno do Supremo Tribunal Federal".

[428] CPC, art. 543-C. "Quando houver multiplicidade de recursos com fundamento em idêntica questão de direito, o recurso especial será processado nos termos deste artigo. § 1º Caberá ao presidente do tribunal de origem admitir um ou mais recursos representativos da controvérsia, os quais serão encaminhados ao Superior Tribunal de Justiça, ficando suspensos os demais recursos especiais até o pronunciamento definitivo do Superior Tribunal de Justiça. § 2º Não adotada a providência descrita no § 1º deste artigo, o relator no Superior Tribunal de Justiça,

Não faltam, ainda, *defensores da extensão da participação de amici a outros campos*. Athos Gusmão Carneiro, por exemplo, pondera pela intervenção de entidades representativas, como *amici curiae*, nos mandados de segurança.[429] Rodrigo Strobel Pinto vai mais além: ao argumento de que a legitimação democrática da prestação jurisdicional não pode ficar adstrita somente a certas demandas, defende que os arts. 130[430] e 345[431] do CPC – relativos ao poder instrutório do juiz e à participação de terceiros no processo civil – chancelariam a atuação do *amicus* em todos os processos.[432]

5.3. Natureza da atuação do *amicus curiae* para a jurisprudência brasileira

Ao analisar as diversas decisões monocráticas dos Tribunais pátrios acerca da admissibilidade ou não do *amicus curiae*, o estudioso do tema certamente enfrenta dificuldades para conceber o exato papel dispensado ao instituto. É que, definitivamente, não existe uniformidade jurisprudencial sobre a espécie de ligação que o "amigo da Cúria" deve possuir com a causa em discussão.

Lembre-se ter sido o instrumento processual previsto no controle de constitucionalidade brasileiro por obra do Min. Gilmar Ferreira Mendes, que, por sua vez, se inspirou na doutrina de Peter Häberle. E a ideia da "comunidade aberta de intérpretes" é expressão da necessidade sentida pelo pensador alemão de democratizar a jurisdição constitucional. Tal democratização, como se examinou, seria efetivada no âmbito institucional das Cortes Constitucionais pela "livre discussão do indivíduo e de grupos 'sobre' e 'sob' as normas constitucionais",[433] objetivando o máximo pluralismo político. Seriam bem-vindos aos procedimentos de

---

ao identificar que sobre a controvérsia já existe jurisprudência dominante ou que a matéria já está afeta ao colegiado, poderá determinar a suspensão, nos tribunais de segunda instância, dos recursos nos quais a controvérsia esteja estabelecida. § 3º O relator poderá solicitar informações, a serem prestadas no prazo de quinze dias, aos tribunais federais ou estaduais a respeito da controvérsia. § 4º O relator, conforme dispuser o regimento interno do Superior Tribunal de Justiça e considerando a relevância da matéria, poderá admitir manifestação de pessoas, órgãos ou entidades com interesse na controvérsia. [...]"

[429] CARNEIRO, Athos Gusmão. Mandado de segurança. Assistência e *amicus curiae*. v. 371. *Revista Forense*. Janeiro-Fevereiro de 2004, p. 73-78.

[430] "Art. 130. Caberá ao juiz, de ofício ou a requerimento da parte, determinar as provas necessárias à instrução do processo, indeferindo as diligências inúteis ou meramente protelatórias".

[431] "Art. 341. Compete ao terceiro, em relação a qualquer pleito: I – informar ao juiz os fatos e as circunstâncias, de que tenha conhecimento; II – exibir coisa ou documento, que esteja em seu poder". José Carlos Barbosa Moreira afirma que tal dispositivo legal estabelece "o dever para todos os terceiros do mundo que possuam conhecimentos em relação a determinado litígio de informá-los ao juiz" (MOREIRA, José Carlos Barbosa. Provas atípicas. Revista de Processo, nº 76. São Paulo: RT, out/dez, 1994, p. 119).

[432] PINTO, Rodrigo Strobel. *Amicus curiae*: atuação plena segundo o princípio da cooperação e o poder instrutório judicial. *Revista de Processo*. São Paulo: Revista dos Tribunais, v. 32, n. 151, set. 2007, p. 131-139.

[433] HÄBERLE, *Hermenêutica constitucional*, cit., p. 40.

controle, nessa linha, pareceristas, peritos, associações, partidos políticos, grupos de pressão organizados, etc.

Em que pese Häberle seja bastante referido nas decisões, na verdade há certa resistência de alguns magistrados pátrios em acatar plenamente sua visão. De fato, os Tribunais ora reconhecem e admitem que a atuação do *amicus curiae* advenha de indissociável e particular interesse no resultado da causa, ora exigem performance mais imparcial na interpretação das leis. E tal divergência – quiçá não identificada pelo Supremo Tribunal Federal – faz com que o ato judicial de indeferimento da participação do *amicus* ocorra sem a devida uniformidade. Mister ilustrar tal constatação com a análise de algumas fundamentações judiciais.

Maciça quantidade de precedentes do STF caminha no sentido de exigir do *amicus* particular interesse no deslinde da ação. Assim, na ADI 3225/RJ, a Federação das Empresas de Transportes de Passageiros do Estado do Rio de Janeiro requereu entrada no feito como *amicus curiae*, para se manifestar sobre a constitucionalidade de artigo da Constituição Estadual que impediu a concessão de gratuidade a certos indivíduos no uso de serviços públicos. Foi incisiva a declaração do Min. Cezar Peluso na admissão da intervenção, declarando que a entidade "representa categoria econômica cujo interesse no resultado da ação é inconteste, de modo que ostenta adequada representatividade (*adequacy of representation*). [...] É entidade que congrega interesses das empresas de transporte de passageiros, nitidamente capazes de ser atingidos pela decisão da causa".[434] No mesmo sentido, andou a decisão do Min. Eros Grau, que admitiu, na ADI 3.106/MG, a manifestação do Sindicato dos Servidores da Justiça do Estado sobre lei relativa ao regime próprio de previdência e assistência social dos servidores públicos. Consoante o relator, restou evidenciado o legítimo interesse da instituição para atuar no feito.[435] A decisão monocrática da Min. Cármen Lúcia na ADI 3931/DF elucida ainda mais referido posicionamento do STF, estampando a necessidade de ser demonstrada pertinência temática. No caso, em que se discute a inconstitucionalidade de lei reguladora de acidente do trabalho, negou-se a atuação da Associação Nacional dos Magistrados da Justiça do Trabalho (ANAMATRA) como *amicus curiae*, afirmando a relatora:

> [...] outro não pode ser senão o entendimento de que a atuação da Anamatra no controle abstrato de normas, pela sua natureza de associação de magistrados da Justiça do Trabalho, está limitada à defesa de interesses diretos da categoria. *A decisão a ser proferida nesta ação direta de inconstitucionalidade em nada afetará a atuação profissional, a situação financeira ou as prerrogativas inerentes aos juízes da Justiça do Trabalho.* No julgamento da Ação Direta de Inconstitucionalidade n. 1.157-MC, DJ 17.11.2006, o eminente Ministro Celso de Mello ressaltou que "o requisito da pertinência temática (...) se traduz na relação de congruência que necessariamente deve existir entre os objetivos estatutários ou as

---

[434] BRASIL, Supremo Tribunal Federal, ADI 3225/RJ, Decisão monocrática, Rel. Min. Cezar Peluso, *DJ* de 06/08/2007.

[435] BRASIL, Supremo Tribunal Federal, ADI 3106/MG, Decisão monocrática, Rel. Min. Eros Grau, *DJ* de 14/02/2005.

finalidades institucionais da entidade autora e o conteúdo material da norma questionada em sede de controle abstrato". *A pertinência temática também é requisito para a admissão de amicus curiae* e a Requerente não o preenche. Reduzir a pertinência temática ao que disposto no estatuto das entidades sem considerar a sua natureza jurídica colocaria o Supremo Tribunal Federal na condição submissa de ter que admitir sempre qualquer entidade em qualquer ação de controle abstrato de normas como *amicus curiae*, bastando que esteja incluído em seu estatuto a finalidade de defender a Constituição da República.[436] (grifamos)

Na ADIN 4167/DF, o Min. Joaquim Barbosa declarou expressamente ser a participação do *amicus curiae* excepcional hipótese de intervenção de terceiro, o qual deve, em observância ao postulado democrático, ser investido de representatividade adequada. Essencial, então, para o Ministro, que entidades e instituições representem "interesses gerais da coletividade ou que expressem os valores essenciais e relevantes de grupos, classes ou estratos sociais".[437] Na ocasião, foram admitidos como *amici curiae* a Confederação Nacional dos Trabalhadores em Estabelecimentos de Ensino, o Sindicato dos Servidores do Magistério Municipal de Curitiba e a Confederação Nacional dos Trabalhadores em Educação, por se tratarem de entidades representativas do grupo social diretamente afetado pela norma cuja validade se encontra questionada. A análise das decisões acima comentadas indica uma verdadeira subjetivização do controle abstrato de constitucionalidade...

Anote-se que o STJ já proferiu entendimento semelhante sobre a natureza do *amicus curiae*, ao afirmar que o mesmo "opina em favor de uma das partes, o que o torna um singular assistente, porque de seu parecer exsurge o êxito de uma das partes".[438]

Bem diferente, por outro lado, foi a manifestação do Min.Ricardo Lewandowski na ADPF 134/CE, negando pedidos formulados pelo Município de Fortaleza e pelo Sindicato dos Servidores Públicos do Município para atuarem como *amici curiae*. Em suma, afirmou o julgador que o *amicus curiae* deve fazer jus ao nome, ou seja, deve ser amigo da Corte e não das partes: "[...] o deferimento dos pedidos ora formulados implicaria abrir espaço para a discussão de situações de caráter individual, incabível em sede de controle abstrato, além de configurar condição que refoge à figura do *amicus curiae*".[439] No STJ também já foi verificada posição análoga, quando foi negada participação à Associação Brasileira dos Expostos de Amianto com base no seguinte arrazoado: "o propósito da pos-

---

[436] BRASIL, Supremo Tribunal Federal, ADI 3941/DF, Decisão monocrática, Rel. Min. Cármen Lúcia, *DJ* de 19/08/2008.

[437] BRASIL, Supremo Tribunal Federal, ADI 4167/DF, Decisão monocrática, Rel. Min. Joaquim Barbosa, *DJ* de 17/12/2008.

[438] BRASIL, Superior Tribunal de Justiça, RESP 677.585/RS, Primeira Turma, Rel. Min. Luis Fux, *DJ* de 13/02/2006.

[439] BRASIL, Supremo Tribunal Federal, ADPF 134/CE, Decisão monocrática, Rel. Min. Ricardo Lewandowski, *DJ* de 01/08/2008.

tulante [...] consiste, de fato, na defesa parcial e intransigente do ato impugnado, circunstância bastante para desnaturar a essência do instituto, inviabilizando a sua aplicação".[440]

5.4. Natureza da atuação do *amicus curiae* para a doutrina brasileira

Fredie Didier Jr. postula para o *amicus curiae* papel distinto do conferido aos demais sujeitos processuais. Refere o processualista que a participação do amigo da Corte consubstancia-se em apoio técnico ao magistrado, municiando o magistrado na tarefa hermenêutica com "elementos mais consistentes para que melhor possa aplicar o direito ao caso concreto".[441] Alerta, por outro lado, não se confundir o *amicus* com o perito, pois esse, ao lado de receber honorários, tem a função de servir como instrumento de prova e de averiguação do substrato fático. Filiando-se à corrente de Fredie Didier Jr., Mirella de Carvalho vê no *amicus curiae* verdadeira função de auxiliar o juiz em questões técnico-jurídicas, afirmando ser decisiva para sua admissibilidade a verificação de quais contribuições poderá prestar à Corte, das mais diversas formas, ao ampliar o contraditório, trazer a lume questões que poderiam escapar ao órgão julgador ou mesmo alertar o Juízo sobre implicações e repercussões das decisões, de forma a construí-las com maior qualidade e legitimidade.[442]

Dalton Santos Morais rejeita a ideia de que a CVM ou o CADE atuariam nessa condição, pois o *amicus curiae* não se confundiria com a intervenção obrigatória de eventual fiscal de determinadas decisões. Para o autor, essa visão induziria a dois erros, quais sejam, vislumbrar a atuação do *amicus curiae* como obrigatória e enquadrar o Ministério Público como amigo da Corte quando *custos legis*. Em vez de lhe atribuir o papel de fiscal da lei, o autor defende ser o *amicus curiae* um auxiliar na interpretação plural da questão constitucional.[443] André Gontijo e Christine da Silva também não vêem o *amicus curiae* como mero responsável por prestar informações à Corte. Para os autores, o instituto é o canal de comunicação entre a sociedade civil organizada e o Judiciário; é a garantia institucional para os cidadãos influenciarem a tomada de decisão do STF.[444]

---

[440] BRASIL, Superior Tribunal de Justiça, PETREQ no MS 012459, Rel. Min. João Otávio de Noronha, *DJ* de 10/04/2007.

[441] DIDIER JÚNIOR, Fredie. A intervenção judicial do Conselho Administrativo de Defesa Econômica (art. 89 da lei federal 8884/1994) e da Comissão de Valores Mobiliários (art. 31 da lei federal 6385/1976). *Revista de Processo*, v. 29, n. 115, maio/jun. 2004, p.154. O autor enumera algumas distinções do *amicus curiae* em relação à figura do perito: a intervenção pode ocorrer por sua iniciativa, o *amicus* não se submete a exceção de suspeição ou impedimento, não há prazo processual para entregar laudo.

[442] AGUIAR, Mirella de Carvalho. *Amicus Curiae*. Salvador: Juspodium, 2005, p. 58.

[443] MORAIS, Dalton Santos. A abstrativização do controle difuso de constitucionalidade no Brasil e a participação do *amicus curiae* em seu processo. *Revista de Processo*, v. 33, n. 164, out.2008, p. 205.

[444] GONTIJO; SILVA. O papel do *amicus curiae* no processo constitucional, cit, p. 73.

Cássio Scarpinella Bueno, ao seu turno, enfatiza que há hipóteses e hipóteses de atuação do amigo da Corte.[445] O *amicus curiae* pode, a depender da circunstância, ser assemelhado ao perito judicial – portador de elementos úteis para a formação do convencimento judicial –, situação que requer sua exata imparcialidade. Afirma o autor que alegações do *amicus curiae* serão melhores recebidas pelo magistrado na proporção de sua imparcialidade, neutralidade e idoneidade.[446] Mas, alega, também o *amicus curiae* pode atuar como *custos legis*, aos moldes do Ministério Público, nas hipóteses em que pessoas jurídicas de direito público fiscalizam processos específicos de suas áreas de atuação, por razões institucionais (caso do IPI, CADE e CVM). O *amicus curiae* pode, bem assim, ter traços comuns com o assistente, possuindo interesse jurídico na intervenção; mas, frise-se, no lugar de objetivar a um fim particular ou egoístico, deve desempenhar função altruísta, devendo manifestar interesse do ponto de vista institucional. Nas palavras de Scarpinella Bueno, "tudo temos para, de início, evitar que os nossos *amici* se tornem 'litigantes parciais', a exemplo do que há notícia nos Estados Unidos".[447]

5.5. Participantes como *amicus curiae* no Brasil

Após a edição das Leis 9.868/99 e 9.882/99, o Poder Judiciário passou a simbolizar terreno fértil para variados indivíduos, grupos de interesses e pessoas jurídicas de direito público expressarem posicionamentos, interpretações e ideologias, em distintos graus, sobre a constitucionalidade de normas. Em recente estudo acadêmico sobre o tema, foram examinadas junto ao STF as 119 ações diretas de inconstitucionalidade em que houve participação de *amicus curiae*, e verificou-se que apenas uma delas trouxe informações ao Tribunal sem formular expresso pedido de rejeição ou acolhimento da ação.[448] A situação não destoa, portanto, daquela existente nos Estados Unidos, apontada no segundo capítulo.

Mencionado estudo mostrou que 90% dos pedidos são feitos por pessoas jurídicas, com preponderância de associações (40%) e de entidades sindicais (19%). Também em pouco mais de 90% dos casos, o requerimento de *amicus curiae* é feito em ações de controle concentrado de constitucionalidade, com destaque à ADI, que concentra 84% dos pedidos de ingresso na causa.

Para fins didáticos, assim podemos identificar e classificar as categorias de *amici curiae* protagonistas perante o Judiciário brasileiro, em especial perante o

---

[445] BUENO, *Amicus Curiae no Processo Civil Brasileiro*, cit., p. 423- 462.
[446] Ibidem, p. 405.
[447] Ibidem, p. 445.
[448] Cf. notícia publicada no *website* http://www.conjur.com.br, em 06/12/08, sobre a defesa da dissertação de mestrado da acadêmica Damares Medina no Instituto Brasileiro de Direito Público.

STF: a) organizações privadas que representam amplos segmentos, em defesa de direitos fundamentais; b) organizações profissionais, com especial destaque às entidades defensoras de interesses do funcionalismo público; c) órgãos públicos e unidades governamentais.

5.5.1. Organizações privadas que representam amplos segmentos, em defesa de direitos fundamentais

É possível elencar nessa categoria entidades religiosas, organizações não governamentais em prol dos direitos humanos, entidades filantrópicas, associações protetoras dos direitos dos consumidores e do meio ambiente, associações médicas e científicas, etc. Muitas organizações dessa índole já tiveram negado o direito de propositura em ações diretas, como na ADI 61/DF, em que um dos argumentos para indeferir o pedido foi a natureza da autora (Associação Brasileira de Defesa do Cidadão), que, por ser entidade altruísta, não protegeria interesse específico de determinado setor da sociedade.[449] O julgamento da ADI 2366/DF foi igualmente prejudicado pelo fato de os membros da requerente (Associação Brasileira de Eleitores) não pertencerem a uma classe definida,[450] não sendo diferente a decisão do STF na ADI 1693/MG, que impossibilitou o prosseguimento da ação pela razão de a Associação Brasileira dos Consumidores não constituir entidade de classe propriamente dita, a revelar interesses particulares.[451] A novel instituição da participação via petição de *amicus curiae*, representou a essas entidades, portanto, possibilidade de atuação processual antes negada pelo STF.

Na ADI 3510/DF, talvez a ação direta mais polêmica até hoje decidida pelo Plenário do Supremo Tribunal, entes como os acima descritos atuaram como amigos da Corte. No feito, o Procurador-Geral da República defendeu a inconstitucionalidade do artigo 5º e parágrafos da Lei n. 11.105, de 24 de março de 2005, autorizadores de pesquisas científicas com o uso de células-tronco embrionárias. A ação, ao final julgada improcedente, contou com a presença de terceiros tais como o Centro de Direitos Humanos, a Confederação Nacional dos Bispos do Brasil, Movimento em Prol da Vida, além de diversos especialistas que fizeram, na primeira audiência pública realizada pelo STF,[452] apresentações sobre a Lei de Biossegurança.

---

[449] BRASIL, Supremo Tribunal Federal, ADI 61/DF, Tribunal Pleno, Rel. Min. Sepúlveda Pertence, *DJ* de 28.09.1990.
[450] BRASIL, Supremo Tribunal Federal, ADI 2366/DF, Decisão Monocrática, Rel. Min. Nelson Jobim, *DJ* de 19.12.2000.
[451] BRASIL, Supremo Tribunal Federal, ADI 1693/MG, Tribunal Pleno, Rel. Min. Marco Aurélio, *DJ* de 23.10.1997.
[452] Assim constou na decisão monocrática que designou a audiência pública: "[...] a matéria veiculada nesta ação se orna de saliente importância, por suscitar numerosos questionamentos e múltiplos entendimentos a respeito da tutela do direito à vida. Tudo a justificar a realização de audiência pública, a teor do § 1º do artigo 9º da Lei nº 9.868/99. Audiência que, além de subsidiar os Ministros deste Supremo Tribunal Federal, também possibilitará uma maior participação da sociedade civil no enfrentamento da controvérsia constitucional, o que certamente

Por provocarem ampla repercussão na sociedade e por exemplificarem, em parte, os participantes supra mencionados, imperativa é a menção à ADPF 54/DF, à ADPF 101/DF, à ADPF 132/RJ e à ADI 3526/DF. Tais ações, ainda pendentes de julgamento final, tratam de temas polêmicos e controversos, em que o nível de consenso social é altamente problemático.

Na ADPF 54/DF, a Confederação Nacional dos Trabalhadores na Saúde requereu a realização de interpretação conforme à Constituição e a não aplicação dos dispositivos do Código Penal que punem o aborto, quando constatada a anencefalia do feto. Em audiências públicas divulgadas em rede nacional, amplos segmentos da sociedade atuaram como *amici curiae*, trazendo posições filosóficas, técnicas e científicas acerca do tema. Cite-se, a título exemplificativo, a atuação dos seguintes participantes: Confederação Nacional dos Bispos do Brasil, Federação Brasileira das Associações de Ginecologia e Obstetrícia, Conselho Federal de Medicina, Rede Nacional Feminista de Saúde, Associação de Desenvolvimento da Família, Igreja Universal do Reino de Deus, Associação Nacional Pró-Vida e Pró-Família, Instituto de Bioética, Direitos Humanos e Gênero, Sociedade Católica pelo Direito de Decidir, Movimento Nacional da Cidadania, além de alguns deputados federais.[453]

A ADPF 132/RJ, ajuizada pelo Governador do Rio de Janeiro, possui o mesmo ou até maior grau de polemicidade, à medida que discute a possibilidade de equiparação entre o regime jurídico da união estável e da união homoafetiva. Foram aceitas, até o momento, como amigas da Corte, entidades tais como o Instituto Brasileiro de Direito de Família, Centro de Luta pela Livre Orientação Sexual, Grupo de Estudos em Direito Internacional da Universidade Federal da Bahia, entre outros.

Já na ADPF 101/DF, interposta pelo Presidente da República, arguiu-se a inconstitucionalidade de decisões judiciais que permitiram a prática – proibida por Portaria Federal – de importação de pneus usados oriundos de países não pertencentes ao Mercosul. Alegou-se, em suma, que referidas importações prejudicariam o equilíbrio do meio ambiente. Como *amicus curiae*, em audiência pública, auxiliaram na sustentação dessa tese a Associação de Proteção do Meio Ambiente de Cianorte e as entidades Justiça Global e Conectas Direitos Humanos. Em contrapartida, defendendo o acerto das decisões judiciais e a necessida-

---

legitimará ainda mais a decisão a ser tomada pelo Plenário desta nossa colenda Corte. 4. Esse o quadro, determino: a) a realização de audiência pública, em data a ser oportunamente fixada (§ 1º do art. 9º da Lei nº 9.868/99); b) a intimação do autor para apresentação, no prazo de 15 (quinze) dias, do endereço completo dos expertos relacionados às fls. 14; c) a intimação dos requeridos e dos interessados para indicação, no prazo de 15 (quinze) dias, de pessoas com autoridade e experiência na matéria, a fim de que sejam ouvidas na precitada sessão pública. Indicação, essa, que deverá ser acompanhada da qualificação completa dos expertos". (BRASIL, Supremo Tribunal Federal, Decisão Monocrática, Rel. Min. Carlos Ayres Britto, *DJ* 01.02.2007)

[453] Foram aceitos como amigos da Corte os Deputados Federais Luiz Bassuma, na qualidade de presidente da Frente Parlamentar em Defesa da Vida – Contra o Aborto, José Aristodemo Pinotti e o Pastor Manoel Ferreira, na qualidade de presidente da Convenção Nacional das Assembleias de Deus e do Conselho Nacional dos Pastores do Brasil.

de de privilegiar a livre iniciativa e a ampla concorrência, atuaram na condição de *amici* empresas privadas pertencentes ao ramo do comércio de pneus e a Associação de Defesa da Concorrência Legal e dos Consumidores Brasileiros. Nessa ação, especialistas no assunto também foram intimados a comparecer, como engenheiros, ambientalistas e Ministros de Estado.[454]

Mencione-se, por derradeiro, a ADI 3.526 MC/DF, interposta pelo Procurador-Geral da República contra alguns dispositivos da Lei n. 11.105/05 que dispõem sobre normas de segurança no trato de organismos geneticamente modificados. Sustenta-se a suposta atribuição inconstitucional de competências entre órgãos federados e autarquias federais, ao regular a fiscalização das atividades, o que poria em risco o meio ambiente. Até o momento, já foram admitidos como *amici curiae* a Associação Nacional de Biossegurança, a Associação Nacional de Pequenos Agricultores, a Associação Civil Greenpeace e o Instituto Brasileiro de Defesa do Consumidor.

5.5.2. Organizações profissionais

Verificam-se, à abundância, decisões monocráticas de Ministros do STF deferindo a organizações profissionais o papel de amigas da Corte. Nessas organizações, é possível elencar sindicatos, federações, confederações e associações profissionais, algumas com nítido interesse econômico no resultado da ação. Chama atenção, aliás, a intensa participação de entidades ligadas ao funcionalismo público.

Como visto, o STF firmou posicionamento de apenas considerar legitimados à propositura de ações diretas as confederações e as entidades de classe de âmbito nacional que comprovem pertinência temática, excluindo-se vasto rol de interessados em atuar nos processos objetivos. Também impôs o Tribunal Supremo outras limitações ao construir o conceito de entidade de classe, como, por exemplo, a impossibilidade de a associação ser composta por membros vinculados a extratos sociais, profissionais ou econômicos diversificados, cujos objetivos, individualmente considerados, se revelam contrastantes.[455]

Tal impedimento, porém, foi suavizado com a abertura processual proporcionada pela instituição do *amicus curiae*. Ainda que não legitimados para propor a ação, abriu-se a possibilidade de as mais variadas organizações profissionais exporem sua argumentação e trazer informações ao Tribunal (incluindo sindicatos e entidades de classes regionais e municipais). Refiram-se, nessa linha, algumas ações que trazem à lume participantes dessa categoria.

A ADI 2359/ES, proposta pela Confederação Nacional da Indústria e ao fim julgada improcedente, questionou a constitucionalidade de lei do Estado do

---

[454] Cf. http://www.stf.jus.br/portal/cms/verTexto.asp?servico=processoAudienciaPublicaAdpf101.
[455] MENDES, *Argüição de Descumprimento de Preceito Fundamental*, cit., p. 157-158.

Espírito Santo que possibilitou aos consumidores adquirirem gás liquefeito de petróleo de distribuidora não produtora do botijão já comprado. Alegou-se invasão de competência do Estado Federado em matéria legislativa exclusiva da União (propriedade industrial). No feito, atuou como *amicus curiae* o Sindicato Nacional das Empresas Distribuidoras de Gás Liquefeito de Petróleo, o qual tentou inclusive recorrer da decisão final, sem sucesso.[456]

E na ADI 4033/DF, proposta contra o artigo 13, § 3º da Lei Complementar 123/06, que isentou da contribuição sindical patronal as microempresas e empresas de pequeno porte, houve deferimento para que Federações do Comércio de dez Estados comparecessem perante o STF como *amici curiae*, por possuírem forte interesse no pleito, ao lado da autora da ação, a saber, a Confederação Nacional no Comércio.[457]

É notória, contudo, ao estudioso do tema, a prevalência de organizações de funcionários públicos, a defenderem interesses corporativos, como *amici curiae*. Assim, na ADI 3329/SC, em que se discute a constitucionalidade de lei estadual que atribuiu ao Ministério Público poderes investigatórios, o Conselho Nacional dos Chefes da Polícia Civil, foi admitido como "amigo da Corte" pelo Min.Cezar Peluso por ser "entidade representativa da classe dos delegados de carreira e dos chefes da polícia civil dos Estados e do Distrito Federal, interessados na ação direta de inconstitucionalidade de ato normativo [...]".[458] E, após a admissão do REXT 567.110/AC pelo STF, a Associação dos Delegados de Polícia do Brasil foi igualmente admitida na qualidade de *amicus curiae* a se manifestar sobre regras da aposentadoria especial da categoria.[459]

Cite-se também o caso da ADI 3965/MG, na qual se questiona a constitucionalidade de lei estadual que subordinou a Defensoria Pública do Estado ao Governador. Como *amici curiae*, foram admitidas a Associação Nacional dos Defensores Públicos e Associação dos Defensores Públicos de Minas Gerais. Essa última, conforme consta na decisão da Min. Carmem Lúcia, asseverou que como as normas atacadas limitam a autonomia funcional e administrativa da Defensoria do Estado de Minas Gerais, "cabal se revela o interesse jurídico da Adep em intervir no feito, haja vista ela ser estatutariamente obrigada à defesa das garantias, prerrogativas, direitos e interesses dos Defensores Públicos do Estado de Minas Gerais".[460]

---

[456] BRASIL, Supremo Tribunal Federal, ADI 2359/ES, Tribunal Pleno, Rel. Min. Eros Grau, *DJ* de 07.12.2006.
[457] BRASIL, Supremo Tribunal Federal, ADI 4033/DF, Decisão Monocrática, Rel. Min Joaquim Barbosa, *DJ* em 16.09.2008.
[458] BRASIL, Supremo Tribunal Federal, ADI 3329/SC, Decisão Monocrática, Rel. Min. Cezar Peluso, *DJ* em 26.05.2006.
[459] BRASIL, Supremo Tribunal Federal, REXT 567.110/AC, Decisão Monocrática, Rel. Min. Cármen Lúcia, *DJ* em 01.09.2008.
[460] BRASIL, Supremo Tribunal Federal, Decisão Monocrática, Rel. Min Carmem Lúcia, *DJ* em 26.05.2006.

Por fim, na ADI 3.998/DF, que tem por alvo mudanças constitucionais na aposentadoria dos magistrados, a Associação Paulista dos Magistrados e a Associação dos Magistrados Mineiros ingressaram no feito na qualidade de amigas da Corte. Na ocasião, afirmou o Min.Gilmar Mendes a importância da intervenção, por tratar o feito de "questão de interesse de ambas as Associações na luta pelos direitos e prerrogativas da categoria".[461] O mesmo ocorreu na ADI 3677/88,[462] admitindo-se a Associação dos Magistrados Brasileiros na discussão da constitucionalidade de resolução administrativa do Tribunal de Roraima que fixou possibilidade de majoração de subsídio dos magistrados, sem necessidade de lei. Ao deferir a atuação, referiu o Min. Gilmar Mendes ser "inequívoca a legitimidade ativa *ad causam* da AMB sob a ótica corporativa, já que seus associados são os principais interessados em zelar pela manutenção da decisão impugnada, que lhes conferiu a garantia do recebimento dos subsídios no percentual mínimo fixado na Constituição do Estado".[463]

5.5.3. Órgãos públicos e unidades governamentais

Anteriormente à edição das Leis 9.868/99 e 9.882/99, representantes e agentes públicos faziam-se presentes em número limitado no controle de constitucionalidade (Presidente da República, Mesa do Senado e da Câmara dos Deputados, Governador, Mesa de Assembleia Legislativa e Procurador Geral da República). A despeito de a legitimidade para propor ações não ter sido ampliada, a abertura proporcionada pela regra do *amicus curiae* resultou no gradativo aumento de outros órgãos e pessoas jurídicas de direito público atuantes perante o STF, em especial na via abstrata.

Na ADI 3908/DF, o Município de Fortaleza não só atuou nessa condição, como, ao trazer informações sobre o caso, impediu recebimento da ação. Na ocasião, o partido político PSDB requereu a declaração de inconstitucionalidade de dispositivo da Lei Federal autorizadora de realização de plebiscito sobre matéria de direito administrativo, o que violaria, supostamente, o princípio da legalidade. Ao trazer aos autos, como *amicus curiae*, dados fáticos sobre interesses alegadamente particulares para a apresentação da ação, o Município de Fortaleza desempenhou importante papel processual.[464]

---

[461] BRASIL, Supremo Tribunal Federal, Decisão Monocrática, Rel. Min Gilmar Mendes, *DJ* em 04.04.2008.

[462] A ação foi julgada prejudicada, não sendo apreciado seu mérito.

[463] BRASIL, Supremo Tribunal Federal, Decisão Monocrática, Rel. Min Gilmar Mendes, *DJ* em 12.06.2006.

[464] Na decisão monocrática de indeferimento da ação, o Min. Joaquim Barbosa ressaltou que sua decisão se baseou na argumentação do *amicus curiae*: "[...] Em 29 de fevereiro de 2008 admiti o Município de Fortaleza como *amicus curiae*. Certos fatos trazidos à Corte pelo Município impressionaram-me. Reproduzo da respectiva manifestação (fls. 171-173): 'O que o PSDB deseja, mediante a presente ADIN, é precisamente, sob o manto de defender a integridade da ordem jurídica, proteger situação jurídica concreta, com titular e beneficiários definidos: a empresa Jereissati Centros Comerciais S/A. A presente ADIN se reporta à legislação federal em causa, mas, em verdade, dirige-se a caso determinado, a pessoa jurídica de direito privado determinada. Para tanto, veja-se o indicativo contido à fl. 13, da petição inicial, nota 19, onde afirma o PSDB: No município de Fortaleza,

Na ADI 4102/RJ, proposta pelo Governador do Estado do Rio de Janeiro contra dispositivos da constituição estadual que determina constar no orçamento anual investimentos mínimos em certos ramos da Educação, foi admitida como *amicus curiae* a Universidade Estadual do Rio de Janeiro (UERJ), ao argumento de ser a mesma entidade interessada, uma vez que eventual procedência da ação, segundo a peticionária, restringiria "de maneira drástica as expectativas de investimento no ensino superior do Estado do Rio de Janeiro".[465]

Mencione-se, por fim, como exemplo, a ADI 3889/RO – proposta pelo Governador de Roraima em face de parecer normativo do Tribunal de Contas estadual relativo à consulta sobre inclusão ou não do imposto de renda retido na fonte, incidente sobre a folha de salário dos servidores públicos, como "gastos com pessoal" – em que houve a admissão do Ministério Público do Rio Grande do Sul como *amicus curiae*, ao fundamento de que a ação em tela "afeta a administração pública dos demais estados da Federação".[466]

---

encontra-se em discussão, na Câmara de Vereadores, proposta de convocação de referendo que teria por objeto uma licença para construir regularmente concedida há mais de um ano a empresa privada, que inclusive já iniciou a construção a que a lei se refere". Mais óbvio, impossível, Excelência. Deixemos desde logo bem claras as coisas, até mesmo porque o que é público e notório independe de prova: a presente ADIN não tem a mínima intenção de tutelar a harmonia e a estabilidade da ordem jurídica do ponto de vista das relações intra-sistemáticas entre as regras e princípios que a compõem. O verdadeiro desiderato do partido autor é defender a manutenção e integridade de uma licença para construir deferida pela administração municipal em favor de Jereissati Centros Comerciais S/A.' [...] A partir desse fato, concluo que esta ação direta é a via transversa encontrada pelo requerente para impugnar ato de efeitos concretos (consulta popular sobre alvará de construção) no rito processual do controle concentrado". (BRASIL, Supremo Tribunal Federal, Decisão Monocrática, Rel. Min Joaquim Barbosa, *DJ* em 06.11.2008).

[465] BRASIL, Supremo Tribunal Federal, Decisão Monocrática, Rel. Min Carmem Lúcia, *DJ* em 03.10.2008.

[466] BRASIL, Supremo Tribunal Federal, Decisão Monocrática, Rel. Min Joaquim Barbosa, *DJ* em 06.11.2007.

Capítulo – 6

Democracia, pluralismo e o *amicus curiae*

6.1. Considerações iniciais

O tema *amicus curiae*, no controle de constitucionalidade brasileiro, para além de levantar ponderações de caráter processual, invoca reflexões acerca do Estado Democrático de Direito e de seus contornos atuais. Mister investigar, portanto, a correlação entre democracia, pluralismo e a consequente abertura da interpretação constitucional, contextualizando o estudo ao caso brasileiro.

A necessidade de desenvolver tais assuntos resulta, principalmente, do entendimento preponderante no STF acerca do *amicus curiae*. Como visto, copiosa jurisprudência nacional considera ser requisito para atuação do amigo da Corte a demonstração de seu especial interesse na defesa ou na invalidação da lei. A colaboração do *amicus curiae* não consistiria, assim, somente nas informações, pareceres e oitivas de estudiosos, técnicos e peritos sobre temas mais complexos; mas, também, na atuação dos mais diversos grupos da sociedade, aptos a fornecer sua interpretação sobre a constitucionalidade de normas. Conforme o STF, tais participações, na medida em que expressem os valores essenciais e relevantes de grupos, classes e estratos sociais, teriam o condão de pluralizar o debate constitucional e de conferir legitimidade social às decisões da Corte.

A correlação entre os temas invocados, aliás, consta na própria obra de Peter Häberle, para quem uma sociedade aberta e democrática demanda, necessariamente, uma interpretação também aberta da Lei Fundamental. Mas o próprio Häberle antevê algumas críticas que poderiam ser direcionadas à sua visão, como a de que "[...] dependendo da forma como seja praticada, a interpretação constitucional poderá dissolver-se num grande número de interpretações e de intérpretes".[467]

O assunto em questão remete, também, à análise das causas e consequências do desprestígio do Parlamento e da assim chamada judicialiazação da política. Não há negar, com efeito, que as audiências públicas promovidas recentemente pelo STF,[468] com a participação dos mais diversos atores sociais nas controvér-

---

[467] HÄBERLE, *Hermenêutica constitucional*, cit., p. 29.

[468] Nesse sentido, conferir a APDF 54, relativa à constitucionalidade do aborto do feto anencéfalo, e a ADPF 101, relativa à constitucionalidade da importação de pneus usados oriundos de países não pertencentes ao Mercosul.

sias constitucionais, na condição de *amici curiae*, vêm fornecendo à máxima instância judiciária brasileira contornos de ambiente tipicamente parlamentar. É de fácil verificação que, com a institucionalização do *amicus curiae*, o STF tem seguido, na condução dos debates constitucionais, a dinâmica do art. 58, § 2º da CRFB/88, que autoriza consultas e audiências públicas por parte das comissões parlamentares instituídas pelo Congresso Nacional. Eis o teor desse dispositivo:

> Art. 58. O Congresso Nacional e suas Casas terão comissões permanentes e temporárias, constituídas na forma e com as atribuições previstas no respectivo regimento ou no ato de que resultar sua criação.
> [...]
> § 2º às comissões, em razão da matéria de sua competência, cabe:
> [...]
> II – realizar audiências públicas com entidades da sociedade civil;
> III – convocar Ministros de Estado para prestar informações sobre assuntos inerentes a suas atribuições;
> IV – receber petições, reclamações, representações ou queixas de qualquer pessoa contra atos ou omissões das autoridades ou entidades públicas;
> V – solicitar depoimento de qualquer autoridade ou cidadão;
> [...]

Peter Häberle, na obra que influiu na consagração do *amicus curiae* no ordenamento jurídico brasileiro, cogitou a existência de semelhanças entre o processo constitucional e o direito parlamentar.[469]

É tarefa desse derradeiro capítulo, assim, discorrer sobre as novas realidades e impasses do Estado Democrático que, forçoso é reconhecer, foram refletidos, ao menos no Brasil, na institucionalização da abertura da interpretação da Constituição por meio do *amicus curiae*.

6.2. Regime democrático

Georges Burdeau bem inferiu que a ideia de atribuir à coletividade o fundamento da autoridade que a rege é tão antiga quanto o pensamento político.[470] É bem verdade, de outra parte, que a concepção sobre a origem popular do poder sofreu modificações com o desenvolvimento histórico do Estado.

O primeiro regime democrático de que se tem notícia, é sabido, registrou-se na Grécia Antiga, onde os cidadãos atenienses deliberavam em praça pública os destinos da *pólis*, tomando as decisões por voto direto, em verdadeira assembleia

---

[469] HÄBERLE, *Hermenêutica constitucional*, cit., p. 52.
[470] BURDEAU, Georges. *A democracia: ensaio sintético*. 3. ed. Lisboa:Europa-América, 1975, p. 24.

popular (*ecclesia*).⁴⁷¹ Porém, após a queda do modelo ateniense, as ideias de que a origem e a legitimidade do poder político residiriam na vontade da coletividade viriam se consagrar apenas nas revoluções liberais.⁴⁷² E tais ideias, no decorrer do século XX, foram substancialmente modificadas.

Pontes de Miranda, ao precisar o conceito de democracia, afirma que esse regime existe onde há participação do povo na ordem estatal, ou melhor, onde exista codecisão, entendida esta como "[...] a deliberação em comum, pelo povo ou por pessoas escolhidas pelo povo, isto é, não por pessoas oriundas de atos de força ou de fato estranho ao querer da população".⁴⁷³ Conforme Norberto Bobbio, na teoria política contemporânea, prevalentemente nos países de tradição democrático-liberal, as definições de democracia tendem a resolver-se num elenco mais ou menos amplo de "procedimentos universais". Segundo o autor, seriam esses os referidos procedimentos:

> 1) o órgão político máximo, a quem é assinalada a função legislativa, deve ser composto de membros direta ou indiretamente eleitos pelo povo, em eleições de primeiro ou de segundo grau; 2) junto do supremo órgão legislativo deverá haver outras instituições com dirigentes eleitos, como os órgãos da administração local ou o chefe de Estado (tal como acontece nas repúblicas); 3) todos os cidadãos que tenham atingido a maioridade, sem distinção de raça, de religião, de censo e possivelmente de sexo, devem ser eleitores; 4) todos os eleitores devem ter voto igual; 5) todos os eleitores devem ser livres em votar segundo a própria opinião formada o mais livremente possível, isto é, numa disputa livre de partidos políticos que lutam pela formação de uma representação nacional; 6) devem ser livres também no sentido em que devem ser postos em condição de ter reais alternativas (o que exclui como democrática qualquer eleição de lista única ou bloqueada); 7) tanto para as eleições dos representantes como para as decisões do órgão político supremo vale o princípio da maioria numérica, se bem que podem ser estabelecidas várias formas de maioria segundo critérios de oportunidade não definidos de uma vez para sempre; 8) nenhuma decisão tomada por maioria deve limitar os direitos da minoria, de um modo especial o direito de tornar-se maioria, em paridade de condições; 9) o órgão do Governo deve gozar de confiança do Parlamento ou do chefe do poder executivo, por sua vez, eleito pelo povo.⁴⁷⁴

Não se trata a democracia, entretanto, de regime elaborado em uma só época, de modo pronto e acabado, com características estanques. Ao contrário: os elementos necessários à existência de um regime democrático invocados por

---

⁴⁷¹ Pontes de Miranda faz contraponto à ideia de existência de democracia na Idade Antiga: "Na Grécia e em Roma, eram excluídos os escravos, os bárbaros e os estrangeiros, portanto a maior parte da população. A minoria reunia-se na ágora ou nos comícios – para resolver. Democracias deficientes, oligocracias talvez. Em todo o caso, ponto de partida para ulteriores desenvolvimentos". (PONTES DE MIRANDA, Francisco Cavalcante. *Democracia, liberdade, igualdade: os três caminhos*. São Paulo: J. Olympio, 1945, p. 158).

⁴⁷² É o que afirma Manoel Gonçalves Ferreira Filho: "Por longos séculos, desde o fim da experiência ateniense, foi a democracia esquecida como prática. [...] Desprezada na teoria, olvidada na realidade, a democracia chegou ao século XIX como uma curiosidade política". (FERREIRA FILHO, *A democracia no limiar do século XXI*, cit., p. 9).

⁴⁷³ PONTES DE MIRANDA, Francisco Cavalcante. *Democracia, liberdade, igualdade: os três caminhos*, cit., p. 158.

⁴⁷⁴ BOBBIO, *Dicionário de Política*, v.1, cit., p. 326-327.

Norberto Bobbio foram consolidados em diferentes fases da história do Estado. Refletir sobre as concepções vigentes no Estado Liberal e no Estado Social Contemporâneo acerca da participação da sociedade no Poder Político auxilia a compreender o entendimento existente no STF – que diz possuir, o *amicus curiae*, sentido essencialmente democrático. De fato, são numerosos os julgados que referem ser postulado da democracia "[...] a abertura do processo de fiscalização concentrada de constitucionalidade, em ordem a permitir que nele se realize, sempre sob uma perspectiva eminentemente pluralística, a possibilidade de participação formal de entidades e de instituições que efetivamente representem os interesses gerais da coletividade [...]".[475]

6.3. Estado liberal: a representação política, a Constituição e a lei

Houve, nos séculos XVII e XVIII, forte crise da legitimidade monárquica. A força de pensadores iluministas, que buscavam racionalizar os fundamentos do poder, abalaram, de modo significativo, o poder real. A solução encontrada por intelectuais para transformar o Estado, de inimigo e opressor das liberdades, em garantidor das mesmas residiu na imposição de limites ao poder político. Tais limites consistiram, sobretudo, na divisão das funções políticas em diferentes poderes e no exercício do poder pelo povo ou pela nação.[476] Incentivadas por importantes obras políticas – como as de John Locke, Rousseau, Montesquieu e Sieyès – forças econômicas importantes da sociedade passaram a reivindicar a participação do indivíduo na formação da vontade estatal. Estava em questão, afinal, qual a fonte primeira dos poderes exercidos pelos governantes. Em outras palavras, questionava-se: Em quem residiria primitivamente a soberania? A quem pertenceria o direito de conferir poder aos órgãos do Estado? E mais: uma vez constatada a origem da soberania do poder político, a quem caberia exercer esse último?

---

[475] BRASIL, Supremo Tribunal Federal,, ADPF 101/DF, Decisão Monocrática, Rel. Min. Cármen Lúcia, *DJ* de 01.08.2008. A propósito, vale destacar que Carlos Alberto Álvaro de Oliveira faz direta ligação entre os temas democracia e o moderno processo civil, julgando essencial o diálogo judicial na formação do juízo, fruto da cooperação entre as partes e o órgão judicial. Referida cooperação seria expressão de "[...] uma democracia mais participativa, com um conseqüente exercício mais ativo da cidadania, inclusive de natureza processual". (OLIVEIRA, Carlos Alberto Alvaro de. *Efetividade e Processo de Conhecimento*. Disponível em: http://www6.ufrgs.br/ppgd/doutrina/oliveir3.htm). Luis Alberto Reichel, igualmente, afirma que é postulado da democracia a garantia de participação e representação dos sujeitos processuais nos processos, quando forem demonstrados objetivos relevantes a serem alcançados no debate. O processo, assim, seria instrumento de realização dos valores da democracia. (REICHELT, Luis Alberto. O conteúdo da garantia do contraditório no direito processual civil. *Revista de Processo*, v. 162. São Paulo: Revista dos Tribunais, 2008, p. 330-351). Veja-se, aliás, que a ideia de colaboração está também ligada à crítica ao demasiado isolamento do processo civil em relação ao direito material, no período autonomista, em qie houve distanciamento do processo em relação a valores sociais. (Nesse sentido: MITIDIERO, Daniel. *Colaboração no Processo Civil. Pressupostos sociais, lógicos e éticos*. São Paulo: Editora Revista dos Tribunais, 2009, p. 34).

[476] FERREIRA FILHO, *Estado de Direito e Constituição*, cit.

Rousseau, afirmando que a fonte do poder residiria no povo, posicionava-se a favor da democracia direta. Sieyès, ao seu turno, ao postular que a titular do poder era a nação – coletividade juridicamente unificada em pessoa moral[477] –, defendia a necessidade de o poder ser exercido por representantes eleitos; concepção também adotada por Montesquieu. Prevaleceram, no Estado Liberal, não as ideias de Rousseau, para quem a vontade geral deveria brotar da deliberação direta de todos os cidadãos, mas as de Sieyès e as de Montesquieu. Válido reproduzir o pensamento de Montesquieu, constante no capítulo VI, livro Décimo Primeiro da obra "O Espírito das Leis":

> Conhecemos muito melhor as necessidades de nossa cidade do que as das outras cidades e julgamos melhor a capacidade de nossos vizinhos do que a de nossos outros compatriotas. Logo, em geral não se devem tirar os membros do corpo legislativo do corpo da nação, mas convém que, em cada lugar principal, os habitantes escolham um representante para si. A grande vantagem dos representantes é que eles são capazes de discutir os assuntos. O povo não é nem um pouco capaz disto, o que constitui um dos grandes inconvenientes da democracia. [...]
>
> Havia um grande vício na maioria das antigas repúblicas: é que o povo tinha o direito de tomar decisões ativas, que demandavam alguma execução, coisa da qual ele é incapaz. Ele só deve participar do governo para escolher seus representantes, o que está bem a seu alcance. Pois, se há poucas pessoas que conhecem o grau preciso da capacidade dos homens, cada um é capaz, no entanto, de saber, em geral, se aquele que escolhe é mais esclarecido do que a maioria dos outros.[478]

Resultaram vitoriosas, então, não só a ideia de consagrar num documento escrito, formal e solene – a Constituição – a proteção a direitos fundamentais e a limitação do agir do Estado, como ainda a ideia de representação política para expressar a vontade nacional. E essa representação política, como se sabe, não se dava pelo sufrágio universal, já que, à época, era censitário o critério de eleição e integração dos quadros políticos.[479] Homogêneas mostravam-se, por isso, as ideias discutidas nos Parlamentos, já que as forças sociais representadas consentiam no papel negativo do Estado, que não deveria intervir na economia, mas, pelo contrário, deveria apenas preservar os direitos naturais, garantidos nas recentes constituições escritas.

Consequência da ausência de maiores atritos de interesses nessa época é o fato de parlamentares não executarem sua função por força de um mandato imperativo, isto é, não estarem vinculados a um partido, gruo ou classe, mas à nação como um todo. Edmund Burke, em seu *Speech to the Electors of Bristol*,

---

[477] BURDEAU, *A Democracia*, cit., p. 25.

[478] MONTESQUIEU, Charles de Secondat. *O espírito das leis*. 3. ed. São Paulo: Martins Fontes, 2005, p. 170-171.

[479] As revoluções liberais levantaram a bandeira do sufrágio censitário para limitar o direito de voto, pois, de acordo com Manoel Gonçalves Ferreira Filho, "[...] condicionando ao nível da riqueza a participação política, tinham em mira impedir a preponderância da 'plebe' na escolha dos representantes". (FERREIRA FILHO, Manoel Gonçalves. *Constituição e governabilidade: ensaio sobre a (in)governabilidade brasileira*. São Paulo: Saraiva, 1995, p. 69).

de 1774, fez ferrenha defesa do mandato não imperativo, em palavras que merecem transcrição:

> O Parlamento não é um congresso de embaixadores com interesses diferentes e hostis, que cada um precisa manter como agente e advogado, contra outros agentes e advogados; mas o parlamento é uma assembléia *deliberativa* de *uma* nação, com *um* interesse, o do todo; em que nenhuma proposta local ou preconceitos devam guiar, a não ser o bem geral, resultante da razão geral do todo. De fato, você escolhe um membro; mas quando você o escolhe, ele não se torna um membro de Bristol, mas do Parlamento. Se um constituinte local expressar um interesse ou formar opinião precipitada, evidentemente contrária ao bem real do restante da comunidade, o membro daquele local não fará esforço para lhe dar efeito.[480]

Os partidos políticos, inclusive, eram até mesmo considerados um mal no Estado Liberal.[481] Entenda-se: não existindo acirrada divergência ideológica entre os que faziam política, o fortalecimento de forças antagônicas ameaçava a dominante incontrovérsia sobre os (poucos) assuntos de governo, consistentes praticamente no dever de conservar a ordem interna e a segurança externa; seria, enfim, um golpe no consenso que vigorava sobre a ordem econômico-social.

Bem por isso é correta a constatação de que inexistia, no Estado Liberal, pluralismo político, pois "[...] a liberdade de participação política não é propugnada com a mesma ênfase dispensada à liberdade no plano econômico e social. Um autêntico pluralismo político poderia exercer grande pressão contra a prevalência de um *consensus* relativo à ordem econômica e social capitalista, como veio a ocorrer especialmente nesse século".[482] No Estado Liberal não se tinham, de fato, maiores preocupações em atingir consenso entre pessoas de diferentes classes, entre opiniões divergentes ou entre ideologias opostas.[483]

A própria concepção de conflito no Estado Liberal não era a de conflito entre grupos, como ocorrerá no Estado Social Contemporâneo, e, sim, a de conflito entre indivíduos.[484] Havia, nesse aspecto, uma predominante aversão ao desenvolvimento do direito de associação. Via-se o indivíduo isolado, sujeito único da

---

[480] BURKE, Edmund. *Selected writings and speeches*. New York: Doubleday, 1963, traduzimos. *No vernáculo original*: "Parliament is not a *congress* of ambassadors from different and hostile interests; which interests each must maintain, as an agent and advocate, against other agents and advocates; but parliament is a *deliberative* assembly of *one* nation, with *one* interest, that of the whole; where, not local purposes, not local prejudices, ought to guide, but the general good, resulting from the general reason of the whole. You choose a member indeed; but when you have chosen him, he is not member of Bristol, but he is a member of *parliament*. If the local constituent should have an interest, or should form an hasty opinion, evidently opposite to the real good of the rest of the community, the member for that place ought to be as far, as any other, from any endeavour to give it effect".

[481] BURDEAU, *A democracia*, cit., p. 61-67.

[482] SOUZA JUNIOR, Cezar Saldanha de. *Consenso e tipos de Estado no Ocidente*. Porto Alegre: Sagra Luzzatto, 2002, p. 52.

[483] SOUZA JUNIOR, Cezar Saldanha de. *Consenso e Democracia Constitucional*. Porto Alegre: Sagra Luzzatto, 2002, p. 92.

[484] FERREIRA FILHO, Manoel Gonçalves. Os conflitos como processo de mudança social. *Revista de Direito Administrativo*, v. 219, Rio de Janeiro: Renovar, jan./mar. 2000, p. 221.

relação política.⁴⁸⁵ Ainda, a lei, porque encarada como produto lógico da razão, era sempre tida como justa, geral, abstrata e adequada para solucionar os casos concretos; assim, não era "feita" ou criada, mas, sim, declarada e considerada como pura decorrência lógica dos ditames do Direito Natural.

Era papel precípuo da lei no Estado Liberal, nesse sentido, fixar os limites da liberdade individual – para tornar possível a coexistência de liberdades – e estabelecer os limites de atuação dos órgãos estatais.⁴⁸⁶ E, nessa etapa histórica, a maioria das leis editadas nos países de tradição romano-germância ocorreu via codificação – símbolo de proteção aos indivíduos – dado que todas as obrigações civis teriam origem fixada pelo legislador. Iniciou-se, assim, um processo de positivação dos direitos, exaurindo-se nos códigos a previsão de uma ordem abstrata, constituída de regras objetivas, em relação às quais o sujeito se põe como destinatário potencial, que pode usá-las segundo os objetivos que pretender seguir.⁴⁸⁷ Na lição de Almiro do Couto e Silva, o Estado de Direito que surge após a Revolução de 1789 tem a legalidade como um de seus princípios estruturantes, "[...] não se admitindo, sob nenhuma hipótese, que a autoridade pública interfira na liberdade ou na propriedade dos indivíduos sem autorização legal".⁴⁸⁸ Com efeito, o direito objetivo positivado é concebido como instrumento que permite a liberdade de ação.

6.4. O estado social contemporâneo: contextualização

Diz-se que, após as Revoluções Liberais, deixou de existir a contraposição entre burguesia e Estado, eis que a classe burguesa ganhou, sobretudo, representação política. O Estado tornou-se, nesse processo, meio de sustento do desenvolvimento do capitalismo. Entretanto, com o advento da Revolução Industrial e das mazelas sociais que esta acarretou, ganhou espaço, em solo europeu, a doutrina marxista e a doutrina social da Igreja Católica, que, por diferentes concepções, passaram a questionar a ordem vigente e a propugnar a igualdade material e a representatividade, ou até o domínio da classe operária.

---

⁴⁸⁵ BOBBIO, Norberto. *O futuro da democracia*: 9. ed. Rio de Janeiro: Paz e Terra, 2000, p. 34.

⁴⁸⁶ FERREIRA FILHO, *Estado de Direito e Constituição*, cit., p. 19. A visão sobre a finalidade da lei no Estado Liberal é expressa no art. 4º da Declaração Universal dos Direitos do Homem e do Cidadão, de 26 de agosto de 1789: "Art. 4º. A liberdade consiste em poder fazer tudo que não prejudique o próximo. Assim, o exercício dos direitos naturais de cada homem não tem por limites senão aqueles que asseguram aos outros membros da sociedade o gozo dos mesmos direitos. Estes limites apenas podem ser determinados pela lei".

⁴⁸⁷ Ver, a respeito, ANDRADE, Fabio Siebeneichler de. *Da codificação: crônica de um conceito*. Porto Alegre: Livraria do Advogado, 1997, p. 50-90.

⁴⁸⁸ SILVA, Almiro do Couto e. Romanismo e Germanismo no Código Civil Brasileiro. *Revista da Procuradoria-Geral do Estado do Rio Grande do Sul*. Porto Alegre: Procuradoria-Geral do Estado do Rio Grande do Sul. Procuradoria-Geral , 1971, p. 296.

Firmam-se as raízes da atual estrutura social pluralista. O crescimento sem precedentes da população, a correspondente especialização das atividades profissionais e o advento da sociedade tecnológica de massas desencadeia tensão entre os diferentes setores da economia, levando ao fenômeno da formação e participação de grupos no processo do poder Na lição de Karl Loewenstein: "[...] el individuo aislado que quería sobrevivir se vio obligado a unirse con los que tenían una condición profesional semejante. Al mismo tempo, cuando se extendió la base del proceso del poder con la victoria de la ideología democrática la democracia política tuvo necesariamente que complementarse con su actual estructura pluralista".[489] O fim da primeira guerra mundial foi marco, então, de mudanças que refletiram num novo tipo de Estado.

A ordem político-jurídica até então consensual passou a sofrer forte abalo, decorrente da extensiva universalização do voto e da organização dos partidos ideológicos modernos. Com a pressão da força trabalhadora, apareceram as primeiras garantias fornecidas pela legislação trabalhista, pela segurança social, pela difusão das leis concernentes à educação e à saúde pública. O Estado veio a ser visto como instrumento de garantia de melhores condições sociais à sociedade como um todo, garantia que o mercado, por si só, parecia incapaz de fornecer. Correlativamente, modificou-se a base da ideologia individualista que caracterizara o período do iluminismo, surgindo ideologias de caráter nitidamente socialista. A proeminência do sujeito foi substituída pela ideia de superioridade da comunidade organizada, e ganhou tônica a ideia da supremacia do Estado sobre o indivíduo.[490]

As Constituições passaram a vislumbrar direitos sociais, reconhecidos não ao indivíduo abstrato e insulado, mas a um ser situado, titular de direitos de crédito sobre a sociedade.[491] Georges Burdeau bem sintetiza a nova realidade, ao afirmar que, no Estado Social, parcela significativa do eleitorado não queria a participação no poderio político para impedir os governantes de atentarem contra a independência das iniciativas individuais e contra o livre jogo das forças econômicas; antes disso, veio a ser objetivo de parcela significativa das forças sociais a utilização de direitos políticos para promover uma reforma da estrutura social.[492]

Mesmo as Constituições que não eram estritamente socializantes também vêm a apresentar normas disciplinadoras da economia. Assim, não obstante possuíssem regime de economia descentralizada, em que o Estado não desce aos pormenores do mecanismo econômico, as constituições sociais inseriram ele-

---

[489] LOEWENSTEIN, *Teoría de la Constitución*, cit., p. 427. Refere, a propósito, Mantel Gonçalves Ferreira Filho: "A verificação de que a sociedade é composta de grupos levou à exageração socialista, que desconhece os homens isolados para somente considera-los agregados em grupos sociais, como a classe". (FERREIRA FILHO, Os conflitos como processo de mudança social, cit., p. 222.).

[490] Ver, sobre o tema, BARCELLONA, Pietro. *Formazione e Svilupo del diritto privato moderno*. Napoli: Jovene Editore, s/d., p. 64-100.

[491] BURDEAU, *A Democracia*, cit., p. 42 e BONAVIDES, *Ciência Política*, cit.

[492] BURDEAU, *A Democracia*, cit., p. 46.

mentos para tornar mais justa a distribuição de renda, com a necessária prevenção de abusos. Outras, inclusive, acrescentaram aos textos constitucionais as assim denominadas "normas programáticas", que caracterizariam as constituições dirigentes.[493] Mudam-se, portanto, as concepções sobre o sentido e a função do Estado, dos partidos políticos, das Constituições e das leis.

6.4.1. O estado social contemporâneo e as mudanças político-institucionais

Numa nova sociedade, em que diferentes forças sociais e políticas passam a ter representatividade, formando claro contexto de pluralidade de ideologias (comunistas, socialistas, conservadoras, sociais-cristãs, liberais, reacionárias, etc.),[494] é desafio da democracia do século XX conciliar, num ambiente pacífico e democrático, o emaranhado de pretensões antagônicas abarcado por cada corrente de pensamento. Ao contrário do que se queria no Estado Liberal, vêm a ser sujeitos politicamente relevantes os grupos, grandes organizações, associações, sindicatos e partidos das mais diversas ideologias.[495] A sociedade então dividida em classes viu nos partidos políticos o meio de legitimar e fazer valer seus anseios.

Atribui-se o êxito dos partidos ideológicos à nova concepção de democracia, que não vê na participação política do cidadão mera forma de demonstrar opiniões, mas meio legítimo de reivindicar medidas econômicas e sociais. Os partidos políticos passam a inscrever em seus programas os anseios populares. Conforme Georges Burdeau: "Alargando ao infinito o papel do Estado, a democracia social leva os partidos a tornarem-se os profetas de um mundo novo".[496]

Triunfou, então, na Europa o parlamentarismo de massas, com partidos de homens indiscriminados, que abdicam de sua autonomia em proveito do grupo.[497] Para isso, manteve-se um poder político neutro detentor da chefia de Estado, pairando, em princípio acima das ideologias. Consagrou-se a novel função de governo, desempenhada por um Primeiro-ministro, apoiado pela base partidária majoritária. E, falar em função de governo é falar na implantação de políticas públicas, de reforma de aspectos da economia e da sociedade. Os partidos políticos representaram a solução para a perpetuação da democracia e, conforme Keslen, a solução para evitar um Estado autocrático.[498] A lei, mediante forte atuação dos partidos de massa, foi desvinculada do seu conteúdo de justiça, vislumbrado no

---

[493] Tais constituições partem da ideia de que seriam o mecanismo apto a dirigir a atuação dos sucessivos governos, não tendo como objetivo apenas a limitação do poder, mas também a fixação de metas, de rumos que os governos deveriam tomar.
[494] SOUZA JUNIOR, O Tribunal Constitucional como Poder, cit., p. 86-87.
[495] BOBBIO, O futuro da democracia, cit., p. 35.
[496] BURDEAU, A democracia, cit., p. 64.
[497] Ibidem.
[498] KELSEN, Hans. Teoria general del Estado. Barcelona: Labor, 1934, p. 464.

Estado Liberal, transformando-se em elemento do processo de governo. Ou seja, a lei, politizando-se, passa a ser medida política decorrente de uma vitória eleitoral. Na explicação de Ferreira Filho, travou-se a luta pela lei, em vez da luta pelo Direito.[499]

Com a crescente intervenção do Estado no plano econômico-social, acirram-se conflitos de classes e grupos, decorrente dos favorecimentos e desfavorecimentos advindos da intervenção estatal. Mencionados conflitos sociais não são mais conflitos de direitos, mas conflitos de interesses. Na exata observação de Ferreira Filho, é a repartição da riqueza que é posta em jogo, abrindo-se espaço para os diversos grupos sociais buscarem as regras mais favoráveis possíveis a seus interesses.[500]

O advento dos regimes totalitários, contudo, resultou no abandono do ideal democrático. Foi só após 1945 – e isso foi visto no quarto capítulo –, com a instalação das Cortes Constitucionais, que se voltou a preservar o pluralismo político, fundamento-chave da democracia, e se passou a proteger institucionalmente os direitos fundamentais do homem, tão desprezados no entre-guerras. Constatou-se, com efeito, que a criação de um parlamento eleito pelo povo não constituía mais garantia suficiente para a proteção dos direitos do cidadão.[501] Esse pluralismo, analisa Georges Burdeau, considerará natural a variedade sociológica do meio político e valorizará a autonomia de cada pessoa humana, diferentemente dos regimes totalitários.[502] Com a opção feita pelo pluralismo democrático, houve inclusive a constitucionalização dos partidos políticos.[503]

A própria CRFB/88 elevou como fundamento do Estado o pluralismo político, reconhecendo que, numa sociedade composta por diversas classes, grupos sociais, econômicos, culturais e ideológicos, deve haver respeito à diversidade e às liberdades. Nessa diversidade de manifestações sociais, que estampam conflitos e interesses divergentes, é desafio do pluralismo conciliar a sociabilidade e o particularismo.[504] É sem dúvida imposição da democracia a possibilidade de atuação de formas plurais de organização da sociedade, que vão desde a variedade de partidos políticos até a pluralidade de igrejas, escolas, empresas, sindicatos, e outras organizações e ideias que possam manifestar visões distintas daquelas adotadas pelo Estado.[505] O caráter pluralista da sociedade estaria refletido na nossa Constituição, que, conforme José Afonso da Silva, constaria dos dispositivos que previram o pluralismo político (art. 1º), partidário (art. 17), econômico (art.

---

[499] FERREIRA FILHO, *Estado de Direito e Constituição*, cit., p. 47.
[500] FERREIRA FILHO, *Os conflitos como processo de mudança social*, cit., p. 221-224.
[501] SCHLAICH, *El Tribunal Constitucional Federal Alemán*, p. 134.
[502] BURDEAU, *A democracia*, cit., p. 68-69.
[503] BASTOS, Celso Ribeiro; MARTINS, Ives Gandra. *Comentários à Constituição do Brasil. arts. 5º a 17*, 2. vol. São Paulo: Saraiva, 2004, p. 673.
[504] SILVA, José Afonso da. *Curso de Direito Constitucional*, 16ª ed. São Paulo: Malheiros, 1999, p. 147.
[505] BASTOS, Celso Ribeiro. *Curso de Direito Constitucional*, 18ªed. São Paulo: Saraiva, 1997, p. 159.

170), de ideias e de instituições de ensino (art. 206, III), cultural (arts. 215 e 216) e dos meios de comunicação (art. 220). O pluralismo seria também refletido no texto constitucional quando reconhecida a proteção de diversas liberdades, como a de opinião, a de associação, a científica, a intelectual, a religiosa, etc.

Agora, até para bem compreender a participação do *amicus curiae* nos moldes tracejados pelo STF, impende referir que os diferentes e plurais interesses da sociedade, em busca de representação, utilizam, nas democracias ocidentais, dois canais para chegarem até ao Estado: os partidos políticos e os grupos de interesse.[506] Bem por isso, diversas concepções surgiram sobre a adequada representação da sociedade no poder político.

6.4.2. Representação por partidos políticos e a representação de interesses

A representação feita pela eleição de membros de partidos políticos gerou várias correntes de confronto já no estabelecimento do Estado Social, inspirando forças sociais a buscarem outra base de representação, a fim de garantir maior autenticidade dos representantes, mormente para tornar estes efetivamente vinculados aos representados.

Dalmo Dallari ensina que a representação profissional, a representação corporativa e a representação institucional são exemplos das novas ideias de substituição da representação por partidos políticos.[507] Tais modelos de representação consistem em dar o direito de eleger parlamentares, não a indivíduos ou a partidos políticos, mas a associações profissionais, a interesses econômicos e financeiros, à industria, ao comércio, aos sindicatos, etc.[508] Tais modalidades fundam-se na representação dos interesses, em que o representante deve perseguir os interesses particulares do representado, estando sujeito a um mandato vinculado.[509] Para exemplificar, diga-se que a Itália fascista incorporou a representação corporativa e que Constituição brasileira de 1934 admitiu a representação classista.[510]

---

[506] BONAVIDES, *Ciência Política*, cit..

[507] DALLARI, *Elementos de Teoria Geral do Estado,* , 2.ed. São Paulo: Saraiva, 1998, p. 149.

[508] AZAMBUJA, Darcy. *Teoria Geral do Estado*. 39 ed. São Paulo: Globo, 1998.

[509] BOBBIO, *O futuro da democracia*, cit., p. 36.

[510] A Constituição de 16 de julho de 1934 previu uma representação *sui generis*, acrescentando à representação política (250 deputados) uma bancada classista (50 deputados eleitos pelos círculos profissionais). Pedro Calmon formulou a seguinte crítica à previsão constitucional: "Havia uma contradição insanável. O Preâmbulo da Constituição falava em organizar um regime democrático, e o art. 2º positivava: todos os poderes emanam do povo [...]. Como admitir, pois, com igualdade de direitos numa Câmara política um quinto de representantes de profissões eleitos não pelo povo, mas pelas respectivas categorias de trabalho? O resultado dessa incoerência foi a inutilidade daquela representação, pelos motivos seguintes: não tinha iniciativa exclusiva nem voto de qualidade em assuntos técnicos de seu interesse imediato; era sufocada pelo voto majoritário eficiente; para fazer vencer qualquer projeto devia aliar-se às correntes partidárias, transigindo com elas, em prejuízo dos seus pontos de vista..." (CALMON, Pedro. *Teoria Geral do Estado*. 4. ed., Rio de Janeiro: Freitas Bastos, 1954 , p. 402-403).

Manoel Gonçalves Ferreira Filho adverte que o natural e instintivo fato de os homens conviverem em grupos não justifica a lógica corporativista. Para o autor, os corporativistas possuem engano de perspectiva, que reside na visão restrita das representações de grupos, grupos esses que "vendo as árvores, não vêem a floresta".[511] De fato, a sociedade não seria mera soma de grupos, e a representação corporativa acarretaria uma ausência da perspectiva do bem comum, já que, segundo o autor, "[...] é óbvio que uma câmara escolhida por grupos de interesse cuidará de todos os interesses menos de um, o interesse coletivo, que, por ser geral, não tem defensor específico".[512]

Kelsen era grande defensor da democracia pelos partidos e ferrenho crítico da representação de interesses. Acreditava, nesse sentido, que "a democracia, necesaria e inevitablemente requiere un Estado de partidos".[513] Há mais: Kelsen afirmava que atitudes adversas à representação por partidos políticos seriam hostis à democracia, pois serviriam, consciente ou inconscientemente, a forças políticas defensoras de um só grupo de interesses, que disfarçariam ideologicamente tal situação ao se intitularem defensoras de interesses coletivos e orgânicos. Válido transcrever as palavras de Kelsen contrárias à representação de interesses, máxime da figura da representação profissional:

> Los intereses profesionales concurren con otros completamente heterogéneos, a veces vitales, como, por ejemplo, los de índole religiosa, moral, pública, estética. Aunque se sea agricultor o abogado, no por ello se pierde el interés hacia otras cuestiones que no sean las profesionales de la agricultura o la abogacía. Para legislar sobre el derecho matrimonial, sobre las relaciones entre el Estado y la Iglesia, y, en general, para una ordenación de conjunto, todos están interesados, por encima de los estrechos límites de sus profesiones, en lograr unos términos justos equitativos o, por lo menos, aceptables. Pero donde está el grupo profesional capaz de resolver todas estas cuestiones vitales?[514]

Prevaleceu, na história da democracia ocidental, a representação pelos partidos políticos, consagrando-se o posicionamento de Hans Kelsen, para quem "la democracia del Estado moderno es una democracia mediata, parlamentaria, en la cual la conjuntad colectiva que prevalece es la determinada por la mayoría de aquellos que han sido elegidos por mayoría de los ciudadanos".[515] E o sistema representativo, no dizer de Themistocles Cavalcante, nada mais seria senão a fórmula política necessária para tornar possível o governo pelo povo, permitindo-se, por meio dos partidos políticos, a manifestação dos diversos setores da opinião pública e das ideologias políticas.[516]

---

[511] FERREIRA FILHO, Manoel Gonçalves. *A democracia possível*. São Paulo: Saraiva, 1974, p. 83.
[512] Ibidem.
[513] KELSEN, Hans. *Esencia y valor de la democracia*. Buenos Aires: Editorial Labor, 1934, p. 37.
[514] Ibidem,, p. 75.
[515] Ibidem, p. 47.
[516] CAVALCANTI, Themistocles Brandão. *Quatro estudos: a ciência política, o sistema constitucional, o poder político, o sistema federal*. Rio de Janeiro: Fundação Getúlio Vargas, 1954, p. 65.

De outra parte, é dever reconhecer que são cada vez mais numerosos os grupos de interesses disseminados na sociedade contemporânea, que buscam influenciar o Poder Legislativo, pelos conhecidos *lobbies*, ou, no caso americano e no caso brasileiro, o Poder Judiciário, pelo *amicus curiae*.

6.4.3. Grupos de interesse

A necessidade de constituição e manutenção do Estado – como ordem de integração[517] e ente capaz não só de assegurar a convivência e a paz social entre os homens, mas, também, capaz de promover o bem comum – é ideia que resistiu aos ataques mais extremos do liberalismo e do comunismo. Tal posicionamento é bem expresso na visão de Oswaldo Aranha Bandeira de Mello, para quem o Poder Público "[...] harmoniza os interesses das famílias, harmoniza os interesses das organizações profissionais, harmoniza os interesses dos indivíduos e das diferentes outras sociedades existentes em dado território, [...] para atingir o alto objetivo do bem da coletividade".[518]

Entretanto, não é unânime a ideia de que o Estado possa atender os principais interesses da sociedade por meio exclusivo de seus poderes oficiais, sobretudo em uma época de acentuado pluralismo social. Manuel Aragón, acerca do tema, refere que os partidos políticos não esgotam por si só as fontes de expressão do pluralismo político, o qual também se manifesta por intermédio de grupos de opinião não partidários (movimentos políticos independentes, agrupação de eleitores, etc) e, tampouco, esgotam as formas de expressão do pluralismo social, que se manifesta por sindicatos, associações profissionais e pelas demais formações coletivas que integram a diversidade de crenças e interesses existentes numa comunidade de homens livres.[519]

Manoel Gonçalves Ferreira Filho assevera que o intervencionismo estatal acentuou a insatisfação de diversos grupos com o regime representativo, especialmente porque o modelo de Estado-Providência acaba por ferir interesses na novel tarefa de redistribuir riquezas e reequilibrar oportunidades. Ademais, a expansão da burocracia estatal entra em conflito com inúmeras forças.[520] Abre-se espaço, desse modo, para uma representação não oficial, qual seja, aquela dos

---

[517] PAUPERIO, Artur Machado. *Teoria Geral do Estado*, 6. ed. Rio de Janeiro: Forense, 1971, p. 308.

[518] MELLO, Oswaldo Aranha Bandeira. Sociedade e Estado, *Revista de Direito Administrativo*, p.52.

[519] REYES, Manoel Aragón. *Constitución y Control del Poder. Introducción a una teoría constitucional del control*. Buenos Aires: Ediciones Ciudad Argentina, 1994.

[520] FERREIRA FILHO, Os conflitos como processo de mudança social, cit., p. 222. No mesmo sentido, Gianfranco Pasquino: "Um outro fator que influencia a forma de atividade dos grupos de pressão é dado pela expansão da esfera de intervenção governamental. O Estado do bem-estar e assistencial, com a crescente absorção em torno de verbas para programas de caráter econômico, previdenciário e social, ampliou notavelmente a área em que é necessário fazer pressão sobre o Governo para obter decisões favoráveis ou impedir decisões desvantajosas, obrigando os grupos de interesse a se organizar. Ao mesmo tempo, a esfera da expansão governamental fez também que órgãos paraestatais se erguessem na qualidade de Grupos de pressão". (PASQUINO, Gianfranco, *Dicionário de Política*, v.1, cit., p. 567-568).

grupos de interesse ou pressão. Na lição do citado autor, "servem estes exatamente para representar interesses cujos titulares não os consideram adequadamente defendidos pelos eleitos".[521]

Pondera Karl Loewenstein que das decisões políticas dos detentores oficiais do poder se espera a harmonização dos interesses contrapostos dos grupos pluralistas, em benefício comum da sociedade. Mas, em alguns casos, não atendidos os objetivos pretendidos, acabam os grupos funcionando como detentores invisíveis de poder político.[522] Georges Burdeau, ao seu turno, ensina que os assim chamados poderes de fato, nos regimes democráticos contemporâneos, são "[...] concorrentes diretos do poder oficialmente estabelecido, pois, como ele, pretendem impor a sua concepção da vida coletiva à comunidade inteira. Tais são os partidos, os sindicatos e, até, esses agrupamentos ocultos para os quais a ciência política conserva o nome americano de *pressure groups* [...]".[523] Fator que também daria azo à influência desses grupos na condução da coisa pública, segundo Ferreira Filho, seria a adoção do sistema eleitoral proporcional, que, muitas vezes, causa verdadeiro distanciamento entre candidatos e eleitores, em razão da ampla área de circunscrição em que se fazem os pleitos.[524] Alexandre de Moraes sugere que os grupos de pressão ganharam força pelas deficiências do regime representativo, traduzidas no sentimento de impotência e de abandono dos mesmos por parte dos partidos políticos.[525]

Devido ao papel desempenhado por tais grupos, Paulo Bonavides os considera parte da Constituição viva, tanto quanto os partidos políticos, não obstante sejam desprovidos de institucionalização ou reconhecimento formal nos textos jurídicos.[526] Karl Loewenstein, em similar ensinamento, aduz que o paternalismo do Estado foi amplamente substituído por uma colaboração voluntária dos grupos de interesse, sendo a presença dos mesmos atrelada à própria noção contemporânea de Estado democrático, onde "[...]esta práctica está tan incorporada que se puede hablar de un uso constitucional no escrito".[527]

Paulo Bonavides enfatiza ainda a necessidade de se traçar diferenças entre grupos de interesse e grupos de pressão. Os grupos de interesse seriam o gênero,

---

[521] FERREIRA FILHO, *Constituição e governabilidade*, cit., p. 72.
[522] LOEWENSTEIN, *Teoría de la Constitución*, cit., p. 422.
[523] BURDEAU, *A Democracia*, cit., p. 31.
[524] FERREIRA FILHO, *Constituição e governabilidade*, cit, p. 137. Válido transcrever, nesse sentido, as conseqüências cogitadas por Ferreira Filho quanto ao sistema adotado: "Nas eleições proporcionais, há centenas de candidatos que disputam o voto de milhares ou milhões de eleitores, sem lograr atingir senão uns poucos dentre estes. Aí o campo está aberto para todas as manobras, para todos os grupos de pressão, para o abuso do poder econômico, para os favorecimentos governamentais, para as máquinas de toda espécie". A solução encontrada pelo autor para evitar a contaminação extrema da política pelos grupos de interesse é a adoção do voto distrital para a eleição de parlamentares.
[525] MORAES, Alexandre de. Reforma Política do Estado e Democratização. *Revista de Direito Constitucional e Internacional*-Cadernos de Direito Constitucional e Ciência Política, São Paulo, SP: Revista dos Tribunais, v. 8, n. 32, jul. /set. 2000, p. 130-131.
[526] BONAVIDES, Paulo. *Ciência Política*, 10. ed., São Paulo: Malheiros, 2000, p. 559.
[527] LOEWENSTEIN, *Teoría de la Constitución*, cit., p. 437.

dos quais os grupos de pressão seriam espécie; afinal, explica o autor, os grupos de interesses podem existir organizados e ativos sem, contudo, exercer pressão política. Um grupo de pressão seria assim definido pelo exercício de influência sobre o poder político para obtenção de determinada medida de governo favorável a seus interesses.[528] Jean Meynaud, por sua vez, aduz que, embora múltiplos grupos de interesse, pela sua própria vocação, possam parecer afastados da esfera governamental, a prática estabelece que todos podem, em determinada ocasião, transformar-se em organismo de pressão.[529] Themistocles Cavalcanti inclusive destaca que, por vezes, os grupos são mais influentes do que os próprios partidos, exemplificando tais grupos nas figuras das associações religiosas, das organizações feministas e dos grupos econômicos.[530]

Para Jean Meynaud, a maneira mais sistemática de classificar os grupos de pressão seria dividindo-os em dois tipos de organismos: os primeiros teriam como objetivo essencial a conquista de vantagens materiais para os seus aderentes ou a proteção de situações adquiridas, tendendo a aumentar o bem-estar da categoria. Bem exemplificados nessa divisão seriam as organizações profissionais, reflexos dos setores do patronato, da agricultura e do trabalho. Os segundos formariam categoria heterogênea e teriam vocação mais ideológica, encontrando sua razão de ser na defesa de posições espirituais ou morais, na promoção de causas ou na afirmação de teses. Exemplos dessa categoria seriam as organizações religiosas, a maçonaria, as organizações filantrópicas, os movimentos feministas, estudantis, etc.[531]

6.4.3.1. Atuação dos grupos de interesse

O principal meio de atuação de grupos de interesse é o conhecido *lobby*, expressão que, na língua inglesa, expressa o corredor dos edifícios parlamentares ou a peça de ingresso dos grandes hotéis, uma verdadeira alusão aos espaços onde os agentes dos grupos de pressão estabeleceriam contato com os congressistas. O *lobby* seria o processo por meio do qual os representantes de grupos, agindo como intermediários, levam ao conhecimento dos legisladores ou dos *decision-makers* os desejos de seus grupos. Esclarecedora é a lição de Gianfranco Pasquino: "*lobbying é* portanto e sobretudo uma transmissão de mensagens do grupo de pressão aos *decision-makers,* por meio de representantes especializados (em alguns casos, como nos Estados Unidos, legalmente autorizados), que podem ou não fazer uso da ameaça de sanções".[532] E adverte o jurista: "pressão é, portanto, não tanto como pensam alguns autores, a possibilidade de obter acesso

---

[528] BONAVIDES, *Ciência Política*, cit., p. 558.
[529] MEYNAUD, Jean. *Os grupos de pressão*. Lisboa: Europa-América, 1966, p. 13-24.
[530] CAVALCANTI, *Cinco estudos*, cit., p. 73.
[531] Ibidem, p. 16.
[532] PASQUINO, *in Dicionário de Política*, v.1, cit., p. 563.

ao poder político, mas a possibilidade de recorrer a sanções negativas (punições) ou positivas (prêmios), a fim de assegurar a determinação imperativa dos valores sociais através do poder político".[533] Nesse sentido, a atividade do *lobbying* utiliza-se, em geral, de todos os meios de informação, persuasão e propaganda, dirigidos aos detentores oficiais do poder. Karl Loewenstein inclusive indica que "ni aun los tribunales, que se suponen neutrales, están inmunes, siendo ya una razón para que estén sometidos a esta influencia el hecho de que los jueces sean, al mismo tiempo, miembros del público".[534]

Os Estados Unidos, desde a edição do *Federal Regulation of Lobbying Act* de 1946, tornou oficial e legítimo o trabalho dos grupos de pressão perante o poder político.[535] E, ao mesmo tempo em que o ato reconheceu legítimo o trabalho dos grupos de interesses, trouxe algumas restrições, como a obrigação de os grupos obterem registro na Câmara dos Representantes e na Secretaria do Senado, revelarem a origem das somas empregadas no exercício de influência, tornarem públicos os propósitos do grupo, etc.[536] Tocqueville, cabe lembrar, já observava que americanos tiravam o máximo proveito das associações, que não se restringiam a comunas, cidades e condados, mas se estendiam a uma "[...]multidão de outras que devem seu surgimento e seu desenvolvimento apenas a vontades individuais".[537] Tocqueville analisou, ademais, que o voto universal era a causa para tais associações não ultrapassarem seu legítimo campo de atuação. Concluía o autor: "As associações sabem, pois, e todos sabem, que não representam a maioria. O que resulta do próprio fato da sua existência, pois, se a representassem, elas mesmas transformariam a lei em vez de pedir sua reforma".[538]

Paulo Bonavides afirma que, a despeito de não haver no Brasil disciplina legal ou constitucional sobre os grupos de pressão, estes, assim como partidos políticos, constituem categorias interpostas entre o cidadão e o Estado, servindo

---

[533] PASQUINO, in *Dicionário de Política*, v.1, cit., p. 564.

[534] LOEWENSTEIN, *Teoría de la Constitución*, cit., p. 432.

[535] Na decisão *United States v. Harriss*, a Suprema Corte julgou legítimo o *statute* regulador do lobby, como se infere do seguinte trecho: "As complexidades legislativas dos dias atuais são tais que não se pode esperar que membros individuais do Congresso explorem o conjunto de pressões a que estão regularmente sujeitos. Entretanto, a realização completa do ideal de governo americano pelos representantes eleitos depende não menos de sua habilidade de avaliar com adequação tais pressões. Do contrário, a voz do povo pode ser facilmente sufocada pela voz de grupos de interesses especiais buscando favores enquanto se mascaram como proponentes do bem público. Este é o mal que o Lobbying Act tenta evitar". [347 U.S. 612 (1954), traduzimos]. *No vernáculo original*: "Present-day legislative complexities are such that individual members of Congress cannot be expected to explore the myriad pressures to which they are regularly subjected. Yet full realization of the American ideal of government by elected representatives depends to no small extent on their ability to properly evaluate such pressures. Otherwise the voice of the people may all too easily be drowned out by the voice of special interest groups seeking favored treatment while masquerading as proponents of the public weal. This is the evil which the Lobbying Act was designed to help prevent".

[536] BONAVIDES, *Ciência Política*, cit., p. 568. Paulo Bonavides, em sua obra, revela estudo que diz existirem, nos Estados Unidos, 1.500 associações empresariais atuando na esfera federal, 4.000 câmaras de comércio, 70.0000 entidades sindicais e 100.000 associações femininas.

[537] TOCQUEVILLE, *A Democracia na América*, cit., p. 219.

[538] Ibidem, p. 226.

de laço de união e ponte ou canal entre ambos.[539] Cabe lembrar, porém, que o Regimento Interno da Câmara dos Deputados, no seu art. 259,[540] disciplina a possibilidade de pessoas e entidades da sociedade civil prestarem informações e esclarecimentos aos representantes eleitos.

Ainda, sobre a influência de grupos sobre os poderes púbicos, uma questão que ainda não está posta, mas possível de imaginar, no futuro é a ocorrência de novas comunidades que, na era da Internet se formam com muita rapidez e, que pela disponibilidade e facilidade tecnológica, podem reunir agrupamentos de uma extensão inimaginável há dez anos. Hoje em dia, apelos como "Contra o aquecimento global" e ONGs de interesses específicos já estão criando novas questões para quem pensa o sistema de aferição das vontades. Não tanto pela estruturação, mas pela capacidade de promover verdadeiros plebiscitos tópicos, envolvendo milhões de pessoas. Quanto a isto, o futuro dirá...

6.4.3.2. Críticas aos grupos de interesse

Não faltam críticas às *performances* desempenhadas pelos grupos de interesse nas democracias contemporâneas. Karl Loewenstein afirma que, de forma crescente, o governo do Estado vai sendo substituído pelo governo de grupos extraestatais. Não seria somente o Estado, assim, o agente espoliador da liberdade individual: os grupos pluralistas, pelo despotismo das associações, realizariam a coletivização do indivíduo. Afirma Loewenstein: "La potestad reglamentaria de los grupos de interés se extiende con sus tentáculos a todas las formas y manifestaciones de la vida diaria: transportes y seguros, diversiones y arrendamientos, servicios y bienes de consumo".[541]

Herbert Krueger levanta o temor de que a atuação soberana de grupos no Estado Contemporâneo possa dissolver a democracia representativa e substituí-la por um sistema de grupos federados. Krueger reputa os grupos de pressão incompatíveis com o princípio democrático, à medida que a soma dos grupos não corresponde ao conjunto dos cidadãos nem à totalidade de seus interesses.[542]

---

[539] BONAVIDES, *Ciência Política*, cit., p. 560.

[540] Art. 259. Além dos Ministérios e entidades da administração federal indireta, poderão as entidades de classe de grau superior, de empregados e empregadores, autarquias profissionais e outras instituições de âmbito nacional da sociedade civil credenciar junto à Mesa representantes que possam, eventualmente, prestar esclarecimentos específicos à Câmara, através de suas Comissões, às Lideranças e aos Deputados em geral e ao órgão de assessoramento institucional. § 1º Cada Ministério ou entidade poderá indicar apenas um representante, que será responsável perante a Casa por todas as informações que prestar ou opiniões que emitir quando solicitadas pela Mesa, por Comissão ou Deputado. § 2º Esses representantes fornecerão aos Relatores, aos membros das Comissões, às Lideranças e aos demais Deputados interessados e ao órgão de assessoramento legislativo exclusivamente subsídios de caráter técnico, documental, informativo e instrutivo. § 3º Caberá ao Primeiro-Secretário expedir credenciais a fim de que os representantes indicados possam ter acesso às dependências da Câmara, excluídas as privativas dos Deputados.

[541] LOEWENSTEIN, *Teoría de la Constitución*, cit., p. 441

[542] KRUEGER, Krueger. Allgemeine Staatslehre, 2ª ed., Stuttgart, Kolhammer, 1966, *apud*, BONAVIDES, *Ciência Política*, cit., p. 572.

Nesse sentido, a coligação de grupos constituiria uma verdadeira "grupocracia" e, do confronto de ideias entre os grupos dominantes, não sairia vencedor o melhor interesse, ou o mais legítimo e razoável, mas aquele que dispusesse de mais força e impetuosidade.[543]

Bonavides menciona uma série de ataques formulados por críticos dos grupos de pressão, como a de que os mesmos equiparam, com despudor, toda sorte de interesse ao chamado bem comum. Para isso, os grupos conseguem mitificar a opinião pública, utilizando-se de meios de comunicação de massa, paralisando a capacidade de discernimento do público. Além disso, os grupos, ao debilitarem as instituições representativas, sacrificam o interesse geral. Nesse contexto, enquanto os partidos políticos contariam com uma perspectiva global sobre a sociedade, os grupos guardariam uma perspectiva meramente parcial; enquanto os partidos políticos possuiriam responsabilidade política definida e um programa exposto à publicidade, os grupos de pressão exerceriam influência política sem a correspondente responsabilidade e, muitas vezes, sem propósitos claros.[544] Fala-se, também, que muitas vezes as cúpulas dos grupos de pressão estariam bastante distanciadas do real interesse dos seus associados.[545]

Georges Burdeau elabora contundentes críticas ao que denomina de "desvio do pluralismo". O autor considera perfeitamente normal e até desejável a diversidade social, mas reputa prejudicial à democracia a existência de pluralidade dos poderes, pois geradora de crise no poder estatal. Frise-se: Burdeau julga plenamente legítimo e conforme a um regime democrático que grupos representativos de interesses e grupos representativos de variadas concepções sobre a ordem social se organizem para orientar os governantes. O problema é quando as forças dos grupos criam intransigente sistema de defesa de interesses particulares, constituindo a formação de poder político paraestatal. Imperioso transcrever suas palavras:

> Os poderes de fato, que então se formam e que vemos operar, são parasitas e exploradores do pluralismo. Parasitas, porque, numa sociedade cuja vida política está juridicamente organizada, não deveria haver lugar para diversos centros de poderio soberano. [...] Poderes autônomos, muito longe de serem a conseqüência necessária do pluralismo, contradizem a sua exigência fundamental, pois o seu objetivo não á a manutenção da competição, mas o estabelecimento do imperialismo de um só pelo esmagamento de todos os outros. A democracia é inseparável de um poder único, porque, fazendo-o superior a todos os outros, esta unidade permite-lhe manter abertas as lutas das tendências.
>
> Os poderes de fato não se limitam, aliás, a desnaturar o pluralismo, exploram-no recobrindo do seu louvável princípio os seus empreendimentos interessados. Usurpando a legitimidade das comunidades que, tanto por referencia aos seus interesses materiais como em função do seu alívio espiritual, podem legitimamente pretender participar da formação da

---

[543] BONAVIDES, *Ciência Política*, cit., p. 572.
[544] Ibidem, p. 560-561.
[545] Ibidem, p. 573.

idéia do direito nacional, dos egoísmos de corpos e dos apetites estritamente particulares, exigem sem ser escutados e, se for necessário, obedecidos. [...] Organizados em *pressure groups*, o seu poderio pesa sobre os destinos coletivos. Eles não merecem, no entanto, ver reconhecida a legitimidade e as prerrogativas de um poder verdadeiro porque, por mais animados que estejam do seu espírito, não lhe satisfazem os encargos. Eles não têm o seu espírito, pois que não visam a estabelecer uma ordem, mas a satisfazer apetites. Não lhes assumem as funções, pois que em lugar de integrar o grupo que os apóia para um bem comum do qual toda a comunidade podia participar, encorajam indisciplina até provocarem secessão.

Georges Burdeau, enfim, julga pernicioso todo imperialismo de agrupamentos, pois, na sua ótica, a perspectiva democrática demanda que a representação da ordem social reúna o maior número de membros da coletividade, do modo a não emanar de uma casta ou de uma categoria intelectual, social ou econômica.

Curioso observar que, muito antes de os grupos de intesse serem objeto de estudo pelas ciências sociais, Emmanuel Joseph Sieyès já julgava pernicioso o poder constituite visar a interesses particulares. Oportuno transcrever suas palavras:

É preciso que, mesmo na decadência dos costumes, quando o egoísmo parece governar todas as almas, a assembléia de uma ação seja constituída de tal forma que os interesses particulares permaneçam isolados e o voto da maioria esteja sempre conforme ao bem geral.
[...]
Conhecemos o verdadeiro objetivo de uma assembléia nacional: não é feita para se ocupar dos assuntos particulares dos cidadãos. Ela considera-os como uma massa, e sob o ponto de vista do interesse comum.[546]

Urge comentar, a seguir, se é positiva, numa sociedade pluralista, a visão do STF acerca da necessidade de pluralizar o debate constitucional e de abrir o espaço institucional do Poder Judiciário para que os mais diversos grupos e atores sociais expressem sua interpretação sobre a Constituição. Pertinente, antes, traçar algumas considerações sobre o fenômeno da judicialização da política que, talvez seja, no Brasil, a principal causa da inovação processual trazida pelo *amicus curiae*..

6.5. A judicialização da política

A penetração de assuntos de ordem política na esfera de controle do Poder Judiciário não é fenômeno exclusivamente brasileiro. Tal situação é registrada nos Estados Unidos, onde, inclusive, foi criada doutrina a exigir dos julgadores

---

[546] SIEYÈS, Emmanuel Joseph. *A constituinte burguesa: qu'est-ce que le tiers état?* 4. ed. Rio de Janeiro: Lumen Juris, 2001, p. 70-72.

comedida atuação no julgamento de atos de natureza política (o *self-restraint*).[547] O fenômeno também é registrado em grande parte de países europeus, onde os Tribunais Constitucionais vêm sendo chamados a decidir assuntos do mais alto grau de politicidade e polemicidade. Gilmar Ferreira Mendes menciona a Alemanha, onde as decisões do Tribunal, não raro, estão no centro de grandes discussões públicas, como foi o caso de alguns temas já decididos referentes a partidos políticos, sistema de concessão de rádios e televisões, pesquisas censitárias, política das escolas superiores, subsídios dos parlamentares, etc.[548]

Essa situação é explicada, em grande parte, pela dinâmica do controle abstrato das leis, em que a constitucionalidade de diplomas legais pode ser aferida pouco tempo após sua edição, servindo até mesmo como ferramenta de contestação ao governo do dia, o que ocasiona maior possibilidade de conflitos entre os Poderes, a serem arbitrados pelas Cortes. A declaração da inconstitucionalidade em tese muito se aproxima, segundo Ferreira Filho, com o que seria a apreciação de uma (terceira) Câmara Legislativa, em relação ao aprovado pelas demais.[549] Colabora nesse processo, ainda, a modificação do perfil das leis, que, como visto, a partir do Estado Social, passaram a ser usadas como instrumentos aptos a criar políticas públicas, cuja validade, se questionada, é levada ao âmbito de competência do Tribunal Constitucional. Outro fator deve ser referido: a inserção, nas Constituições contemporâneas, de princípios genéricos sobre a ordem social e econômica – muitas vezes contraditórios e ambíguos, pois são expressão do pluralismo político existente no processo constituinte[550] – ocasiona o crescente questionamento da constitucionalidade das leis elaboradas nesse mesmo campo, cabendo às Cortes Constitucionais a palavra final.[551] Consequência do cenário descrito é o uso, pelos Tribunais Constitucionais, de diferentes construções interpretativas e técnicas decisórias, cujos principais exemplos são as sentenças aditivas,[552] as sentenças substitutivas[553] e a interpretação conforme. Roger Leal

---

[547] Tocqueville já anunciava o destaque das funções do Poder Judiciário nos Estados Unidos: "O mais difícil para um estrangeiro compreender nos Estados Unidos é a organização judiciária. Não há, por assim dizer, acontecimento político em que não ouça invocar a autoridade do juiz; e daí conclui naturalmente que nos Estados Unidos o juiz é uma das primeiras forças políticas". (TOCQUEVILLE, *A Democracia na América*, cit., p. 111).

[548] MENDES, *Jurisdição Constitucional*, cit., p. 13.

[549] FERREIRA FILHO, Manoel Gonçalves. *Aspectos do Direito Constitucional Contemporâneo*. São Paulo: Saraiva, 2003, p. 225.

[550] Nesse sentido, ensina Manuel Aragón que, para garantir o pluralismo, a Constituição deve conter suficientes normas abertas, cuja concreção corresponda mais ao legislador do que ao juiz. Para cumprir a missão de ser a norma básica do ordenamento, diz o autor, a Constituição há de albergar muitas cláusulas gerais, em forma de princípios e valores. (REYES, *El Juez Ordinario entre Legalidad y Constitucionalidad*, cit., p. 168).

[551] LEAL, *O Efeito Vinculante na Jurisdição Constitucional*, cit., p. 70-101.

[552] Essas decisões têm caráter de suplementação normativa e declaram a inconstitucionalidade da omissão de determinada norma, enunciando o critério normativo exigido. (LEAL, *O Efeito Vinculante na Jurisdição Constitucional*, cit., p. 87)

[553] No caso das sentenças substitutivas, a Corte julga inconstitucional determinada lei por esta instituir determinada medida, em vez de estabelecer outra. Desse modo, substitui-se o comando normativo inconstitucional por outro que observe a letra da Lei Fundamental (LEAL, *O Efeito Vinculante na Jurisdição Constitucional*, cit., p. 90).

observa que as novas incursões da Jurisdição Constitucional transformam o cenário político institucional, criando a figura de um legislador paralelo.[554]

Agora, é importante lembrar que o próprio modo de composição das Cortes Europeias suporta, em certa medida, o fenômeno descrito. É traço comum dos países europeus, com algumas variações, a indicação dos Magistrados pelo Parlamento e pelo Chefe de Estado. Ademais, a regra é existir mandato a ser cumprido pelos Juízes, num prazo que varia entre seis e doze anos.[555] Favoreau afirma, aliás, que a composição do Tribunal nem poderia se dar de modo neutro, pois é papel do juiz constitucional, ao contrário do juiz ordinário, controlar os poderes públicos, o que frequentemente acarreta às suas decisões caráter inevitavelmente político.[556] Jorge Miranda, no mesmo sentido, leciona que é justamente pelo fato de os juízes constitucionais serem escolhidos por órgãos democraticamente legitimados que lhes cabe invalidar atos normativos. Afirma o jurista: "É por eles, embora pela via indireta, provirem da mesma origem dos titulares de órgãos políticos que por estes conseguem fazer-se acatar".[557]

Canotilho, por sua vez, afirma que o ativismo judicial também é registrado e legitimado na jurisdição ordinária, exatamente porque o papel do Poder Judiciário sofreu transformações. Expõe o jurista: "O juiz guardião dos direitos e o juiz que realiza objetivos moralmente justos representam hoje, com efeito, os arquétipos de ruptura relativamente ao modelo jacobino de juiz executor, passivamente fiel à vontade do legislador ('a boca que pronuncia as palavras da lei') ou de juiz declarativo, limitado a declarar mas nunca criar o direito".[558] Manuel Aragón Reyes verifica a tendência de sobrevalorizar-se a Constituição e de infravalorizar-se a lei e atribui tal tendência à ineficácia do próprio legislador, que, muitas vezes, elabora textos legais tecnicamente defeituosos.[559] Elenca Reyes algumas razões trazidas pelos defensores da supremacia do Poder Judiciário em relação ao Parlamento: a) os juízes teriam melhores condições que o legislador para concretizar direitos fundamentais; b) a jurisprudência seria adornada de virtudes (conhecimentos jurídicos, objetividade, mesura) não próprias à atividade legislativa (os legisladores, além de defeituosos juristas, seriam sempre parciais,

---

[554] LEAL, *O Efeito Vinculante na Jurisdição Constitucional*, cit., p. 100.

[555] Sobre o assunto: FAVOREU, Louis. *As Cortes Constitucionais*. São Paulo: Landy Editora, 2004, especialmente p. 30-31.

[556] FAVOREU, Louis. *Tribunales constitucionales europeos y derechos fundamentales*. Madrid: Centro de Estudios Constitucionales, 1984, p. 22.

[557] MIRANDA, Jorge. *Manual de direito constitucional. Tomo VI. Inconstitucionalidade e Garantia da Constituição*. 7.ed. Lisboa: Coimbra, 2005, p. 131. No mesmo sentido, Manuel Aragón Reyes: "[...] todos los magistrados del Tribunal Constitucional (a diferencia de lo que ocurre con los jueces ordinarios) son designados por instituciones del Estado que son producto directo (el Parlamento) o indirecto (el Gobierno, el Consejo General del Poder Judicial) de la representación popular". (REYES, *El Juez Ordinario entre Legalidad y Constitucionalidad*, cit., p. 177).

[558] CANOTILHO, José Joaquim Gomes. Um olhar jurídico-constitucional sobre a judicialização da política. *Revista de Direito Administrativo*, v. 245, São Paulo: Fundação Getúlio Vargas, maio/ago. 2007, p. 91.

[559] REYES, Manoel Aragón. *El Juez Ordinario entre Legalidad y Constitucionalidad*, cit., p. 180.

pouco neutros diante do pluralismo); e c) a classe política, pouco dada à meditação, não pareceria a mais idônea para realizar uma atividade intelectual de cultura como a proteção dos direitos fundamentais.[560]

Mas Reyes rebate tal posicionamento e os excessos da supervalorização de valores constitucionais pela jurisdição ordinária, alegando que tais excessos podem levar a que os juízes se desliguem das leis ordinárias sem sequer suscitar o incidente de inconstitucionalidade perante a Corte Constitucional. Alerta o autor: não aplicando as leis e em seu lugar aplicando valores – às vezes valores nem diretamente expressos no texto constitucional – o Judiciário pode colocar em risco o Estado Democrático de Direito, pois substituirá os critérios políticos do legislador pelos critérios valorativos do juiz.[561] Consequência grave dessa substituição, segundo o autor, seria a transformação do Estado de Direito em "Estado de Justiça". O primeiro buscaria previsibilidade, segurança e igual liberdade para todos, enquanto o segundo seria o resultado da arbitrariedade e da desigualdade.[562] Conclui, então, que "[...]el principio de constitucionalidad debe ser entendido como un enriquecimiento, y no como una sustitución del principio de legalidad".[563]

6.5.1. O caso brasileiro

O processo da judicialização da política é mundial, encontrando forte eco no Brasil, mormente após a promulgação da Carta de 1988. Aliás, lembra Ferreira Filho, mesmo antes da nova Constituição, o sistema jurídico brasileiro já dava espaço ao desenvolvimento do fenômeno; assim, a Carta de 1934 institucionalizou o mandado de segurança e a ação popular, além de ter previsto o embrião do controle direto de constitucionalidade, abrindo espaço para confronto direto dos atos do Poder Público, via Poder Judiciário. Ademais, na mesma Lei Fundamental de 1934, constitucionalizou-se a Justiça Eleitoral, responsável pela preparação e realização das eleições, bem como pelo contencioso eleitoral. Em 1985, com a edição da Lei n. 7.347/85, que instituiu a Ação Civil Pública, a Administração direta e indireta veio a sofrer controle mais efetivo por parte do Poder Judiciário.[564]

Mas foi a Constituição de 1988 que conferiu ao Poder Judiciário incomparável relevo: além de ter mantido o controle incidental de constitucionalidade, ampliou o controle abstrato de validade das leis, a ser exercido pelos Tribunais – notadamente, pelo Supremo Tribunal Federal. Inseriu a Carta de 1988, a propósito, o controle dos atos omissivos do Poder Público, mediante o mandado de in-

---

[560] Ibidem, cit, p. 171.
[561] REYES, Manoel Aragón. *El Juez Ordinario entre Legalidad y Constitucionalidad*, cit, p. 172-173
[562] Ibidem, p. 176-177.
[563] Ibidem, p. 182.
[564] FERREIRA FILHO, *Aspectos do Direito Constitucional Contemporâneo*, cit., p. 189- 202.

junção e a ADIN por omissão. A Emenda Constitucional n. 45/04 ainda trouxe as inovações das súmulas vinculantes e do efeito vinculante das decisões proferidas no controle abstrato. Portanto, de acordo com Ferreira Filho, é a própria Constituição que justicializa o fenômeno político, o que acarreta, inexoravelmente, a politização da justiça.[565]

E o STF, na execução da jurisdição constitucional, vem assumindo, não apenas o papel de legislador negativo, mas também o de legislador positivo.[566] Se os fenômenos no âmbito europeu e brasileiro parecem similares, é dever ressaltar essencial distinção. A composição das Cortes Constitucionais, como visto, possui respaldo democrático, eis que as forças políticas prevalentes no país desempenham crucial papel na nomeação dos Magistrados. Ademais, cabe exclusivamente a essas Cortes o poder de invalidação das normas. O Brasil, diferentemente, não possui Jurisdição Constitucional especializada, e as vagas do STF são preenchidas por indicação exclusiva do Presidente da República. Nelson Nery Júnior, a respeito do tema, faz a seguinte análise:

> [...] o perfil constitucional de nosso Tribunal Federal Constitucional não se nos afigura o melhor, porquanto carece de legitimidade para apreciar, em último e definitivo grau, as questões constitucionais que lhe são submetidas, já que é órgão do Poder Judiciário, cujos membros são nomeados pelo Presidente da República sem critério de proporcionalidade ou representatividade dos demais poderes. A ilegitimidade do STF como Corte Constitucional está na nomeação vitalícia dos ministros (deveria haver mandato por prazo determinado) e no fato que os poderes Judiciário e Legislativo não participam eficazmente da escolha de seus membros [...]. O Executivo, portanto, é o único dos Três Poderes que pode indicar e nomear juiz integrante do tribunal constitucional brasileiro [...].[567]

Por fim, Ferreira Filho atribui o alargamento do papel do Judiciário no Brasil, em grande parte, à maior confiabilidade desse Poder perante a opinião pública. Para essa mesma opinião pública, os políticos estariam em verdadeiro descrédito e seus atos gozariam de pouca legitimidade; assim, o Judiciário, ao ter seus cargos preenchidos mediante concurso público e ao assegurar a manifestação de opiniões diversas, garantiria maior lisura e correção nas decisões tomadas.[568]

6.5.2. O "amicus curiae"

Peter Häberle, ao defender a necessidade de instituir nas democracias contemporâneas uma comunidade aberta de intérpretes da Constituição, exerceu

---

[565] FERREIRA FILHO, *Aspectos do Direito Constitucional Contemporâneo*, cit., p. 207.
[566] Ver, nesse sentido: BRASIL, Supremo Tribunal Federal, MI 670/ES, Tribunal Pleno, Rel. Min. Maurício Côrrea, *DJ* de 31.10.2008.
[567] NERY JÚNIOR, Nelson. *Princípios do processo civil na constituição federal*. 7. ed. rev. atual. São Paulo: Revista dos Tribunais, 2002, p. 23-25.
[568] FERREIRA FILHO, *Aspectos do Direito Constitucional Contemporâneo*, cit, p. 213-214.

e exerce, não há dúvidas, tremenda influência sobre os Magistrados do STF, quanto à admissibilidade do *amicus curiae*. Para chegar a essa conclusão, basta consultar a vasta jurisprudência da Corte acerca do tema e verificar as numerosas referências feitas pelos Ministros ao autor alemão. Aliás, o que é mais relevante, as ideias do jurista foram suficientemente significativas para influenciar o próprio legislador brasileiro, que previu a possibilidade de manifestação de diferentes entidades e órgãos não só nas Leis n. 9.868 e 9.882, de 1999, que regulamentaram a ADIN, a ADC e a ADPF, mas também nas Leis n°s 11.417 e 11.418, de 2006, que regulamentaram, respectivamente, a edição de súmulas vinculantes e a repercussão geral do recurso extraordinário.

É de fato elogiável a ideia de enriquecer o Poder Judiciário com informações de cunho técnico e científico, especialmente na delicada tarefa do controle de constitucionalidade. Nessa função, o *amicus curiae* é verdadeiro amigo da Corte, isto é, colabora inequivocamente no aperfeiçoamento das decisões judiciais, à medida que garante aos magistrados maior embasamento e precisão, notadamente nas questões de considerável complexidade. A propósito, conforme descrito no quarto capítulo, esse tipo de participação é também previsto nas leis orgânicas dos principais Tribunais Constitucionais europeus. É fato que, para os "conselhos" dos participantes serem considerados mecanismos efetivamente úteis e auxiliares, devem provir de pessoas com incontestada autoridade nos temas discutidos, sob pena de os pedidos de intervenção se multiplicarem e se transformarem em causa de morosidade e de retardamento no julgamento dos processos. Nos Estados Unidos, onde o instituto é amplamente utilizado, já existem críticas sobre os excessivos pedidos de atuação de terceiros. No Brasil, com a possibilidade de intervenção voluntária de todos os interessados na questão debatida, não devem tardar as observações nesse sentido, especialmente após a Emenda Constitucional n. 45/04, que garantiu a todos a razoável duração do processo. O Min. Moreira Alves, ao votar contrariamente à sustentação oral do *amicus curiae* na ADI-MC 2223/DF, já previa o risco apontado.

Sobre as participações para que os mais diversos atores sociais – em nome do pluralismo político e do princípio democrático – exponham ao STF sua interpretação da Constituição, não porque sejam peritos no tema, mas porque se sintam alvos potenciais ou diretos da futura decisão, há de se fazer algumas considerações.

Primeiramente, urge destacar que é de longa data que se fala em não estar o Juiz adstrito ao texto literal das normas, cabendo-lhe sopesar outros fatores na tarefa hermenêutica e levar em conta critérios sociológicos, econômicos, históricos, etc. Não é de hoje que se fala, afinal, na necessidade de o Juiz investigar o fato social trabalhado no texto legal. Carlos Maximiliano já tecia fundamentais ensinamentos sobre o modo de determinar o sentido e o alcance das regas jurídicas. Afirmava, como ponto de partida: "Fixou-se o Direito Positivo: porém a vida continua, evolve, desdobra-se em atividades diversas, manifesta-se sob aspectos múltiplos: morais, sociais, econômicos.[...] O intérprete é o renovador inteligente e cauto, o sociólogo do direito".[569] Na lição de Carlos Maximiliano, o Direito não pode se isolar do ambiente em que vigora, e a Hermenêutica não pode se furtar à influência do meio, devendo levar em conta os usos, costumes e necessidades sociais. Mas o autor frisa que o intérprete deve apelar para os fatores sociais com reserva e circunspeção, para que não prevaleça suas tendências intelectuais sobre as decorrentes dos textos e até mesmo sobre as dominantes no meio.[570]

Com efeito, as Cortes não podem exercer seu ofício de modo a desprezar o contexto social. Devem sim levá-lo em conta. Mas, no caso do *amicus curiae* à brasileira, se algumas instituições possuem inegável legitimidade e respaldo social para opinarem sobre determinadas questões, pois ultrapassam os limites meramente corporativos, é preciso alertar que, sob o pretexto de interpretar a Constituição, variados grupos tem se valido desse instituto processual para lutar por interesses sectários, buscando atingir fins egoísticos. Interpreta-se, então, a Constituição de modo não isento, o que já indica que o prestigiado princípio do pluralismo pode ser utilizado contrariamente ao bem comum. O bem comum, para Ferreira Filho, está vinculado a uma separação das divergências individuais, a uma conciliação, que deixe prevalecer o que interessa a todos, sem exceção.[571]

As mesmas críticas dirigidas aos grupos de pressão e sua respectiva influência na condução da coisa pública podem ser válidas à presente análise. A interpretação da Constituição feita pelos grupos de interesse, no mais das vezes, deixa de considerar o bem geral para beneficiar parcela, às vezes ínfima, da sociedade, especialmente quando está em jogo a esfera patrimonial de determinadas categorias. Cria-se o risco de fazer prevalecer o interesse particular, imediatista e de curta visão sobre o interesse das maiorias não mobilizáveis.[572] Nos Estados Unidos já foi constatado que o *amicus curiae* está antes para amigo da parte do que para amigo da Corte. O mesmo pode ser dito sobre o Brasil, em relação à grande parte das intervenções.

Parece-nos claro que há necessidade de maior controle das atuações do *amicus curiae*. Ademais, o âmbito estrutural do STF e dos demais Tribunais não se afigura o melhor espaço público para a intervenção de tantos interessados na defesa ou na invalidação de uma norma geral. Enfraquece-se o Parlamento, o tradicional espaço de discussões e debates, e variados grupos, de diversas ideologias, acabam vendo no Poder Judiciário o árbitro para resolver conflitos de interesses de natureza política. Ainda que no âmbito do controle de constitucionalidade europeu não se constate a dinâmica de grupos de pressão atuando diretamente como *amicus curiae* e, logo, como intérpretes da Constituição, parece que as Cortes Constitucionais estariam mais aptas a lidar com tal procedimento.

---

[569] MAXIMILIANO, Carlos. *Hermenêutica e Aplicação do Direito*, 18ª ed., Rio de Janeiro: Forense, 2000, p. 12.
[570] Ibidem, p. 157-160.
[571] FERREIRA FILHO, *Estado de Direito e Constituição*, cit., p. 46.
[572] FERREIRA FILHO, *Constituição e governabilidade*, cit., p. 79.

Por isso, cremos que, no Brasil, a participação do *amicus curiae* guardaria maior legitimidade se houvesse requisitos mais precisos para sua admissão e se atuasse perante uma Corte Constitucional, que guardasse o monopólio da invalidação das leis e cujos membros fossem eleitos, tendo mandato a ser cumprido. Evitar-se-ia a politização demasiada da instância judicial ordinária, entregando-se a um novo Poder, democraticamente eleito, a preservação dos valores constitucionais.

Conclusões

Cumpre retomar, sucintamente, à guisa de conclusão, os principais aspectos do instituto *amicus curiae*, tanto no Direito Comparado, como no Direito Brasileiro.

1. Existe inegável imprecisão nas definições conceituais do *amicus curiae*, uma vez que o instituto, além de ter sofrido modificações desde seu surgimento, recebeu disciplina legal diversa nos países em que foi adotado.

2. A doutrina, em peso, refere que o *amicus curiae* teve sua origem no Direito Romano, em que pese não se encontrem referências literais ao instituto. Por outro lado, é possível cogitar de seu surgimento no Direito Romano, se forem consideradas as atribuições do *consilium*, da época republicana, e do *consistorium*, da época imperial.

3. No *common law* inglês, o *amicus curiae* surgiu para desempenhar a função de verdadeiro informante das Cortes, havendo referências, nos *Year Books*, de que sua função era a de trazer relevantes informações aos Magistrados, bem como a de sanar eventuais deficiências processuais.

4. A razão do desenvolvimento do *amicus curiae* na Inglaterra é bem compreendida se forem analisadas as essências do *rule of law* e do *common law*. O Poder Judiciário inglês, desde tempos remotos, é a instância do Poder Público responsável pela criação e aplicação do Direito, tendo sido consagrada, por isso, a regra de vinculação das Cortes aos precedentes judiciais e de imperatividade do *stare decisis*. Além disso, na formação do *common law,* deu-se mais importância ao rito processual do que exatamente ao direito substantivo. Nesse contexto, o *amicus curiae* encontrou terreno fértil para seu desenvolvimento, compreendendo-se o considerável interesse de terceiros em colaborar com o Poder Judiciário. Afinal, com a instituição do precedente, eventual decisão pode ser estendida a outros casos similares. A esses fatores agregam-se as características do *adversarial system*, típicas do direito processual inglês. Desde 2001, *porém,* impuseram-se restrições ao uso do *amicus curiae*, agora chamado, na Inglaterra, de *advocate to the court*.

5. O *amicus curiae* encontrou nos Estados Unidos terreno ainda mais sólido para desenvolver-se e disseminar-se. Atribui-se esse fenômeno à institucionalização do *judicial review*. Os seguintes traços do sistema de controle de consti-

tucionalidade de atos normativos, nos Estados Unidos, podem ser referidos: é monista ou cumulado, ou seja, pode ser feito por todas as instâncias judiciárias, no curso de processos; uma vez proferida a decisão sobre a validade de determinada norma, o efeito do julgamento será *inter partes*, a menos que a decisão seja proferida pela Suprema Corte, quando então haverá o efeito *erga omnes*. Devido à existência desse efeito *erga omnes*, o valor das lides judiciais individuais ganhou peso na vida política americana. Afinal, constatado que do julgamento de um caso particular, pela Suprema Corte, uma norma pode ser considerada válida ou inválida e atingir inúmeras pessoas e entidades, a manifestação de terceiros tornou-se prática frequente, especialmente no âmbito da maior instância judiciária. A observação de Gilmar Ferreira Mendes sobre transformação do caráter subjetivo em objetivo do *judicial review* bem resume a situação descrita.

6. Em 1821, no julgamento *Green v. Biddle*, houve a primeira aparição formal do *amicus curiae* nos Estados Unidos. A partir desse período, o perfil de atuação do amigo da Corte caracterizou-se pela neutralidade e imparcialidade. Não tardou, porém, para que o instrumento processual passasse a ser utilizado por grupos altamente interessados na resolução das controvérsias, fazendo sentido a constatação de que o *amicus curiae* se tornou um terceiro parcial. No julgado *Muller v. Oregon*, Louis Brandeis teve importante atuação como *amicus curiae*, ao interpor petição em tudo inovadora, por trazer informações científicas e dados não jurídicos a fim de convencer a Suprema Corte sobre a constitucionalidade de lei que impunha limites à jornada de trabalho feminino em fábricas. O pedido foi bem-sucedido, e a Suprema Corte, veio a incorporar, progressivamente, informações de cunho sociológico nas suas decisões. Tal situação mostrou-se bastante significativa na composição da Suprema Corte, durante e até mesmo após a presidência de Franklin Roosevelt. De fato, a Suprema Corte flexibilizou suas decisões anteriores, reflexos do liberalismo econômico, e passou a acatar intervenções estatais na área econômica e social. A luta pela afirmação dos direitos civil encontrou no Poder Judiciário o árbitro necessário, e muitas das reivindicações foram reforçadas em relevantes atuações de amigos da Corte. Importantes julgados dessa nova fase merecem ser destacados, como *Brown v. Board of Education, Miranda v. Arizona, Mapp v. Ohio, Webster v. Reproductive Health Services, Cruzan v. Director, Missouri Department of Health* e *Reggents of the University of California v. Bakke*.

7. A adoção do *writ of certiorari*, com a consequente discricionariedade da Suprema Corte em acatar recursos, estimulou a presença de terceiros na arena judicial, uma vez que a manifestação da Corte sobre as lides não são tão frequentes. O amigo da Corte pode, dessa maneira, atuar em momento prévio ou posterior ao recebimento do apelo. Nessa perspectiva, os diversos segmentos da sociedade americana encontraram em lides judiciais de terceiros forma de influenciar as Cortes na consecução de seus objetivos, razão pela qual o *amicus curiae* é inclusive considerado *lobby* judicial por muitos doutrinadores americanos.

8. Em 1937, a Suprema Corte editou a Regra 37 para regulamentar o uso do *amicus curiae*. A Regra 37 sofreu algumas modificações, desde sua edição, vigendo hoje, essencialmente, as seguintes imposições: a) para atuar como *friend of the Court* há necessidade de autorização das partes e, caso essa seja negada, é necessário o consentimento dos Tribunais; b) dispensa-se referida autorização, se o pedido para atuar como *amicus curiae* advém do governo dos Estados Unidos, pelo *Solicitor General*, ou de qualquer Estado-Membro, território, cidade ou condado, por seu representante público; c) os requerentes devem elencar, em sua petição, as razões pelas quais sua participação no feito auxiliará os Juízes, explicando quais novos argumentos adicionarão à causa; d) os requerentes devem identificar cada pessoa e entidade que tenha contribuído monetariamente para a preparação ou submissão da petição na Suprema Corte.

9. Os participantes mais comuns como *amicus curiae* nos Estados Unidos podem ser enquadrados em três grandes grupos: a) associações privadas e indivíduos que representam interesses de amplos grupos; b) organizações profissionais; c) representantes legais de unidades governamentais, cujo maior símbolo é o *Solicitor General*.

10. A doutrina americana vislumbra aspectos negativos na disseminação do uso do *amicus curiae brief*, dentre os quais pode se destacar a mera repetição de argumentos feita pelos participantes, o atraso no julgamento gerado pelas numerosas intervenções, a falta de persecução do interesse público pelos *amici curiae* e a inexistência de contraditório aos memoriais juntados pelos amigos da Corte.

11. Por razões históricas e culturais, o sistema romano-germânico confere primazia, na criação do Direito, ao Poder Legislativo, e não ao Poder Judiciário, distinguindo-se radicalmente do *common law*. Consequência desse fato foi a atribuição do controle de constitucionalidade não aos Juízes ordinários, mas a uma Corte específica, a Corte Constitucional. Sob influência de Kelsen, conferiu-se a essas Cortes a exclusividade da anulação das normas, por meio da inovadora técnica do controle abstrato. Existe também a técnica do controle incidental, em alguns países, via incidente de inconstitucionalidade, remetido pelos juízes ordinários ao Tribunal Constitucional, e via recurso de todos aqueles que aleguem violação de direitos fundamentais por parte da Administração ou do Poder Judiciário. Por isso, os sistemas europeus são considerados dualistas, eis que possuem uma Jurisdição especializada para tal tarefa, ao lado das Cortes ordinárias. A participação das mais diversas pessoas e entidades no controle de constitucionalidade, ao estilo do que ocorre nos Estados Unidos, não é acatada pelas Cortes Constitucionais. O que essas admitem, isso sim, é a convocação oficial de pessoas com autoridade e experiência na matéria, para emitir sua opinião e auxiliar no julgamento de lides mais complexas. Diz-se, sobretudo, que ampliar o espaço da Corte Constitucional a todos interessados na validação ou invalidação das normas seria deslegitimar o caráter essencialmente objetivo do controle de constitucionalidade.

12. No âmbito dos Tribunais supranacionais europeus, admite-se a intervenção de terceiros. Mas essa intervenção, segundo a Jurisprudência do Tribunal de Justiça Europeu, não é a intervenção de *amicus curiae*, mas a de pessoas com declarado interesse no resultado da causa. Na Corte Europeia de Direitos Humanos, tem-se admitido a intervenção de *amicus curiae* especialmente por organizações de defesa de direitos humanos.

13. O Brasil adotou o controle de constitucionalidade com jurisdição cumulada, cabendo, desde 1891, a invalidação das leis por todos os juízes e tribunais. A Constituição de 1988 deu, ainda, destaque à técnica do controle abstrato da validade das leis, a ser realizado pelo STF e pelos Tribunais estaduais. As leis 9.868/99 e 9.882/99, ao regulamentarem o processo de fiscalização abstrato, previram a intervenção de interessados no processo, para atuar como *amicus curiae*. Adicionou-se, ainda, a abertura para que outros órgãos e entidades se manifestem no controle difuso, perante os Tribunais. Institucionalizou-se, conforme inúmeros julgados do STF, a comunidade aberta de intérpretes cogitada pelo alemão Peter Häberle, a qual favoreceria a democracia e o pluralismo na sociedade brasileira. Em outros procedimentos, foi prevista a manifestação do *amicus curiae* na aferição da repercussão geral dos recursos extraordinários, na edição de súmulas vinculantes, e, no âmbito do STJ, na hipótese de multiplicidade de recursos com fundamento em idêntica questão de direito.

14. A jurisprudência brasileira tem manifestado diferentes posicionamentos sobre a natureza da atuação do *amicus curiae*, ora proibindo as intervenções nitidamente parciais, ora exigindo, como requisito para participação de interessados, especial interesse na validação ou na invalidação da norma sob julgamento. Processualistas têm se preocupado com a questão, buscando aferir a natureza do *amicus curiae*. Encontram-se diversos posicionamentos entre os processualistas, que se dividem em conferir ao *amicus curiae* papel de assistente, de auxiliar do Juízo, de perito, de colaborador informal, etc. Chega-se até mesmo em cogitar novo enquadramento processual, *sui generis*, qual seja, o de ser instrumento de comunicação entre a sociedade civil organizada e o Poder Judiciário.

15. Pela constatação empírica, as categorias de *amici curiae* protagonistas perante o Judiciário Brasileiro, em especial perante o STF, poderiam assim ser divididas: a) organizações privadas que representam amplos segmentos, em defesa de direitos fundamentais; b) organizações profissionais, com especial destaque às entidades defensoras de interesses do funcionalismo público; c) órgãos públicos e unidades governamentais.

16. Observa-se, na jurisprudência do STF, política de ampla aceitação dos requerentes que buscam atuar como *amicus curiae* no controle de constitucionalidade das leis. Em geral, os pedidos são acatados e, numa espécie de aplauso ao instituto, são feitas referências à importância de a democracia participativa ter chegado ao espaço do Poder Judiciário e de o pluralismo social ser, hoje, instrumento de legitimação das decisões do STF.

17. A intervenção de tantos órgãos e entidades na esfera do Poder Judiciário, foi referido, é encarada por muitos autores americanos como instrumento de atuação dos grupos de pressão. É bem visível que o *amicus curiae* à brasileira vem assumindo, na grande parte de suas atuações, essa conotação. Basta conferir a natureza dos principais colaboradores e as causas pelas quais demonstram interesse em aconselhar a Corte. Importante referir, até para fazer contraponto ao posicionamento unânime do STF, que a intervenção de tantos grupos de interesse pode, antes de favorecer a democracia, prejudicar a mesma. Foi analisado que não faltam críticas à representação de interesses e a atuação dos grupos de pressão sobre os poderes públicos, que podem induzir os responsáveis pela elaboração, aplicação e interpretação de leis a uma visão meramente restrita, até egoística do Direito. A necessidade de privilegiar o interesse público e o bem comum, muitas vezes, caminha no sentido contrário ao atendimento de interesses de grupos sociais, que estão sempre em ebulição no Estado Social Contemporâneo.

18. A institucionalização do *amicus curiae* no Brasil é reflexo da judicialização da política e do desprestígio do Parlamento. Na Europa continental – que, assim como o Brasil, pertence à tradição romano-germânica – o controle de constitucionalidade das leis é realizado pelas Cortes Constitucionais, cujos magistrados são eleitos e estão, portanto, mais legitimados para assumir a delicada tarefa de controlar a constitucionalidade dos atos estatais, máxime porque tal atribuição coloca o Tribunal no centro das principais controvérsias políticas e jurídicas. Em que pese, porém, tenham tais Cortes papel político essencial na defesa da Democracia, o *amicus curiae*, nos moldes brasileiros e americanos, não fazem parte da dinâmica do controle de constitucionalidade europeu.

19. O Brasil, nesse contexto, adotou instituto processual típico do *common law* (especialmente do *common law americano*) tradição jurídica que, como sabido, atribui ao Judiciário o papel protagonista na criação do Direito. Pertencendo as raízes do direito brasileiro ao sistema romano-germânico, parece que a solução ideal seria não só a imposição de limites à atuação de tantos intérpretes constitucionais, para melhor resguardo do bem comum e maior segurança jurídica das leis, como também a transferência do controle de constitucionalidade a uma Corte especializada, composta de juízes com mandato eletivo e temporário.

Bibliografia

AGUIAR, Mirella de Carvalho. *Amicus Curiae*. Salvador: Juspodium, 2005.

ALVES, José Carlos Moreira. *Direito romano*. v.1, 10. ed. rev.e acresc. Rio de Janeiro: Forense, 1997.

AMARAL JÚNIOR, José Levi Mello do. *Incidente de argüição de inconstitucionalidade: comentários ao art. 97 da Constituição e aos arts. 480 a 482 do Código de Processo Civil*. São Paulo: RT, 2002.

ANDRADE, Fabio Siebeneichler de. *Da codificação: crônica de um conceito*. Porto Alegre: Livraria do Advogado, 1997.

ANGELL, Ernest. The *Amicus curiae* American Development of English Institutions. *International and Comparative Law Quarterly*, v. 16, 1967.

ARSHI, Mona; O'CINNEIDE, Colm. Third-party intervention: the public interest reaffirmed. *Public Law*. London: Sweet & Maxwell, 2004.

AZAMBUJA, Darcy. *Teoria Geral do Estado*. 39 ed. São Paulo: Globo, 1998.

BARBOSA, Rui . *Commentarios à Constituição Federal Brasileira, IV volume, Arts. 55 a 62, Do Poder Judiciário*. São Paulo: Saraiva & CIA, 1933.

BARZOTTO, Luis Fernando. Prudência e jurisprudência – uma reflexão epistemológica sobre a jurisprudentia romana a partir de Aristóteles. In: Universidade do Vale do Rio dos Sinos – UNISINOS. *Anuário do programa de Pós-graduação em Direito: Mestrado e Doutorado 1998/99; Centro de Ciências Jurídicas UNISINOS*. São Leopoldo: UNISINOS, 1999.

BASTOS, Celso Ribeiro. *Curso de Direito Constitucional,* 18ªed. São Paulo: Saraiva, 1997.

———; MARTINS, Ives Gandra. *Comentários à Constituição do Brasil. arts. 5º a 17*, 2. vol. São Paulo: Saraiva, 2004.

BELLHOUSE, John. LAVERS, Anthony. The Modern *Amicus Curiae*: a Role in Arbitration? *Civil Law Quarterly*, v. 23, London: Sweet & Mazwell, 2004.

BENSON, Joseph Fred. The Court needs its friends. *American Bar Association Journal*, 70, 1984, p. 16-21.

BIANCHI, Alberto B. *Control de Constitucionalidad*. Tomo I. 2ª ed. Buenos Aires: Editorial Ábaco, 1998.

———. *Control de Constitucionalidad*. Tomo II. 2ª ed. Buenos Aires: Editorial Ábaco, 1998.

BITTENCOURT, Carlos Alberto Lúcio. *O Contrôle Jurisdicional da Constitucionalidade das Leis*, 2. ed., Rio de Janeiro: Forense, 1968,

BLACK, Henry Campbell. *Black's Law Dictionary*. 6 th ed. St. Paul, MN: West Publishing Co, 1990.

BOBBIO, Norberto. *O futuro da democracia*. 7. ed.rev.ampl. São Paulo: Paz e Terra, 2000.

———. MATTEUCCI, Nicola e PASQUINO, Gianfranco. *Dicionário de Política*, v.1, 11ªed. Brasília Editora Universidade de Brasília, 1998.

BONAVIDES, Paulo. *Ciência Política*. 10. ed., São Paulo: Malheiros, 2000.

BROSSARD, Paulo. Constituição e Leis a Ela Anteriores. *Revista Trimestral de Direito Público*, 4/1993, São Paulo: Malheiros, 1993.

BUENO, Cássio Scarpinella. *Amicus Curiae no Processo Civil Brasileiro. Um terceiro enigmático*. 2. ed. São Paulo: Saraiva, 2007.

BURDEAU, Georges. *A democracia: ensaio sintético*. 3.ed. Lisboa:Europa-América, 1975.

BUZAID, Alfredo. *Da Ação Direta de Declaração de Inconstitucionalidade no Direito Brasileiro*. São Paulo: Saraiva. 1958.

CALMON, Pedro. *Teoria Geral do Estado.* 4. ed., Rio de Janeiro: Freitas Bastos, 1954.

CANOTILHO, José Joaquim Gomes. Um olhar jurídico-constitucional sobre a judicialização da política. *Revista de Direito Administrativo,* v. 245, São Paulo: Fundação Getúlio Vargas, maio/ago. 2007.

CAPPELLETTI, Mauro. A expansão e o significado controle judiciário das leis no mundo contemporâneo. *Bahia Forense,* Salvador: TJB, n. 29, 1988, p. 20-29.

―――. *Juízes legisladores?* Porto Alegre: Fabris, 1993.

―――. Necesidad y legitimidad de la Justicia Constitucional – In: *Tribunales constitucionales europeos y derechos fundamentales.* Madrid: Centro de Estudios Constitucionales, 1984.

―――. *O Controle Judicial de Constitucionalidade das Leis no Direito Comparado.* Tradução de Aroldo Plínio Gonçalves. 2.ed. Porto Alegre: Fabris, 1984,

―――. O Processo Civil italiano no quadro da contraposição "Civil Law" – "Common Law". *Revista da Ajuris,* Porto Alegre: Ajuris, v. 32, n. 100, dez. 2005.

―――. Repudiando Montesquieu? A expansão e a legitimidade da justiça constitucional. *Revista do Tribunal Regional Federal da 4ª Região,* Porto Alegre: TRF, v. 12, n. 40, 2001.

CAVALCANTI, Themistocles Brandão. *Quatro estudos: a ciência política, o sistema constitucional, o poder político, o sistema federal.* Rio de Janeiro: Fundação Getúlio Vargas, 1954.

CARNEIRO, Athos Gusmão. Mandado de segurança. Assistência e *amicus curiae. Revista Forense.* v. 371. Janeiro-Fevereiro de 2004.

CINTRA, Antonio Carlos de Araújo; DINAMARCO, Cândido R.; GRINOVER, Ada Pellegrini. *Teoria geral do processo.* 14. rev. e atual. São Paulo: Malheiros, 1998.

CHASE, Oscar G. A "Excepcionalidade "Americana" e o Direito Processual Comparado. *Revista de Processo.* n. .110. Ano 28. Abril-junho de 2003. São Paulo: Editora Revista dos Tribunais.

COELHO, Inocêncio Mártires. Fernando Lassalle, Konrad Hesse, Peter Häberle: a força normativa da constituição e os fatores reais de poder. *Universitas/Jus,* Brasília: Centro Universitário de Brasília, n. 6, JAN/JUN/2001.

―――. As idéias de Peter Häberle e a abertura da interpretação constitucional no Direito Brasileiro. *Revista de Direito Administrativo.* v. 219. Rio de Janeiro: Renovar, jan./mar 1998.

COLLINS JUNIOR, Paul M. Amici Curiae and Dissensus on the U.S. Supreme Court. *Journal of Empirical Legal Studies,* Cornell Law School and Blackwell Publishing, Inc, 2008.

―――. Friends of the court: Examining the influence of *amicus curiae* participation in U.S. Supreme Court litigation. *Law and Society Review,* v. 48, Dec.2004.

COMELLA, Victor Ferreres. The Consequences of Centralizing Constitutional Review in a Special Court. Some Thoughts on Judicial Activism. *In:* Avenues in Comparative Constitutional Law, 2004, Austin, Estados Unidos. *Paper* apresentado em 27 de fevereiro de 2004 na UT Austin School of Law.

COMPARATO, Scott A. *Amici Curiae, Information and State Supreme Court Decision-Making.* Tese de Doutorado apresentada na Washington University, St. Louis, 2000.

CUETO RUA, Julio. *El common law.* Buenos Aires: Editorial La ley, 1957.

DALLARI, Dalmo de Abreu. *Elementos de Teoria Geral do Estado,* 2.ed. São Paulo: Saraiva, 1998.

D'ALCOMO, JOANNE et al. *Appellate practice in Massachusetts.* Boston: Continuing Legal Education, 2000.

DAVID, René. *O Direito Inglês.* São Paulo: Martins Fontes, 1997.

―――. *Os Grandes Sistemas do Direito Contemporâneo: Direito Comparado.* 2. ed. Lisboa: Ed. Meridiano, 1978.

DEL PRÁ. Carlos Gustavo Rodrigues. *Amicus Curiae: Instrumento de participação democrática e de aperfeiçoamento da prestação jurisdicional.* Curitiba: Juruá, 2007.

DICEY, A. V. *Introduction to the study of the law of the constitution.* 10. ed. London: MacMillan, 1973.

DIDIER JÚNIOR, Fredie. A intervenção judicial do Conselho Administrativo de Defesa Econômica (art. 89 da lei federal 8884/1994) e da Comissão de Valores Mobiliários (art. 31 da lei federal 6385/1976). *Revista de Processo,* v. 29, n. 115, maio/ jun. 2004.

DINAMARCO, Candido Rangel. *A Instrumentalidade do processo.* 4.ed. rev. e atual. Sao Paulo: Malheiros, 1994.

ENTERRIA, Eduardo García de. *La Constitución como norma y el Tribunal Constitucional.* 3. ed. Madrid: Civitas, 1985.

FAVOREU, Louis. *As Cortes Constitucionais.* São Paulo: Landy Editora, 2004.

———. *Tribunales constitucionales europeos y derechos fundamentales.* Madrid: Centro de Estudios Constitucionales, 1984.

FERRARI, Regina Maria Macedo Nery. *Efeitos da declaração de inconstitucionalidade.* 4.ed. São Paulo:RT, 1999.

FERREIRA FILHO, Manoel Gonçalves. *A democracia no limiar do século XXI.* São Paulo: Saraiva, 2001.

———. *A democracia possível.* São Paulo: Saraiva, 1974.

———. *Aspectos do Direito Constitucional Contemporâneo.* São Paulo: Saraiva, 2003.

———. *Constituição e governabilidade: ensaio sobre a (in)governabilidade brasileira.* São Paulo: Saraiva, 1995.

———. *Curso de Direito Constitucional.* 25.ed. São Paulo: Saraiva, 1999.

———. *Direitos Humanos Fundamentais.* 9. ed. São Paulo: Saraiva, 2007.

———. *Estado de Direito e Constituição.* 2. ed. São Paulo: Saraiva, 1999.

———. Os conflitos como processo de mudança social. *Revista de Direito Administrativo,* v. 219, Rio de Janeiro: Renovar, jan./mar. 2000.

FRIEDMAN, Lawrence M. *Storia del diritto americano.* Milano: Giuffrè, 1995.

GIFIS, Steven H. *Law Dictionary.* 4th ed. New York: Barrons, 1996.

GONTIJO, André Pires; SILVA, Christine Oliveira Peter da. O papel do *amicus curiae* no processo constitucional: a comparação com o decision-making como elemento de construção do processo constitucional no âmbito do Supremo Tribunal Federal. *Revista de Direito Constitucional e Internacional.* São Paulo: Revista dos Tribunais, v.16, n.64, jul./set. 2008.

GOODALL, Kay. The Legitimacy of the Judge in the United Kingdom. *Studies in UK Law,* 2002, London: UKNCCL.

HÄBERLE, Peter. A jurisdição constitucional na fase atual de desenvolvimento do estado constitucional. *Revista de Direito Administrativo,* v. 244, São Paulo: Fundação Getúlio Vargas; Atlas, jan./abr. 2007.

———. *Hermenêutica constitucional: a sociedade aberta dos interpretes da constituição: contribuição para a interpretação pluralista e procedimental da constituição.* Porto Alegre: Sérgio Antonio Fabris, 1997.

———. La jurisdicción constitucional en la fase actual de desarrollo del estado constitucional. *Direito Público,* Brasília: Síntese, v. 3, n. 11, p. 73-96, jan./mar. 2006.

———. Novos horizontes e novos desafios do constitucionalismo. *Direito Público,* Porto Alegre: Síntese, n. 13, p. 99-120, jul./set. 2006.

HALL, Kermit L. *The Oxford Companion to American Law.* New York: Oxford University Press, 2002.

———. *The Oxford Guide to Supreme Court Decisions.* New York: Oxford University Press, 1999.

HAMILTON, Alexander, MADISON, James, JAY, John. *The Federalist: or the new constitution.* Oxford: Basil Blackwell, 1948.

HANNET, Sarah. Third Party Interventions: In the Public Interest? *Public Law.* London: Sweet & Maxwell, 2003.

HANSFORD, Thomas Geoffrey. *Organized interest Lobbying Strategies at the Decision to Participate at the U.S. Supreme Court as Amicus Curiae.* Tese de doutorado apresentada na University of California, Davis 2001.

HARLOW, Carol. A Community of Interests? Making the most of European Law. *The Modern Law Review,* v. 55, 1992.

HARPER V.Fowler, ETHERINGTON Edwing D. Lobbyists before the Court. *University of Pennsylvania Law Review,* Jun.1953.

HARRINGTON, J. Amici curiae in the federal courts of appeals: How friendly are they? *Case Western Law Review,* 55, 2005.

HARRIS, Michael J. *Amicus Curiae: Friend or Foe? The Limits of Friendship in American Jurisprudence,* 5 Suffolk J. Trial & App. Advoc., 2000.

HECK, Luís Afonso. *O Tribunal Constitucional Federal e o Desenvolvimento dos Princípios Constitucionais: Contributo para uma compreensão da Jurisdição Constitucional Federal Alemã.* Porto Alegre: Sérgio Fabris Editor, 1995.

HIRT, Catharina Cksaky. *The efficacy of amicus curiae briefs in the school prayer decisions.* Tese de doutorado apresentada na Vanderbilt University, Nashville, 1995.

HOWARD, John. Retaliation Reinstatement and Friends of the Court: Amicus Participation in Brock v. Roadway Express Inc. vol. 31, 1988, *Howard Law Journal.*

JELLINEK, Georg. *Teoria General del Estado.* Buenos Aires: Ed. Maipu, 1970.

JOHNSON, Dennis William. *Friend of the Court: The United States Department of Justice as amicus curiae in civil rights cases before the Supreme Court, 1947-1971.* Tese de doutorado apresentada na Duke University, Durham,1972.

KEARNEY, Joseph D, MERRIL. The influence of *amicus curiae* briefs on the supreme court. *University of Pennsylvania Law Review.* Jan. 2000.

KELSEN, Hans. *Esencia y valor de la democracia.* Buenos Aires: Editorial Labor, 1934.

———. *Jurisdição Constitucional.* São Paulo: Martins Fontes.

———. *Teoria general del Estado.* Barcelona: Labor, 1934.

KOPLAN, Klaus Cohen. Considerações críticas sobre o conceito de 'parte' na doutrina processual civil. *Revista da Faculdade de Direito Ritter dos Reis,* Porto Alegre: Ritter dos Reis, n. 6, mar. 2003.

KRISLOV, Samuel. The *Amicus curiae* Brief: From Friendship to Advocacy. *Yale Law Journal,* LXXII, 1963.

KUCINSKI, Nancy Ellis. *Interests, Institutions, and Friends of the Court: An Analysis of Organizational Factors Related to Amicus Curiae Participation.* Tese de doutorado. apresentada na University of Texas, Dallas, 2004.

KUNKEL, Wolfgang. *Historia del derecho romano.* Barcelona: Ariel, 1964.

LASSALLE, Ferdinand. *A essência da constituição.* 3. ed. Rio de Janeiro: Liber Juris, 1988.

LEAL, Roger Stiefelmann. A convergência dos sistemas de controle de constitucionalidade: aspectos processuais e institucionais. *Revista de Direito Constitucional e Internacional,* São Paulo: Revista dos Tribunais, v. 14, n. 57, out./dez. 2006.

———. *O efeito vinculante na jurisdição constitucional.* São Paulo: Saraiva, 2006.

LOEWENSTEIN, Karl. *Teoría de la Constitución.* Barcelona: Ariel, 1970.

LOWMAN, Michael K. The Litigating *Amicus curiae*: when does the party begin after the friends leave? *American University Law Review,* vol. 41, summer 1992.

LYNCH J. Kelly. Best Friends? Supreme Court Law Clerks on Effective *Amicus curiae* Briefs. *Journal of Law and Politics,* v.33, Feb. 2004.

MANCINI, Giuseppe Federico. Politics and the Judges – The European Perspective, *Modern Law Review,* v. 43, jan. 1980.

MAXIMILIANO, Carlos. *Hermenêutica e Aplicação do Direito,* 18. ed., Rio de Janeiro: Forense, 2000.

MCILWAIN, Charles Howard. *Constitucionalismo antiguo y moderno.* Madrid: Centro de Estudios Constitucionales, 1991.

MELLO, Oswaldo Aranha Bandeira de. Sociedade e Estado, *Revista de Direito Administrativo.*

MEYNAUD, Jean. *Os grupos de pressão.* Lisboa: Europa-América, 1966.

MENDES, Gilmar Ferreira. *Argüição de Descumprimento de Preceito Fundamental. Comentários à Lei n.9.882, de 03.12.1999.* São Paulo: Saraiva, 2007.

———. *Jurisdição Constitucional. O controle abstrato de normas no Brasil e na Alemanha.* 2. ed. São Paulo: Saraiva, 1998.

MENDES, Gilmar Ferreira; MARTINS, Ives Gandra da Silva. *Controle Concentrado de Constitucionalidade. Comentários à Lei n. 9.868, de 10-11-1999.* São Paulo: Saraiva, 2007.

———; COELHO, Inocêncio Mártires; BRANCO, Paulo Gustavo Gonet. *Curso de direito constitucional.* 2. ed. rev.atual. São Paulo: Saraiva, 2008.

MERRYMAN, John Henry. *The Civil Law Tradition: an introduction to legal systems of western Europe and Latin American.* Stanford, California: Stanford University Press, 1972.

MIRANDA, Jorge. *Manual de Direito Constitucional, Tomo I,* 3. ed., Coimbra: Coimbra, 1985.

———. *Manual de direito constitucional. Tomo VI. Inconstitucionalidade e Garantia da Constituição.* 7.ed. Lisboa: Coimbra, 2005

———. *Teoria do estado e da constituição.* Rio de Janeiro: Forense, 2002.

MITIDIERO, Daniel. *Colaboração no Processo Civil. Pressupostos sociais, lógicos e éticos.* São Paulo: Editora Revista dos Tribunais, 2009.

MONTESQUIEU, Charles de Secondat. *O espírito das leis.* 3. ed. São Paulo: Martins Fontes, 2005.

MORAES, Alexandre de. Reforma Política do Estado e Democratização. *Revista de Direito Constitucional e Internacional*-Cadernos de Direito Constitucional e Ciência Política, São Paulo, SP: Revista dos Tribunais, v. 8, n. 32, jul. /set. 2000.

MORAIS, Dalton Santos. A abstrativização do controle difuso de constitucionalidade no Brasil e a participação do *amicus curiae* em seu processo. *Revista de Processo,* v. 33, nº 164, out.2008.

MOREIRA, José Carlos Barbosa. Provas atípicas. *Revista de Processo,* nº 76. São Paulo: RT, out/dez, 1994.

MUNFORD, Luther T. When does the Curiae need an amicus? *Journal of Appellate Practice and Process,* 1999.

NERY JÚNIOR, Nelson. *Princípios do processo civil na constituição federal.* 7. ed. rev. atual. São Paulo: Revista dos Tribunais, 2002.

O'CONNER, Karen; EPSTEIN, Lee. Court Rules and Wordload: a Case Study of Rules Governing Amicus Participation. *The Justice System Journal.* Vol. 8/1. Colorado: Institute for Court Management, 1983.

OLIVEIRA, Carlos Alberto de. *A garantia do contraditório.* Disponível em: *http://www6.ufrgs.br/ppgd/doutrina/oliveir1.htm.*

———. *Efetividade e Processo de Conhecimento.* Disponível em: *http://www6.ufrgs.br/ppgd/doutrina/oliveir3.htm.*

———. *Problemas atuais da livre apreciação da prova.* Disponível em: *http://www6.ufrgs.br/ppgd/doutrina/oliveir3.htm._*

ORTH, John V. *Due Process of Law. A Brief History.* Lawrence: University Press of Kansas. 2003.

PASQUINO Pasquale; FEREJOHN Jonh. Constitutional Adjudication: Lesson from Europe. *In:* Avenues in Comparative Constitutional Law, 2004, Austin, Estados Unidos. *Paper* apresentado em 27 de fevereiro de 2004 na UT Austin School of Law.

PAUPERIO, Artur Machado. *Teoria Geral do Estado,* 6 ed. Rio de Janeiro: Forense, 1971.

PICARDI, Nicola. *Jurisdição e processo.* Rio de Janeiro: Forense, 2008.

PINTO, Rodrigo Strobel. *Amicus curiae:* atuação plena segundo o princípio da cooperação e o poder instrutório judicial. *Revista de Processo.* São Paulo: Revista dos Tribunais, v. 32, n. 151, set. 2007.

PONTES DE MIRANDA, Francisco Cavalcante. *Comentários à Constituição Federal de 10 de Novembro de 1937,* tomo III, Rio de Janeiro: Pongetti, 1938.

———. *Democracia, liberdade, igualdade: os três caminhos.* São Paulo: J. Olympio, 1945.

POSNER, Richard A. A Political Court. *Harvard Law Review,* v. 119, 2004.

POUND, Roscoe. *El espiritu del "Common Law".* Barcelona: Bosch, 1954.

PURO, Steven. *The role of the Amici Curiae in the United States Supreme Court: 1920-1966.* Tese de Doutorado apresentada na New York State University, Buffalo, 1971.

RE, Loreta. The *amicus curiae* brief: Access to the Courts for Public Interests Associations, *Melbourne University Law Review,* v. 14, Jun. 1984.

REDLICH, Norman. Private Attorneys-General: Group Action in the Fight for Civil Liberties. *Yale Law Journal,* 1949, p. 574- 598.

REICHELT, Luis Alberto. O conteúdo da garantia do contraditório no direito processual civil. *Revista de Processo,* v. 162. São Paulo: Revista dos Tribunais, 2008.

REYES, Manoel Aragón. *Constitución y Control del Poder. Introducción a una teoría constitucional del control*. Buenos Aires: Ediciones Ciudad Argentina, 1994.

————. *El Juez Ordinario entre Legalidad y Constitucionalidad*. Bogotá: Instituto de Estudios Constitucionales Carlos Restrepo Piedrahita, 1997.

RUDER, David S. The Development of Legal Doctrine Through Amicus Participation: The SEC Experience, *Wisconsin Law Review*, 1989.

RUSTAD Michael, KOENING, Thomas. The Supreme Court and Junk Social Science: Selective Distortion in Amicus Briefs. *North Carolina Law Review*, v. 73, nov. 1993.

SCARMAN, Lorde Leslie. *O Direito Inglês. A Nova Dimensão*. Porto Alegre: Fabris, 1978.

SCHLAICH, Klaus. El Tribunal Constitucional Federal Alemán. In: *Tribunales constitucionales europeos y derechos fundamentales*. Madrid: Centro de Estudios Constitucionales, 1984.

SCHWARTZ, Bernard. *American Constitutional Law*. Cambridge: University Press, 1955.

SCOURFIELD, Judithanne. *Congressional Participation as Amicus Curiae Before the U.S. Supreme Court during the Warren, Burguer and Rehnquist Courts. (October terms 1953-1997)*. Tese de Doutorado apresentada em Rutgers, The State University of New Jersey, New Brunswick, 2003.

SEURKAMP, Mary Pat *Amicus Curiae Participation in Higher Education Litigation: Supreme Court and Circuit Courts, 1960-1986*. Tese de Doutorado apresentada na State University of New York, Plattsburgh, 1990.

SIEYÈS, Emmanuel Joseph. *A constituinte burguesa: qu'est-ce que le tiers état?* 4. ed. Rio de Janeiro: Lumen Juris, 2001.

SILVA, Almiro do Couto e. Romanismo e Germanismo no Código Civil Brasileiro. *Revista da Procuradoria-Geral do Estado do Rio Grande do Sul*. Porto Alegre: Procuradoria-Geral do Estado do Rio Grande do Sul. Procuradoria-Geral, 1971.

SILVA, José Afonso da. *Curso de Direito Constitucional*, 16ª ed. São Paulo: Malheiros, 1999.

SILVESTRI, Elisabetta. L'*amicus curiae*: uno strumento per la tutela degli interessi non rappresentati. *Rivista Trimestrale di Diritto e Procedura Civile*. Anno LI. n. 3. Milano: Giuffrè, Set. 1997.

SIMARD, Linda Sandstrom. An Empirical Study of *Amicus curiae* in Federal Court: A Fine Balance of Access, Efficiency, and Adversarialism. *Suffolk University School of Law Legal Studies Research Paper Series. Research Paper 07-34*, Set. 2007.

SIMPSON, Reagan Wm. VASALI, Mary R. *The Amicus Brief. How to be a Good Friend of the Court*. 2. ed. Chicago: American Bar Association, 2004.

SOUZA JÚNIOR, Cezar Saldanha. *A Supremacia do Direito no Estado Democrático e seus Modelos Básicos*. Tese para concurso a Professor Titular junto ao Departamento de Direito do Estado da Faculdade de Direito de São Paulo. Porto Alegre, 2002.

————. *Consenso e Constitucionalismo no Brasil*. Porto Alegre: Sagra Luzzatto, 2002.

————. *Consenso e Democracia Constitucional*. Porto Alegre: Sagra Luzzatto, 2002.

————. *Consenso e tipos de Estado no Ocidente*. Porto Alegre: Sagra Luzzatto, 2002.

————. *O Tribunal Constitucional como Poder. Uma nova teoria da divisão dos poderes*. São Paulo: Memória Jurídica Editora, 2002.

TAMANAHA Brian Z. *On the rule of law. History, Politics, Theory*. 4. ed. Cambridge: University Press, 2006.

————. Understanding Legal Realism. *Legal Studies Research Paper Series Paper n. 08-0133*, St. John University School of Law, 2008.

TARUFFO, Michele. Observações sobre os Modelos Processuais de *Civil Law* e de *Common Law*. *Revista de Processo*. n. 110. Ano 28. São Paulo: Editora Revista dos Tribunais, Abril-junho de 2003.

TIMBERS, Willian H. Some Practical Aspects of the Relationship Between the Securities and Exchange Commission as an Agency of the Executive Branch of the Federal Government and the Judicial Branch., *Paper* apresentado em conferência na Association of the Bar of the City of New York, 1954.

TOCQEVILLE, Alexis de. *A Democracia na América*. São Paulo: Martins Fontes, 2001.

TRIBE, Laurence H. *American constitutional law*. 3. ed. New York: Foundation Press, 2000.

TUCCI, José Rogério Cruz e. Repercussão Geral como pressuposto de admissibilidade do recurso extraordinário (Lei 1.418/06) *Revista de Processo,* São Paulo: Revista dos Tribunais, v. 32, n. 145, mar. 2007.

———; AZEVEDO, Luis Carlos de. *Lições de história do processo civil romano.* São Paulo: Revista dos Tribunais, 1996.

VINOGRADOFF, Paul. *Introducción al Derecho.* 3. ed. Fondo de Cultura Económica: Mexico, 1967.

WEBER, Max. *Economia e Sociedade. Fundamentos da Sociologia Compreensiva.* v.2, Editora Universidade de Brasília: São Paulo: Imprensa Oficial do Estado de São Paulo, 1999.

ZAVASCKI, Teori Albino. *Processo Coletivo. Tutela de Direitos Coletivos e Tutela Coletiva de Direitos.* 2. ed. rev.atual. São Paulo: Editora Revista dos Tribunais, 2007.

Anexo 1

Memorandum
REQUESTS FOR THE APPOINTMENT OF AN ADVOCATE TO THE COURT

1. The memorandum has been agreed between the Attorney General and the Lord Chief Justice. It gives guidance about making a request for the appointment of an Advocate to the Court (formerly called an "*amicus curiae*").

2. In most cases, an Advocate to the Court is appointed by the Attorney General, following a request by the court. In some cases, an Advocate to the Court will be appointed by the Official Solicitor or the Children & Family Court Advisory Service (CAFCASS) (see paragraphs 11 and 12 below).

The role of an Advocate to the Court

3. A court may properly seek the assistance of an Advocate to the Court when there is a danger of an important and difficult point of law being decided without the court hearing relevant argument. In those circumstances the Attorney General may decide to appoint an Advocate to the Court.

4. It is important to bear in mind that an Advocate to the Court represents no-one. His or her function is to give to the court such assistance as he or she is able on the relevant law and its application to the facts of the case. An Advocate to the Court will not normally be instructed to lead evidence, cross-examine witnesses, or investigate the facts. In particular, it is not appropriate for the court to seek assistance from an Advocate to the Court simply because a defendant in criminal proceedings refuses representation.

5. The following circumstances are to be distinguished from those where it will be appropriate for the court to seek the assistance of an Advocate to the Court:

where a point of law which affects a government department is being argued in a case where the department is not represented and where the court believe that the department may wish to be represented;

where the Attorney believes it is necessary for him to intervene as a party in his capacity as guardian of the public interest;

where the court believes it is appropriate for a litigant in person to seek free (pro bono) assistance;

where, in a criminal trial, the defendant is unrepresented and the Advocate to the Court would be duplicating the prosecutor's duty as a minister of justice "to assist the court on all matters of law applicable to the case";

where in a criminal case in relation to sentencing appeals there are issues of fact which are likely to arise and the prosecution ought to be represented, or it would be reasonable to ask the prosecutor to be present and address the court as to the relevant law.

6. In the first of these five cases, the court may invite the Attorney to make arrangements for the advocate to be instructed on behalf of the department. In the second, the court may grant the Attorney permission to intervene, in which case the advocate instructed represents the Attorney. In neither case is the advocate an Advocate to the Court.

7. In the third case the court may grant a litigant in person an adjournment to enable him or her to seek free (pro bono) assistance. In doing so, the court should bear in mind that it is likely to take longer to obtain free (pro bono) representation than funded representation. In contrast to an Advocate to the Court, a free (pro bono) legal representative will obtain his or her instructions from the litigant and will represent the interests of that party. His or her role before the court and duty to the court will be identical to that of any other representative of the parties. Accordingly it will not be appropriate for the court to take such a course where the type of assistance required is that provided by an Advocate to the Court.

8. In the fourth case the prosecutor's special duty is akin to an Advocate to the Court. In the fifth case, in relation to appeals against sentence where the defendant is represented, it may be preferable to request the attendance of the prosecutor who will be able to address the court on issues of fact and law. It would not be proper for an Advocate to the Court to take instructions from the prosecuting authority in relation to factual matters relating to the prosecution. An Advocate to the Court should only be asked to address the court as to the relevant law.

Making a request to the Attorney General

9. A request for an Advocate to the Court should be made by the Court as soon as convenient after it is made aware of the point of law which requires the

assistance of an Advocate to the Court. The request should set out the circumstances which have occurred, identifying the point of law upon which assistance is sought and the nature of the assistance required. The court should consider whether it would be sufficient for such assistance to be in writing in the form of 2 submissions as to the law, or whether the assistance should include oral submissions at the hearing. The request should ordinarily be made in writing and be accompanied by the papers necessary to enable the Attorney to reach a decision on the basis of a proper understanding of the case.

10. The Attorney will decide whether it is appropriate to provide such assistance and, if so, the form such assistance should take. Before reaching a decision he may seek further information or assistance from the court. The Attorney will also ask the court to keep under review the need for such assistance. Where the circumstances which gave rise to the original request have changed, such that the court may now anticipate hearing all relevant argument on the point of law without the presence of an Advocate to the Court, either the Court or the Attorney may ask the Advocate to the Court to withdraw.

Requests to the Official Solicitor or CAFCASS

11. A request for an Advocate to the Court may be made to the Official Solicitor or CAFCASS (Legal Services and Special Casework) where the issue is one in which their experience of representing children and adults under disability gives rise to special experience. The division of responsibility between them is outlined in Practice Notes reported at [2001] 2 FLR 151 and [2001] 2 FLR 155.

12. The procedure and circumstances for requesting an Advocate to the Court to be appointed by the Official Solicitor or CAFCASS are the same as those applying to requests to the Attorney General. In cases of extreme urgency, telephone requests may be made. In some cases, the Official Solicitor himself will be appointed as Advocate to the Court. He may be given directions by the Court authorising him to obtain documents, conduct investigations and enquiries and to advise the Court. He may appear by counsel or an in-house advocate.

The Attorney General The Lord Chief Justice
Lord Goldsmith QC The Right Hon. The Lord Woolf
19 December 2001

Anexo 2

Supreme Court. Rule 37. Brief for an *Amicus Curiae*

1. An *amicus curiae* brief that brings to the attention of the Court relevant matter not already brought to its attention by the parties may be of considerable help to the Court. An *amicus curiae* brief that does not serve this purpose burdens the Court, and its filing is not favored.

2. (a) An *amicus curiae* brief submitted before the Court's consideration of a petition for a writ of certiorari, motion for leave to file a bill of complaint, jurisdictional statement, or petition for an extraordinary writ, may be filed if accompanied by the written consent of all parties, or if the Court grants leave to file under subparagraph 2(b) of this Rule. An *amicus curiae* brief in support of a petitioner or appellant shall be filed within 30 days after the case is placed on the docket or a response is called for by the Court, whichever is later, and that time will not be extended. An *amicus curiae* brief in support of a motion of a plaintiff for leave to file a bill of complaint in an original action shall be filed within 60 days after the case is placed on the docket, and that time will not be extended. An *amicus curiae* brief in support of a respondent, an appellee, or a defendant shall be submitted within the time allowed for filing a brief in opposition or a motion to dismiss or affirm. An *amicus curiae* shall ensure that the counsel of record for all parties receive notice of its intention to file an *amicus curiae* brief at least 10 days prior to the due date for the *amicus curiae* brief, unless the *amicus curiae* brief is filed earlier than 10 days before the due date. Only one signatory to any *amicus curiae* brief filed jointly by more than one *amicus curiae* must timely notify the parties of its intent to file that brief. The *amicus curiae* brief shall indicate that counsel of record received timely notice of the intent to file the brief under this Rule and shall specify whether consent was granted, and its cover shall identify the party supported.

(b) When a party to the case has withheld consent, a motion for leave to file an amicus *curiae* brief before the Court's consideration of a petition for a writ of certiorari, motion for leave to file a bill of complaint, jurisdictional statement, or petition for an extraordinary writ may be presented to the Court. The motion, prepared as required by Rule 33.1 and as one document with the brief sought to be filed, shall be submitted within the time allowed for filing an *amicus curiae* brief, and shall indicate the party or parties who have withheld consent and state the nature of the movant's interest. Such a motion is not favored.

3. (a) An *amicus curiae* brief in a case before the Court for oral argument may be filed if accompanied by the written consent of all parties, or if the Court grants leave to file under subparagraph 3(b) of this Rule. The brief shall be submitted within 7 days after the brief for the party supported is filed, or if in support of neither party, within 7 days after the time allowed for filing the petitioner's or appellant's brief. An electronic version of every *amicus curiae* brief in a case before the Court for oral argument shall be tranmitted to the Clerk of the Court and to counsel for the parties at the time the brief is filed in accordance with the guidelines established by the Clerk. The electronic transmission requirement is sin addition to the requirement that booklet-format briefs be timely filed. The *amicus curiae* brief shall specify whether consent was granted, and its cover shall identify the party supported or indicate whether it suggests affirmance or reversal. The Clerk will not file a reply brief for an *amicus curiae*, or a brief for an *amicus curiae* in support of, or in opposition to, a petition for rehearing.

b) When a party to a case before the Court for oral argument has withheld consent, a motion for leave to file an *amicus curiae* brief may be presented to the Court. The motion, prepared as required by Rule 33.1 and as one document with the brief sought to be filed, shall be submitted within the time allowed for filing an *amicus curiae* brief, and shall indicate the party or parties who have withheld consent and state the nature of the movant's interest.

4. No motion for leave to file an *amicus curiae* brief is necessary if the brief is presented on behalf of the United States by the Solicitor General; on behalf of any agency of the United States allowed by law to appear before this Court when submitted by the agency's authorized legal representative; on behalf of a State, Commonwealth, Territory, or Possession when submitted by its Attorney General; or on behalf of a city, county, town, or similar entity when submitted by its authorized law officer.

5. A brief or motion filed under this Rule shall be accompanied by proof of service as required by Rule 29, and shall comply with the applicable provisions of Rules 21, 24, and 33.1 (except that it suffices to set out in the brief the interest of the *amicus curiae*, the summary of the argument, the argument, and the conclusion). A motion for leave to file may not exceed 1500 words. A party served with the motion may file an objection thereto, stating concisely the reasons for withholding consent; the objection shall be prepared as required by Rule 33.2.

6. Except for briefs presented on behalf of *amicus curiae* listed in Rule 37.4, a brief filed under this Rule shall indicate whether counsel for a party authored the brief in whole or in part and whether such counsel or a party made a monetary contribution intended to fund the preparation or submission of the brief, and shall identify every person or entity, other than the *amicus curiae*, its members, or its counsel, who made such a monetary contribution to the preparation or submission of the brief. The disclosure shall be made in the first footnote on the first page of text.

Anexo 3

Rule 29, Federal Rules of Appellate Procedur

Brief of Amicus Curiae

(a) *When Permitted.* The United States or its officer or agency, or a State, Territory, Commonwealth, or the District of Columbia may file an amicus-curiae brief without the consent of the parties or leave of court. Any other *amicus curiae* may file a brief only by leave of court or if the brief states that all parties have consented to its filing.

(b) *Motion for Leave to File.* The motion must be accompanied by the proposed brief and state: (1) the movant's interest; and (2) the reason why an amicus brief is desirable and why the matters asserted are relevant to the disposition of the case.

(c) *Contents and Form.* An amicus brief must comply with Rule 32. In addition to the requirements of Rule 32, the cover must identify the party or parties supported and indicate whether the brief supports affirmance or reversal. If an *amicus curiae* is a corporation, the brief must include a disclosure statement like that required of parties by Rule 26.1. An amicus brief need not comply with Rule 28, but must include the following: (1) a table of contents, with page references; (2) a table of authorities—cases (alphabetically arranged), statutes and other authorities—with references to the pages of the brief where they are cited; (3) a concise statement of the identity of the *amicus curiae*, its interest in the case, and the source of its authority to file;(4) an argument, which may be preceded by a summary and which need not include a statement of the applicable standard of review; and (5) a certificate of compliance, if required by Rule 32(a)(7).

(d) *Length.* Except by the court's permission, an amicus brief may be no more than one-half the maximum length authorized by these rules for a party's principal brief. If the court grants a party permission to file a longer brief, that extension does not affect the length of an amicus brief.

(e) *Time for Filing.* An *amicus curiqe* must file its brief, accompanied by a motion for filing when necessary, no later than 7 days after the principal brief of the party being supported is filed. An *amicus curiae* that does not support either party must file its brief no later than 7 days after the appellant's or petitioner's principal brief is filed. A court may grant leave for later filing, specifying the time within which an opposing party may answer.

(f) *Reply Brief.* Except by the court's permission, an *amicus curiae* may not file a reply brief.

(g) *Oral Argument.* An *amicus curiae* may participate in oral argument only with the court's permission.